全国高职高专规划教材——工学结合教材

连锁经营实务

陆　娟　主编

中国环境出版社·北京

图书在版编目（CIP）数据

连锁经营实务/陆娟主编. —北京：中国环境出版社，2016.1

全国高职高专规划教材. 工学结合教材

ISBN 978-7-5111-2578-1

Ⅰ. ①连… Ⅱ. ①陆… Ⅲ. ①连锁经营—高等职业教育—教材 Ⅳ. ①F717.6

中国版本图书馆 CIP 数据核字（2015）第 234979 号

出 版 人 王新程
责任编辑 黄晓燕 侯华华
责任校对 尹 芳
封面设计 宋 瑞

出版发行 中国环境出版社
（100062 北京市东城区广渠门内大街 16 号）
网 址：http://www.cesp.com.cn
电子邮箱：bjgl@cesp.com.cn
联系电话：010-67112765（编辑管理部）
010-67112735（环评与监察图书分社）
发行热线：010-67125803，010-67113405（传真）
印 刷 北京市联华印刷厂
经 销 各地新华书店
版 次 2016 年 1 月第 1 版
印 次 2016 年 1 月第 1 次印刷
开 本 787×960 1/16
印 张 15.25
字 数 266 千字
定 价 26.00 元

编审人员

主　　编　陆　娟（南通科技职业学院）

编写人员　浦玲玲（南通科技职业学院）

艾小玲（南通科技职业学院）

蔡　平（南通科技职业学院）

余　燕（南通科技职业学院）

彭　璐（南通科技职业学院）

李克卫（南通科技职业学院）

马德莲（南通金鹰国际购物中心有限公司）

洪芳龙（江苏中和贸易有限公司）

王　帅（阳光码头海鲜豆捞有限公司）

主　　审　黎　莉（上海八融食品有限公司）

序　言

工学结合人才培养模式经由国内外高职高专院校的具体教学实践与探索，越来越受到教育界和用人单位的肯定和欢迎。国内外职业教育实践证明，工学结合、校企合作是遵循职业教育发展规律，体现职业教育特色的技能型人才培养模式。工学结合、校企合作的生命力就在于工与学的紧密结合和相互促进。在国家对高等应用型人才需求不断提升的大环境下，坚持以就业为导向，在高职高专院校内有效开展结合本校实际的“工学结合”人才培养模式，彻底改变了传统的以学校和课程为中心的教育模式。

《全国高职高专规划教材——工学结合教材》丛书是一套高职高专工学结合的课程改革规划教材，是在各高等职业院校积极践行和创新先进职业教育思想和理念，深入推进工学结合、校企合作人才培养模式的大背景下，根据新的教学培养目标和课程标准组织编写而成的。

本套丛书是近年来各院校及专业开展工学结合人才培养和教学改革过程中，在课程建设方面取得的实践成果。教材在编写上，以项目化教学为主要方式，课程教学目标与专业人才培养目标紧密贴合，课程内容与岗位职责相融合，旨在培养技术技能型高素质劳动者。

前　言

近年来，我国连锁经营行业发展突飞猛进，涌现出一批大型连锁业态，对国内的经济增长和消费产生了巨大的作用，随着连锁行业的发展进一步加快，连锁经营形式和业态将会进一步向多样化方向发展。未来中国连锁行业发展空间巨大，连锁行业由此也进入了一个黄金增长期，而这也将为大专院校的学生提供大量的就业机会。

经济贸易与管理系的物流管理专业和营销与策划专业自开展校企合作以来，大量的同学进入上海八融食品有限公司、江苏中和贸易有限公司、迅销（中国）商贸有限公司（即优衣库）、北大荒集团、南京勤善堂生物技术有限公司、太阳城集团等连锁企业。在这些企业的工作期间，同学们在职位和薪酬上都有非常大的发展空间，但我们也发现了一些问题：同学们的实践能力还有待提高，特别是当同学们做到主管和中层管理者时，战略视野和管理能力尤为欠缺。为了能使“连锁经营实务”这门课程更好地提高学生的实践、管理能力，开阔战略视野，我们联合了上海八融食品有限公司、江苏中和贸易有限公司、太阳城集团、南通金鹰国际购物中心有限公司等企业，共同编写了本教材，希望有助于解决学校和企业、专业和职业之间的距离问题。

在编写该教材的过程中，我们充分汲取最前沿的连锁行业发展情况，结合企业的实际，从职业岗位分析入手，较好地处理了理论教学和实践训练的关系。本书分为知识目标、能力目标、案例导入、相关理论知识、知识拓展、阅读资料、案例分析、实践训练等栏目，具有很强的学科系统性、前沿性、理论指导性和操作实用性。

本书内容涉及了认识连锁经营、规划连锁经营战略、构建连锁经营组织结构、开发连锁经营网点、进行连锁企业商品管理、管理连锁企业门店运营、建设连锁物流、创建连锁企业信息化系统、统筹连锁企业人力资源管理等九个项目。

本书由陆娟主编，浦玲玲、艾小玲、蔡平、余燕、彭璐、李克卫、马德莲（南通金鹰国际购物中心有限公司）、洪芳龙（江苏中和贸易有限公司）、王帅（阳光码头海鲜豆捞有限公司）参与编写。由黎莉（上海八融食品有限公司）主审。

本书在编写过程中，参考了大量的书籍、文献资料，吸收了国内外众多学者的研究成果和实践经验，在此一并向这些作者、专家、学者表示衷心的感谢！

由于编者水平有限，书中尚有疏漏和不足之处，恳请广大读者批评指正，使之趋于完善！

陆　娟

2014 年 12 月

目　录

项目一 认识连锁经营

【知识目标】

1．掌握连锁经营的概念与特征；
2．了解连锁经营的发展历史与现状；
3．掌握连锁企业经营的三种模式的概念、优缺点；
4．了解连锁经营的业态。

【能力目标】

1．能运用所学的知识分析连锁企业经营现状，预判企业发展前景，有创造性地提出企业发展思路；

2．能运用所学知识分析、判断连锁经营三种模式，一定程度上能结合企业选择适合的经营模式。

案例导入

中国连锁企业的发展现状①

由中国连锁经营协会与德勤共同编写的最新《中国连锁零售企业经营状况分析报告 2013—2014》报告显示，尽管 2013 年零售百强销售额突破了 2 万亿元，但增幅首次出现个位数，仅为 9.9%，而零售百强销售额占社会消费品零售总额的比重也从 2009 年的 10.8%下降到 8.7%。德勤认为，这其中的主要原因是宏观经济增长减速、消费疲软、电子商务渠道分流、消费升级以及成本持续高企等因素共同导致的传统零售业的发展速度连续下滑。2013 年社会消费品零售总额超过 23 万亿元，也连续 4 年增幅下降，同比名义增长为 13.1%，预计 2014 年增速还将下降 0.7 个百分点。为了应对逆境，零售企业亟须探索创新道路，在扩张模式、运

① 中国连锁经营协会、德勤. 中国连锁零售企业经营状况分析报告 2013—2014. http://www.ccfa.org.cn/portal/cn/view.jsp?lt=31&id=416215[2014-08-28].

营模式、销售渠道和物流运作等方面寻求突破。

请思考：面对如此境况，连锁企业在未来如何进行突破？

任务一 认识连锁经营的概念与特征

一、连锁经营的概念

连锁经营是指经营同类商品或服务的若干个企业，以一定的形式组成一个联合体，在整体规划下进行专业化分工，并在分工基础上实施集中化管理，把独立的经营活动组合成整体的规模经营，从而实现规模效益，是一种经营模式。

二、连锁经营的特征

（一）经营的标准化、统一化

（1）识别系统统一。识别系统是指连锁企业的识别标识是统一的，即招牌、标识、商标、标准色、标准字、装潢、外观、卖场布局、商品陈列、包装材料、员工服装等都是统一的。

（2）商品服务的统一。商品服务的统一是指连锁门店经营的商品和提供的服务都是经过总部统一规划的，采取统一的规范。

（3）经营管理的统一。经营管理的统一是指连锁企业的制度也是统一的，即经营战略、经营策略、经营标准都是由总部统一规划。

（4）经营理念的统一。经营理念的统一是指连锁企业的经营宗旨、经营哲学、价值观念、企业定位和中长期战略等也是统一的。

（二）专业化

专业化是指连锁门店的营运必须在整体规划下进行专业分工，在分工的基础上实施集中管理，从而将工作特定化和进一步专家化，追求独特和卓越，开发、创造出独具特色的技巧和系统。

（三）简单化

简单化是指将作业流程化繁为简，创造任何人都能轻松且快速熟悉作业的条件。

（四）规模化

连锁经营的特征之一就是规模化，即连锁门店的数量要达到一定规模。各个分散的连锁门店构成了较大规模的流通体系，实现了廉价采购和销售，通过共享品牌资源、信息资源和管理资源大大降低了管理费用与销售费用。

【阅读资料 1-1】麦当劳的案例阅读①

麦当劳将自己的企业理念和经营方针浓缩为“QSCV”（Quality，Service，Cleanness & Value），意即麦当劳为人们提供品质一流的产品、周到的服务、清洁的就餐环境以及让人们感到在麦当劳就餐是物有所值的。保证一流品质的产品——一切用数字衡量。

QSCV 中的 Q：是英文 quality 的第一个大写字母，就是品质、质量。麦当劳制定了一整套严格的质量标准和管理制度，以保证在任何情况下都向顾客提供品质一流的食品。

麦当劳重视品质的精神，在每一家餐厅开业之前都可以体现。首先是在当地建立生产、供应、运输等一系列的网路系统，以确保餐厅得到高品质的原料供应。同时麦当劳食品必须经过一系列严格的质量检查，如仅牛肉饼，就有 40 多项质量控制的检查。或许很多顾客都不知道麦当劳的食品控制程序如何复杂，但是他们都深深地体验过成果，这就是麦当劳高品质、美味和营养均衡的食品。

1．精确到 0.1 毫米的制作细节

比如，严格要求牛肉原料必须挑选精瘦肉，牛肉由 83%的肩肉和 17%的上等五花肉精制而成，脂肪含量不得超过 19%，绞碎后，一律按规定做成直径为 98.5 毫米、厚为 5.65 毫米、重为 47.32 克的肉饼。食品要求标准化，无论国内国外，所有分店的食品质量和配料相同，并制定了各种操作规程和细节，如“煎汉堡包时必须翻动，切勿抛转”等。

无论是食品采购，产品制作，烤焙操作程序、炉温，烹调时间等，麦当劳对每个步骤都遵从严谨的高标准。麦当劳为了严抓质量，有些规定甚至达到了苛刻的程度，例如规定：面包不圆、切口不平不能要；奶浆供应商提供的奶浆在送货时，温度如果超过 4℃必须退货；每块牛肉饼从加工一开始就要经过 40 多道质量检查关，只要有一项不符合规定标准，就不能出售给顾客；凡是餐厅的一切原材

① 职业餐饮网．麦当劳的 QSCV 标准化执行的核心．http://www.canyin168.com/glyy/mqfl/201111/36554.html [2011-11-18].

料，都有严格的保质期和保存期，如生菜从冷藏库送到配料台，只有两个小时保鲜期限，一超过这个时间就必须处理掉；为了方便管理，所有的原材料、配料都按照生产日期和保质日期，先后摆放使用，分秒必争冷透、热透。

麦当劳还竭尽全力提高服务效率，缩短服务时间，例如，要在50秒钟内制出一份牛肉饼、一份炸薯条及一杯饮料，烧好的牛肉饼出炉后10分钟、法式炸薯条炸好后7分钟内若卖不出去就必须扔掉。

麦当劳的食品制作和销售坚持“该冷食的要冷透，该热食的要热透”的原则，这是其食品好吃的两个最基本条件。为了实现这两个基本条件，厨房生产的座右铭是“少置多次”，以维护食品的高质量和高新鲜度。麦当劳公司绞尽脑汁使用科学方法去试验如何保持食品的高质量和高新鲜度。其中最有效的研究成果是在每个餐厅使用的“产品质量指南”。

麦当劳各个餐厅的环境、位置、构造各不相同，但每个餐厅的产品质量指标是固定的，而且他们把这些指标写在“产品质量指南”上，张贴在成品的中央输送槽之上。“产品质量指南”的横轴写上各种食品的名称，纵轴写上每个小时及分开时段显示每5分钟内应有的食品保存量。例如，按照现在的销售量，4分钟应制作12个汉堡包。但是，按照“产品质量指南”，这12个汉堡包不能一次做好，由于每个汉堡包的制作时间是1分45秒，加上调制、清理炉面和取新肉饼的时间，10分钟可以做4次。因此，这12个汉堡包要分4次做，每次做3个，用这样的“少量多次”的原则制作，就能把最新鲜的和质量最好的汉堡包送到顾客手中。

制作好的食品放在中央运输槽内保存。这些产品依照包装时间的先后，每列都放有一个小小的塑料标识牌，上面写着阿拉伯数字：1、2、3……食品管理员则眼睛盯着墙上的一面大钟。只要保存时间一过，他就对经理说：“经理，这个超过了保存时间，请丢弃。”

按照麦当劳公司的规定，各种食品的保存期是不相同的。三明治类的保存期为10分钟、炸薯条7分钟、炸苹果派10分钟、咖啡30分钟、香酥派90分钟。厨房内放置着一个“废品箱”，专门收容过期未出售的食品。为了控制“废品”的数量，经理必须把作废产品的数量记载在废品报告中，以制定精确的生产数量。

麦当劳的经营方针是坚持不卖味道差的食品，为了信守承诺，时限一过就马上舍弃不卖。麦当劳在十分重视食品质量的同时，还不断改进菜谱、佐料，努力迎合不同年龄、性别、层次、地区消费者的不同口味。

任务二 了解连锁经营的发展历史及现状

连锁经营是现代社会经济发展中一支强劲的发展力量，在许多发达国家和发展中国家已取得了普遍的成功，并且正以其多业态、多行业、多空间的特点快速扩张。

一、国外企业连锁经营的发展历史及现状

（一）美国

连锁经营起源于美国。1859 年，世界上最早的一家连锁店是由两个美国人乔治·F. 吉尔曼和乔治·亨廷顿·哈特福特在纽约创办的大美国茶叶公司，在 6 年时间内，该公司发展了 26 家正规店，全部经销茶叶。在 1869 年更名为“大西洋和太平洋茶叶公司”，到 1880 年时已经发展到 100 多家分店的规模了。

1865 年，美国南北战争结束，国内统一市场进一步形成，美国胜家缝纫机公司为了在全国进一步扩大推销产品，在全美各地设置了有销售权的特约经销店，公司凭借产品特许经营权，把一批店铺组织起来，实行连锁经营，这就是世界第一家特许连锁店。1887 年，美国又有 130 多家独立的食品零售商自愿联合，共同投资开办了一个共同进货的食品批发公司，对参加者实行联购分销，成为美国第一家自愿连锁店。

1930 年 8 月，具有几十年经营食品经验的美国人迈克尔·库仑在美国纽约州长岛牙买加开设了第一家超级市场。到 1939 年，美国超级市场已发展到 5 000 多家，连锁经营很快与超级市场结合，形成并扩展为遍布美国各地区、各行业的连锁超级市场和连锁超级商店、连锁超级商场。连锁经营与超级市场的结合是这一时期美国连锁店发展最重要的特点。

20 世纪 50 年代以后，随着美国经济的繁荣发展，连锁商业进入高速发展时期，各连锁企业经营趋于规范化、统一化、标准化，不仅强调销售方式的统一，而且开始使用统一的公司名称、商标、执行总部的全套标准化管理制度。根据美国商务部的资料，1977 年全美 50 家最大的零售企业拥有连锁网点 43 000 多个，实际销售额 1 344 亿美元，占零售总额的 17.9%。

20 世纪 80 年代以后，美国的连锁商业发展进入全面现代化发展时期。连锁企业经营手法多样化，不再局限于速食餐馆等少数特定行业，而扩展到非食品零售业、酒店业、不动产业、商业服务业等。在这一时期，服务业开始崭露头角，

针对消费者和企业的各项需要应运而生的服务业，成为这一时期加盟连锁的生力军。

随着全球化时代的到来，连锁企业之间竞争更为激烈，资讯手段更为现代，美国连锁企业走向世界，许多公司都在海外开设加盟店和直营店，扩张的范围也由欧洲、日本等发达国家向中国等发展中国家转移。

（二）西欧

欧洲连锁业的起步略晚于美国，由于欧洲的市场经济在发展模式、发展进程等方面与美国相比有较为明显的区别，因此，连锁企业经营在欧洲有着其特有的经济文化特色。

1. 英国

英国最早的连锁企业是 1862 年成立的伦敦酵母面包股份公司。托马斯·利普敦在 1976 年创立了利普号食品连锁店，到 1898 年利普号食品连锁店已拥有分店 245 家和茶叶经销处 3 800 个。20 世纪 70 年代，连锁经营在英国发展速度很快，形成了巨大的销售网，其营业额、从业人员等均在零售业中占有举足轻重的地位。进入 20 世纪 90 年代后，英国的连锁经营日渐成熟，80%的食品市场已由连锁企业控制，其中最大 5 家食品连锁经营企业的市场占有率已达到 50%以上。英国连锁企业已从地区性发展为国内连锁，有些连锁企业成了国际性连锁企业，如玛莎百货、乐购等。

2. 法国

法国是欧洲连锁业的巨头，中小型连锁企业占多数，零售网点密度大，规模小。大型连锁企业数目虽然不多，但营业额所占比重却很大。法国家乐福成立于 1963 年，是欧洲第一、世界第二大商业零售集团，仅次于美国沃尔玛。家乐福创立了一种新的零售业态，以大卖场面对消费者，以连锁经营形式快速扩张。除家乐福外，法国著名的连锁企业还有欧尚和英特马诗。

3. 德国

20 世纪 80 年代以来，连锁经营已成为德国普遍的商业企业组织形式，规模也越来越大。麦德龙是德国最大的商业零售集团，成立于 1964 年，主要经营食品、生活用品、电器等，其经营形态包括现购自运、百货店、超级商店等。阿尔迪是德国最大的以经营食品为主的连锁折扣店，一直以薄利多销的经营理念而闻名世界。

（三）日本

连锁经营是 20 世纪 60 年代从西方大规模传入日本的。1963 年，日本成立了第一家连锁经营性质的连锁店——“不二家”西式糕点咖啡店。70 年代以后，日本的连锁经营以零售业和饮食业为中心迅速发展起来，并形成了自己的连锁经营体系。虽然日本连锁企业创立的历史很短，但发展速度很快，到 1992 年已有连锁公司 688 家，店铺 130 144 个，年营业额达到 10.16 万亿日元。从行业分布来看，日本连锁企业主要分布在零售业、餐饮业和服务业。日本的连锁企业在发展过程中通过融入本国的消费特性和民族特色，形成了自己的发展特点。目前，比较著名的日本连锁企业包括伊藤洋华堂和“7-11”等。

二、中国连锁企业经营发展历史及现状

（一）中国连锁经营发展历程

早在公元前 200 多年前，中国就出现了开设分店的商业形式，这是连锁经营出现的雏形。而现代连锁经营在中国的起步时间则相对较晚，仅有 20 余年的时间，但发展速度较快。

我国最早出现的连锁企业是 1986 年由天津立达集团公司创办的天津立达国际商城，但由于百货店是当时零售商业的主导形式，其利润和成长性都非常好，因此，连锁还只是个别现象，没有普遍意义。连锁经营在我国的真正发展是在 20 世纪 90 年代。1990 年，广东省东莞市烟酒公司创办了“佳美”连锁超级商场；1991 年上海市出现了第一家连锁企业——联华超市商业公司；两年后，上海另一家大型连锁公司华联超市公司的 6 家分店同时开业；1992 年 1 月，北京西城区副食品公司创办了“希福”连锁店，在批发、零售、餐饮、服务等行业大力推行连锁经营。

从 1995 年开始，国家在政策上积极鼓励企业发展连锁经营，在与百姓日常消费密切相关的零售业中，连锁经营（如超级市场、便利店）已成为主导；全国粮食系统全面推广连锁经营，并取得了显著成效。连锁经营业态规模扩大，连锁经营业种类增多。连锁经营不仅出现在传统的餐饮、零售行业，还发展到许多新兴的业态形式上，如折扣店、专卖店等。连锁企业成长迅速，已由企业规模优势向产业规模优势转化。

从 2011 年开始，中国连锁企业发展进入了一个新的时期。在世界经济危机的严峻形势下，我国连锁企业应继续保持稳定发展，积极应对海外连锁巨头的竞争

威胁，扩大连锁经营规模、完善连锁经营运营体系，提升连锁企业竞争力和推进自主创新能力，不断提高连锁企业经营水平。

（二）中国连锁经营发展现状

1．连锁经营整体规模不断扩大

中国连锁经营协会“2013 中国连锁百强”日前发布，统计结果显示，2013 年连锁百强企业销售规模达到 2.04 万亿元，同比增长 9.9%，新增门店 6 600 余个，总数达到 9.5 万个，同比增长 7.6%。但销售额和门店增幅分别比 2012 年下降 0.9 个和 0.4 个百分点。2013 年百强企业销售额占社会消费品零售总额的 8.9%。

表 1-1 2013 年中国连锁百强前十名排行榜

2013 年排名	2012 年排名	企业名称	2013 销售/万元	销售增长率/%
1	1	苏宁云商集团股份有限公司	13 800 000	11.3
2	3	国美电器有限公司	13 334 000	13.5
3	4	华润万家有限公司	10 040 000	6.7
		旗下：苏果超市有限公司	3 385 600	2.1
4	5	康成投资（中国）有限公司（大润发）	8 012 000	10.6
5	6	沃尔玛（中国）投资有限公司	7 221 464	24.5
6		联华超市股份有限公司	6 881 838	0.2
7	9	山东省商业集团有限公司	6 113 842	24.2
8		上海友谊集团股份有限公司	6 080 000	6.7
9	7	重庆商社（集团）有限公司	6 029 699	10.6
10	8	百胜餐饮集团中国事业部	5 020 000	–3.8

2．连锁企业发展空间进一步扩大

一直以来，连锁企业在我国的发展主要集中在大城市，随着经济发展的速度加快，城乡居民可支配收入的不断增加，中小城市、农村市场和社区商业逐渐成为连锁企业发展的重要市场。此外，连锁企业近些年也不断寻找新的增长点，创新经营模式。如苏宁云商开始涉足跨境电商，大润发开始进入物流领域，家乐福、沃尔玛开始布局便利店等。

任务三　辨析连锁经营的基本模式

一、直营连锁

（一）直营连锁的概念

直营连锁是指连锁公司的店铺均由公司总部全资或控股开设，在总部的直接领导下统一经营。总部对各店铺实施人、财、物及商流、物流、信息流等方面的统一经营。

（二）直营连锁的优缺点

1．直营连锁的优点

（1）管理规范化程度高，整体竞争力强。在直营连锁企业中，由于各分店都是由一个连锁企业法人直接投资的，因此，连锁经营企业的总部有权对所有分店实行全面、严格、统一、规范的管理，各分店无权脱离总部经营管理制度的约束而独立经营。

（2）可统筹配置资源，提高企业运行效率，降低成本。直营连锁的所有权和经营管理权高度统一的特点，决定其可以指定统一的企业经营战略和发展战略并确保其切实执行；可以打破各门店的界限，有效地调动整个企业的财力、物力和人力。

（3）可统一决策，执行具有快速性。连锁企业的总部可以统一调动资金，统一经营战略，决策执行速度较快；连锁企业的总部能够有效地对所有分店进行严格的统筹管理，保证了决策执行的顺畅。

2．直营连锁的缺点

（1）资金投入量大。直营连锁在发展连锁分店时，需要大量的资金投入，给企业造成很大的资金压力甚至限制连锁企业的扩张。

（2）经营风险高。直营连锁在各分店的经营过程中，可能会由于选址不好、经营管理不善等原因，导致一些分店的经营失败，连锁企业要承担全部经营风险。

（3）门店缺乏灵活性、积极性。直营连锁采用集中化的统一管理，各项权利高度集中于连锁总部，各分店经理均由总部指派，他们是公司的雇员而不是所有者，因此各分店的自主权较小，积极性、创造性和主动性受到限制。

【阅读资料 1-2】美容连锁直营化　奈瑞儿更领风骚①

美容业十多年的发展经验表明，连锁经营是行业做大做强的必由之路。从目前的市场格局来看，大型连锁美容机构已占据主导地位。而其中，走直营连锁路线的大型机构更是后来居上，成为市场发展主流，引领行业未来发展方向。

一、直营连锁是市场选择

据了解，加盟与直营是目前市场上最主要的连锁经营方式。加盟连锁，被业内称为“发展速度最快的市场行为”，理论上，它能在较短时间内帮助企业或品牌获得较大的市场份额。

不过，业内人士一句“这看起来很美”，从侧面也反映了目前加盟连锁的尴尬局面。而且，随着这几年加盟连锁经营过程中种种问题的暴露，现在越来越多的美容品牌更倾向于选择以直营方式进行连锁经营。

对于这种市场转变，业界专家认为，这两种方式各有利弊，没有绝对的完美，关键还需要企业在管理上监控到位。不过，从市场实践、消费者需求以及国家的政策取向来看，美容行业发展直营连锁无疑是大势所趋。

二、坚持直营，奈瑞儿厚积薄发

目前，在广东境内，开展直营连锁最成功的美容企业莫过于奈瑞儿塑身美颜连锁机构。据悉，从企业诞生之际，奈瑞儿便一直坚持直营连锁经营方式，现已发展成为拥有上百家直营店的大型美容企业。奈瑞儿业务遍及广东全省各个中心城市，仅广州市区直营店便多达20余家。

奈瑞儿相关负责人表示，直营模式下，产权是唯一的，各直营店店长是雇员而不是所有者。总部对下属分店进行集中领导、统一管理、统一核算，并实行标准化经营管理，可以更好地控制服务质量，避免了“同名不同质，同品不同价”的市场混乱，确确实实为顾客提供更优质的服务。

不过，也有业内人士指出，直营连锁门槛较高，对企业实力是一大考验。直营连锁要求企业在培训、教育、业务等方面有一套严密的管理体系，因此，管理成本相应高企。同时，大量专业人才缺口，庞杂的管理系统，高要求的“标准化”经营，从资金到执行，都制约了直营连锁企业的扩张速度。

对此，奈瑞儿相关负责人指出，直营连锁虽然在短期会牺牲企业的扩张速度，但从长远来看，更有利于企业练好内功。例如，人才培训方面，奈瑞儿在番禺便

---

① 凤凰网时尚综合. 美容连锁直营化　奈瑞儿更领风骚. http://fashion.ifeng.com/beauty/sale/200909/0902_2827_1331378.shtml [2009-09-02].

设有专门的培训学院，每年投入巨资，为下属美容院输送各类专业人才，从而解决了专业人才的瓶颈。随着企业发展壮大，资金瓶颈被突破，完善的人才培训机制，不仅有效地提升服务水平，而且加快了企业的发展速度，使企业进入良性的扩张轨道。据这位负责人透露，奈瑞儿明年将在珠三角地区开设100家分店。

二、自由连锁

（一）自由连锁的概念

自由连锁也称为自愿连锁，是指企业之间为了共同利益结合而成的事业合作体，各成员店是独立法人，具有较高的自主权，只是在部分业务范围内合作经营，以达到共享规模效益的目的。

（二）自由连锁的优缺点

1．自由连锁的优点

（1）分店独立性强，自主权大，积极性高。在自由连锁形式下，成员店独立性强，自主权大，利益直接，因而经营管理的责任心强、工作热情高，这有利于调动积极性和创造性。

（2）投资少，分布快。自由连锁企业在发展分店时，需要投入的资金少，并且布点快，能够较快地形成连锁式的网点分店体系，扩大市场占有面，具有扩张速度快、成本低的优点。

（3）统一进货，降低成本，实现规模效益。各分店由总部统一进货，购货规模较大，总部在向供应商购买商品时，具有较强的议价能力，能为分店带来成本上的节约；统一促销有利于享受到规模效益的好处。

2．自由连锁的缺点

（1）由于各分店的独立性比较大，如果组织管理得不好，就有可能出现凝聚力和约束力较弱、管理比较松散、连锁关系不稳定、很难发挥出集中统一运作的优势等缺点。

（2）由于组织稳定性、统一性较差，因此决策比较迟缓，很难快速适应市场的变化。在日常经营活动中，很可能产生一些只顾本店利益，不顾连锁经营整体的事。也可能在一些重大经营问题上出现意见分歧、矛盾，难以达成协调一致的意见。

【阅读资料 1-3】国内首个采购联盟上海家联将签下 20 亿元采购大单①

国内首家有民营资本运作的跨省区的超市采购联盟——上海家联采购联盟，目前正在进入一个关键性的阶段。昨日，记者从上海家联联盟采购有限公司总经理丁志达处获悉，一个总额约为 20 亿元的采购大单即将在上海家联和 20 多个国内外知名品牌的供应商之间签订。

“目前，上海家联与包括宝洁、联合利华在内的 20 多个知名品牌供应商之间的谈判已经进入了收官阶段，签约日期初步定在 1 月中旬，我们的采购总额约为 20 亿元人民币。”曾负责开发和经营欧尚、大润发自有品牌项目的丁志达认为，这一采购合约的签订，标志着上海家联采购联盟取得革命性的胜利，采购联盟正在被更多的零售企业所认知。

丁志伟称，湖南步步高超市、山东家家悦超市、宁波三江购物俱乐部公司、广西佳用商贸公司 4 家零售企业共同组建采购联盟的初衷，是希望通过联合采购，优化供应链，降低采购成本，而组建采购联盟后带来的效果确实立竿见影。据介绍，以圣诞礼品采购为例，去年单个企业采购圣诞帽一顶的价格是 0.75 元，而今年则只要 0.45 元，“家联”的采购优势明显而又快速。据统计，自采购联盟成立以来，成员企业部分商品零售价格大约降低 10%，已与同一地区内的洋超市、国内大型超市同类商品的价格站在同一水平线上。

三、特许连锁

（一）特许连锁的概念

特许连锁，又称特许经营连锁，是指特许者将自己所拥有的商标、商号、产品、专利和专有技术、经营模式等以特许经营合同的形式授予被特许者使用，被特许者按合同规定，在特许者统一的业务模式下从事经营活动，并向特许者支付相应的费用。

1．特许连锁的优点

（1）对于特许方而言，投资少、扩张快。特许连锁使得总部能以较少的人力、物力、财力迅速地拓展市场、扩大规模，以取得较好的规模效益。此外，也可以通过经营权的转让为总部积累大量的资本，使公司无形资产转化为有形资产，从

---

① 青年报. 国内首个采购联盟上海家联将签下 20 亿元采购大单. http://www.why.com.cn/eastday/node19599/node44421/node44426/userobject1ai746844.html [2004-12-25].

而增加总部的实力。

（2）对于加盟者而言，风险小、积极性高。通过加盟，既可以利用总部的技术、品牌和商誉开展经营，又享有总部全方位的服务，享有连锁系统的广泛信息，所以成功的机会大、经营风险小、利润比较稳定。此外，加盟者会积极努力地经营和管理自己的门店，以降低成本，提高利润，因而不需要总部在调动其经营积极性方面花费精力。

（3）对于消费者和社会而言，总部卓越的经营方法和技术被广泛地应用，提高了为消费者服务的水平。

2．特许连锁的缺点

（1）特许人有片面追求利益、忽视管理的倾向。在特许连锁经营中，一些特许人（总部）会在利益的驱动下，不顾企业的服务和管理能力，盲目扩大规模，片面追求加盟费，而忽视有效的管理和服务。

（2）合同纠纷多，管理难度大。在特许连锁中，特许人对被特许人管理的依据是特许合同，而合同不管如何完善，也会由于双方的理解和解释不同而形成许多纠纷。

（3）容易流失知识产权。在特许连锁经营中，特许人在与被特许人签订合同后，特许人就应把自己长期积累的品牌、技术、商誉和管理等知识产权传授给被特许人，以便其能开展正常有序的生产经营。但若加盟素质不高，就有可能造成上述知识产权的泄密或外流等不良后果。

【阅读资料 1-4】如家 2014 年第三季度营收超 18 亿元，新增 122 家店①

1．第三季度财报亮点

如家酒店集团第三季度共新开设 122 家酒店，其中新开设的酒店为 135 家，关闭了 13 家。截至 9 月 30 日，如家旗下三个品牌共在中国 315 个城市运营的酒店数量为 2 496 家。目前正在进行的有 435 个项目，其中共有 208 家酒店正处于建设或已签订协议（其中包括 181 家加盟经营酒店），227 家酒店正处于调查阶段（全部是加盟经营酒店）。特许加盟经营酒店仍然为现有的和潜在的加盟合作伙伴提供强烈的兴趣和需求（见表 1-2）。

① 劲旅网. 如家 2014 年第三季度营收超 18 亿元新增 122 家店. http://www.ctcnn.com/html/2014-11-12/14696362.html [2014-11-12].

表 1-2　如家酒店规模

	酒店总数					新开	停业
	如家酒店集团	如家酒店	莫泰酒店	云上四季酒店	和颐酒店	如家酒店集团	如家酒店集团
运营中	2 496	2 042	392	31	31	135	13
直营酒店	910	703	167	24	16	15	2
加盟酒店	1 586	1 339	225	7	15	120	11
建设中或已签订协议	208	153	28	5	22		
直营酒店	27	11	3	2	11		
加盟酒店	181	142	25	3	11		
调查阶段	227	193	30	0	4		

截至 9 月 30 日，如家酒店集团共有 2 120 万活跃非企业会员。

2. 第三季度运营指标

投入运营的酒店入住率同比下降 2.7%，平均每日房费同比增加 0.6%，其结果是每酒店客房平均营收同比下降 1.9%。如家酒店入住率的同比下降，主要由于第三季度中的新增酒店以及宏观经济相对疲软。与上一季度相比，如家第三季度每酒店客房平均营收环比增长 6.3%，主要由于受到季节性因素的影响（见表 1-3）。

表 1-3　如家 2014 年第三季度经营指标

运营指标	2014 年 Q3	2014 年 Q2	2013 年 Q3
酒店入住率/%	86.7	86.7	89.4
每日平均房价/元	174	164	173
每可售房收入/元	151	142	154

如家酒店首席执行官孙坚表示:“第三季度总收入符合我们的预期。尽管市场疲软，但是我们的同比利润率实现了连续 7 个季度的增长。展望 2014 年，我们不指望市场出现大幅反弹，但是我们对中国旅游市场前景仍然充满信心。我们计划进一步推进和加快和颐酒店的发展，推出一个新品牌‘如家 plus’，以和现有品牌形成互补。我们相信，我们目前的策略和对成本的控制，将使如家实现持续性的盈利增长和更加巩固的行业地位。”

【知识拓展】特许加盟合同的注意事项①

随着经济的发展，特许加盟已经成为一种流行，随之而来的加盟纠纷也越来越多。而纠纷的主要原因在于加盟者签订特许加盟合同对于内容没有阅读详细，且有种弱势心理，认为合同内容不可随意更改，从而导致在加盟后产生各种争议。“加盟有风险，创业须谨慎。”身为相对弱势的加盟者对于签订特许加盟合同时更应对条款有一定的了解，并注意保护好自身合法权益。

一、审查特许企业的履约情况

（1）主体资格：即是否具有相关证明文件，如特许企业是否合法存在且具有独立法人资格；特许企业是否具有自己的注册商标，且该商标是否已经注册成功；

（2）经营能力：即从事特许经营活动应当拥有的成熟的经营模式，如是否具备为加盟者持续提供经营指导、技术支持和业务培训等服务的能力。

我国《商业特许经营管理条例》第七条第二款中规定，特许人从事特许经营活动应当拥有至少两个直营店，并且经营时间超过 1 年。

二、合同中涉及的金额问题

（一）特许经营费用的种类、金额及其支付方式

通常情况下，特许企业会向加盟者收取三种费用，分别是加盟金、权利金及保证金。

（1）加盟金，是指加盟商为获得经营权而向企业支付的一次性费用。正规的企业收取加盟费是正常的行为，但有些企业用设备购置费代替。对于这种情况，加盟商签约前一定要查清楚设备的价款是否远高于市面同类设备的价格，防止受骗。

（2）权利金，是一种持续性的收费，加盟者要持续使用特许企业的商标，就必须支付这个权利金，所以加盟者在签订合同时要注意权利金是按年按季度还是按月支付。但须注意，某些特许企业会要求加盟者一次开出合约期限内全额权利金的支票。加盟者若遇到这种情况，务必记得在合约上注明“当加盟店不再开店时，特许企业必须退回未到期的权利金”，以保障自身的权益。

（3）保证金，特许企业为确保加盟者确实履行合约，并准时支付货款等所收取的费用。合同到期后，保证金应退还加盟者。对于保证金收取过高的特许企业，在签订合同时一定要注意保证金应当在合同到期后无条件退还，不得附加其他条件。另外，对于提前解除合同时保证金的退还情况也应当在加盟合同中写明。

---

① 易法通. 特许加盟合同签订注意事项. http://bbs.voc.com.cn/viewthread.php?tid=4897729[2012-12-31].

（二）关于特许企业所提供的货物及设备的价格问题

（1）特许企业供货价格。为防止特许企业所提供货物价格过高，加盟者可在签订合约时，事先要求特许企业供货的价格不得高于市场行情，或是限定高出市场行情的范围，以避免争议的发生。

（2）特许企业提供的设备价格。特许企业一般会有特定设备提供，但设备价格有可能高于市场价格，对此，加盟者在签订合同时可约定，如果事后加盟者发现特许企业提供的设备高于市场价格，加盟者可要求特许企业返还多余款额，如若不还须进行相应赔偿。

三、特许经营中的消费者权益保护和赔偿责任的承担

（一）特许企业过错

若是因为特许企业提供的货物或者设备对消费者权益造成伤害，则特许企业需要承担连带责任，还应对加盟者的损害予以赔偿。

（二）加盟者过错

若是由于加盟者自己在经营过程中的失误造成对消费者权益的侵权，其所引起的赔偿责任由加盟者自己承担。

四、关于合同转让和终止问题

（一）合同的转让

因为特许加盟合同一般时间都比较长，加盟者在经营过程中有可能发生经济问题导致无法继续加盟。对于这种情况，加盟者可以与特许企业协商允许合同进行转让。但转让必须经过特许企业的同意，而转让后的承买者资格由特许企业进行认定，同时加盟者须向特许企业支付一定转让费。

（二）合同的终止

当合同期满或者因其他原因合同终止后，特许企业会通过检查加盟者是否有无违法合约或者是否积欠货款等情况来按比例返回甚至是扣除保证金。关于这一点，加盟者一定要看清楚是如何规定的，觉得不妥善的地方需要协商改正。另外，特许企业可能会要求拆下招牌，此时可根据招牌的所有者来确定具体的解决办法。

五、关于纠纷和违约责任问题

（一）纠纷解决问题

关于诉讼管辖问题，在签订合同时，最好将法院管辖地约定在加盟商所在地、合同签署地。

（二）违约责任问题

一般在违约责任问题上，通常只会列出针对加盟者的部分，对特许企业违反合同部分则较少。因此加盟者在签订合同时应当提出相应要求，对于特许企业所

许诺的具体内容，都应在合同中明确约定，并约定特许企业违反合同时应当承担的责任。同时还可写明具体的违约金金额，避免在以后诉讼中获得的赔偿却远未满足自己所遭受的损失。

（三）注意事项

在合同签订后，加盟者一定要确保自己保留一份，这样才能清楚合约内容，保护自身利益。

六、其他应注意事项

（一）竞业禁止的条款

竞业禁止，是特许企业为保护经营技术及智慧财产不因加盟而外流，要求加盟者在合约存续期间，或结束后一定时期内，不得从事与原加盟店相同行业的规定。此规范旨在保护特许企业的知识产权。但禁止时间太长会影响加盟者日后的工作权益，所以加盟者在签约时要注意时限的长短。

（二）概括条款

加盟合同的条款中通常都会有这样一条："本合约未尽事宜，悉依总部管理规章办理"。由于管理规章是由特许企业制定，有可能随时修改，加盟者若不清楚其权益就可能受到损害。因此，加盟者在签订合同之时，最好要求特许企业将管理规章以附件的形式附在合同后面。

（三）商圈保障问题

商圈保障就是特许企业为确保加盟店的营运利益，在某个商圈之内不再开设第二家分店，对此，加盟商要确定其加盟商圈的范围有多大。同时，加盟商在签约时，最好载明特许企业在该范围内不得再发展营业内容完全相同的第二品牌，以保障自身权益。

任务四　选择连锁经营业态

一、业态的含义

零售商业业态是指零售企业为满足不同的消费需求而形成的不同的经营方式。

二、业态的种类

店铺零销业态分类和基本特点见表 1-4、表 1-5。

表 1-4　有店铺零售业态分类和基本特点

业态	基本特点						
	选址	商圈与目标顾客	规模	商品（经营）结构	商品销售方式	服务功能	管理信息系统
1. 杂食店	位于居民区内或传统商业区内	辐射半径 0.3 公里，目标顾客以相对固定的居民为主	营业面积一般在 100 平方米以内	以香烟、饮料、酒、休闲食品为主	柜台式和自选式相结合	营业时间 12 小时以上	初级或不设
2. 便利店	商业中心区、交通要道以及车站、医院、学校、娱乐场所、办公楼、加油站等公共活动区	商圈范围小，顾客步行 5 分钟内到达，目标顾客主要为单身者、年轻人。顾客多为有目的购买	营业面积 100 平方米左右，利用率高	以即时食品、日用百货为主，有即时消费性、小容量、应急性等特点，商品品种 3 000 种左右，售价高于市场平均水平	以开架自选为主，结算在收银台统一进行	营业时间 16 小时以上，提供即时性食品的辅助设施，开设多项服务项目	程度较高
3. 折扣店	居民区、交通要道等租金相对便宜的地区	辐射半径 2 公里左右，目标顾客主要为商圈内的居民	营业面积 300 ～ 500 平方米	商品平均价格低于市场平均水平，自有品牌占有较大的比例	开架自选，统一结算	用工精简，为顾客提供有限的服务	一般
4. 超市	市、区商业中心、居民区	辐射半径 2 公里左右，目标顾客以居民为主	营业面积 6 000 平方米以下	经营包括食品、生鲜食品和日用品。食品超市与综合超市结构不同	自选销售，出入口分设，在收银台统一结算	营业时间 12 小时以上	程度较高
5. 大型超市	市、区商业中心、城郊接合部、交通要道及大型居民区	辐射半径 2 公里以上，目标顾客以居民、流动顾客为主	实际营业面积 6 000 平方米以上	大众化衣、食、日用品齐全，一次性购齐，注重自有品牌开发	自选销售，出入口分设，在收银台统一结算	设不低于营业面积 40% 的停车场	程度较高

业态	基本特点						
	选址	商圈与目标顾客	规模	商品（经营）结构	商品销售方式	服务功能	管理信息系统
6. 仓储式会员店	城乡接合部的交通要道	辐射半径5公里以上，目标顾客以中小零售店、餐饮店、集团购买和流动顾客为主	营业面积6 000平方米以上	以大众化衣、食、日用品为主，自有品牌占相当部分，商品在4 000种左右，实行低价、批量销售	自选销售，出入口分设，在收银台统一结算	设相当于营业面积的停车场	程度较高并对顾客实行会员制管理
7. 百货店	市、区级商业中心，历史形成的商业聚集地	目标顾客以追求时尚和品位的流动顾客为主	营业面积6 000～20 000平方米	综合性，门类齐全，以服饰、鞋类、箱包、化妆品、家庭用品、家用电器为主	采取柜台销售和开架销售相结合方式	注重服务，设餐饮、娱乐等服务项目和设施	程度较高
8. 专业店	市、区级商业中心以及百货店、购物中心内	目标顾客以目的地选购某类商品的流动顾客为主	根据商品特点而定	以销售某类商品为主，体现专业性、深度性、品种丰富，选择余地大	采取柜台销售或开架面售方式	从业人员具有丰富的专业化知识	程度较高
9. 专卖店	市、区级商业中心、专业界以及百货店、购物中心内	目标顾客以中高档消费者和追求时尚的年轻人为主	根据商品特点而定	以销售某一品牌系列商品为主，销售量少、质优、高毛利	采取柜台销售或开架面售方式，商店陈列、照明、包装、广告讲究	注重品牌声誉，从业人员具备丰富的专业知识，提供专业性服务	一般
10. 家具建材商店	城乡接合部、交通要道或消费者自有房产比较高的地区	目标顾客以拥有自有房产的顾客为主	营业面积6 000平方米以上	商品以改善、建设家庭居住环境有关的装饰、装修等用品、日用杂品、技术及服务为主	采取开架自选方式	提供一站式购足和一条龙服务，停车位300个以上	较高
11. 购物中心①社区购物中心	市、区商业中心	商圈半径为5～10公里	建筑面积为5万平方米以内	20～40个租赁店，包括大型综合超市、专业店、专卖店、饮食服务及其他店	各个租赁店独立开展经营活动	停车位300～500个	各个租赁店使用各自的信息系统

业态	基本特点						
	选址	商圈与目标顾客	规模	商品（经营）结构	商品销售方式	服务功能	管理信息系统
11．购物中心②市区购物中心	市级商业中心	商圈半径为10～20公里	建筑面积10万平方米以内	40～100个租赁店，包括百货店、大型综合超市、各种专业店、专卖店、饮食店、杂品店及娱乐服务设施	各个租赁点独立开展经营活动	停车位500个以上	各个租赁店使用各自的信息系统
11．购物中心③城郊购物中心	城乡接合部的交通要道	商圈半径为30～50公里	建筑面积10万平方米以上	200个租赁店，包括百货店、大型综合超市、各种专业店、专卖店、饮食店、杂品店及娱乐服务设施等	各个租赁点独立开展经营活动	停车位1 000个以上	各个租赁店使用各自的信息系统
12．工厂直销中心	一般远离市区	目标顾客多为重视品牌的有目的购买	单个建筑面积100～200平方米	为品牌商品生产商直接设立，商品均为本企业的品牌	采用自选式售货方式	多家店共有500个以上停车位	各个租赁店使用各自的信息系统

表 1-5　无店铺零售业态分类和基本特点

业态	基本特点			
	目标顾客	商品（经营）结构	商品销售方式	服务功能
1．电视购物	以电视观众为主	商品具有某种特点，与市场上同类商品相比，同质性不强	以电视作为向消费者进行商品宣传站式的渠道	送货到指定地点或自提
2．邮购	以地理上相隔较远的消费者为主	商品包装具有规则性，可以储存和运输	以邮寄商品目录为主向消费者进行商品宣传站式的渠道，并取得订单	送货到指定地点
3．网上购物	有上网能力，追求快捷性的消费者	与市场上同类商品相比，同质性强	通过互联网进行买卖活动	送货到指定地点
4. 自动售货亭	以流动顾客为主	以香烟和碳酸饮料为主，商品品种在30种以内	有自动售货机器完成售卖活动	没有服务
5．电话购物	根据不同的产品特点，目标顾客不同	商品单一，以某类品种为主	主要通过电话完成销售或购买活动	送货到指定地点或自提

【知识拓展】2014 年全球十大创新零售企业[①]

第一名：眼镜零售商 WARBY PARKER。当前在美国创业的多家公司都喜欢将自己标榜为“某某界的 Warby Parker”，Warby Parker 已经不仅仅是一个公司名称，而成为一种级别的象征了。开设四家实体店，完成 4 150 万美元的融资，与像音乐家 Beck 这样的人合作，员工人数超过 300 人，Warby Parker 将网络和实体商业融合在一起并使价值最大化。它的成功使其他电子商务企业也开始热衷于将自己称呼为“某某界的 Warby Parker”——从 Cory Vines（健身服装）到 True & Co（文胸），其中一些是为了简单易记，而另一些则仅仅是想要借助于 Warby 的光环扬名。

第二名：亚马逊 AMAZON. COM。亚马逊将其竞争对手远远甩在后面。2013 年亚马逊的金牌服务会员有了数百万的增长，如果亚马逊只推出金牌服务会员两日免费送达业务，绝不会有今天的成绩。当然，亚马逊不可能止步于此：它的杂货递送业务 AmazonFresh，使得消费者习惯于食品杂货当日内送达交付，这一业务已经发展到洛杉矶和旧金山。同时，亚马逊还联手美国邮政推出周日送货新政。（周日是美国的休息日，邮政等机构不工作）30 分钟内送达的承诺带给亚马逊可观的利润。有一点可以肯定的是：亚马逊的竞争对手如果要迎头赶上，还有很大的距离。

第三名：Legaspi 公司 THE LEGASPI COMPANY。重建购物中心以满足文化需求。通过了解拉美习俗，Legaspi 公司使象征美国商业壁垒的购物中心在困境中新生。开发商 José Legaspi 通过广告宣传将 10 处已经破败的地产改造成拉美文化中心，在商店供应宗教祭祀物品，并提供家庭聚会的场地。Legaspi 公司的做法使其财政收入和在美国西南部和南部的 70 个经营场所的客流量都增加了 30%。

第四名：服饰品牌 J. CREW。精心培育其品牌成为世界标志性的美国服装。J · Crew 典型美国式审美将适合 T 台的时尚服装设计与中产阶级的价值观天衣无缝地融合，随后开始向东方扩张，开出了在美国地区之外的实体店。其海外扩张策略首先在伦敦摄政街开出 17 000 平方英尺的门店，而据报道，该品牌下的旅行以及运动用品也有意进军中国香港、日本和澳大利亚市场。2013 年公司财政收入上涨 10%并开始全球扩张，很大程度上归功于首席执行官 Mickey Drexler 和总裁兼创意总监 Jenna Lyons 的完美合作。

---

① 联商网. 盘点 2014 全球十大创新零售企业. http://www.linkshop.com.cn/web/archives/2014/281282.shtml [2014-02-21].

第五名：沃尔玛 WALMART。发展智能手机解决方案以帮助顾客。根据沃尔玛的统计，使用沃尔玛 APP 的顾客一个月会购物两次，比不用 APP 的顾客多消费 40%。这表明在数字化时代零售业巨头使用移动终端非常有助于业务发展。沃尔玛实验室（Walmart Labs）推出了几项新发明，例如，在巨大的卖场中通过 GPS 指引消费者所需购买产品的位置，以及消费者无须经由收银台而是通过智能手机客户端自行扫描结账。虽然沃尔玛距离亚马逊还有一定距离，但是正在奋起直追。

第六名：EBAY。扩展业务模式，成为零售商最好的朋友。为跟上加速发展的电子商务的步伐，eBay 雄心勃勃地超本地化推广使它（和它的零售业合作伙伴）保持了消费者购物的多样性和便利性。eBay 的“一小时交货计划”现扩展到美国的主要城市如纽约、芝加哥和达拉斯，而公司现在正着眼于向国外（甚至宇宙）发展。eBay 最近与英国的百货零售连锁商 Argos 合作，让消费者能在网上商店购物。2013 年夏天，eBay 宣布“PayPal 银河”计划（PayPal Galactic），旨在准备和支持太空电子商务。

第七名：巴宝莉（BURBERRY）。维护其无可挑剔的设计理念并迎合数字化千禧年时代的要求。尽管巴宝莉的经典风衣风格不会变，但是穿着它的人们以及销售它的伦敦时装店已经让它随着时代的发展发生了改变。巴宝莉的零售店以创新科技发明了一种完全互动的广告。个别产品和广告主角可以受指令控制，这让人们可以更深入地了解该品牌。当巴宝莉想要用当时尚未发布的 iphone 5S 拍摄一组时装秀时，巴宝莉的首席执行官 Angela Ahrendts（即将成为苹果公司员工）很快就促成了双方的合作。除了在经典时尚和零售业创新之间架起桥梁，巴宝莉在亚洲也有新的发展：其财政收入在该地区飙升 14%（大部分要感谢中国消费者）。

第八名：在线零售平台 ZADY。透明化销售，告诉购买者衣服的制造地以及制造人的相关背景信息。公司成立于 2013 年 8 月，创始人为 Soraya Darabi 和 Maxine B é dat，其销售类目包含较小的品牌如底特律 Karmo Studio 的精品皮革产品到较大的品牌比如纽约的男装 Steven Alan。Zady 所销售的所有产品都注重工艺和原创性，且几乎所有产品均来自美国本土。

第九名：时尚电商 FARFETCH。为消费者浏览高端精品店创造一站式服务网站。Farfetch 的网站就像一个通往世界各地零售店的传送门：消费者足不出户就可以购买米兰或者纽约大街上的商品。而该网站上的伦敦站供应多达来自 24 个国家 300 多个精品店的商品。2013 年，国际出版集团康泰纳仕（Cond é Nast）向其投资 2 000 万美元，2014 年 Farfetch 将取得更大的发展。

第十名：梅西百货 MACY'S。将“无处不在的零售”概念主流化。针对其提倡的多渠道零售，梅西百货 2013 年主要致力于供应链的改变：使 500 家实体店作为网上发货的物流中心，顾客能够在网上从任意一家门店的所在地订购任意品种的商品，送货尽可能在下单当天完成。最新统计结果显示，梅西百货的10%销售业绩来自网上销售。

思考：结合现在的经营情况，零售业态已经或未来还会发生哪些创新？

【案例分析】

薄命的中国式比萨：土家掉渣饼[①]

这是一张一飞冲天接近神话的幸运饼。自2005年3月起，仿佛一夜之间，以“掉渣儿”为代表的土家烧饼北上南下人手一张，演变成一场轰轰烈烈的全民运动。但这又是一张瞬间崩塌归于无形的薄命饼。2006年4月20日，武汉武昌区法院，加盟商状告“掉渣儿”烧饼欺诈一案开庭。“掉渣儿”创始人晏琳一出现在被告席上，旁听的十几位加盟商就立刻鼓噪起来——“骗子！”“还钱！”……晏琳反唇相讥：“我老公在利济路开烧饼店能够赚回一台车。为什么你们赚不到钱？就你们这脑子，活该你们穷一辈子！”

曾经同一战壕枪口一致对外的战友就此彻底决裂，曾经名噪大江南北的“掉渣儿”品牌就此轰然倒地。一年轮回，一场游戏一场梦。

“烧饼西施”

在单亲家庭中长大的土家妹子晏琳，性格独立倔强而张扬。2001年9月，大学毕业后，学发酵工程的她进入一家民营环保企业，从推销污水处理设备的业务员做起，不到一年就成为公司里的销售冠军，年销售额占全公司的1/3。2002年10月，领导安排晏琳开辟鄂西北市场。她单枪匹马入襄樊，不到3个月就捷报频传，立刻被封为区域经理。接下来的两年，这家公司在鄂西北市场的销售业绩不断攀升。

春风得意之际，晏琳却萌生去意：大学时代就一直梦想着要在30岁之前干番属于自己的事业，可一晃过了3年，拿着所谓的高薪，当着所谓的白领，却仿佛离自己最初的梦想越来越远……2004年7月，晏琳突然向公司提出辞职。为了留下她，公司领导甚至以“若在这个时候辞职，2万多元的业务提成就不能兑现”威逼利诱。

晏琳满不在乎地笑笑，转身就走。重新寻找定位的她连续换了两份工作都不

---

① 新浪财经. 薄命的中国式比萨：土家掉渣儿饼. http://finance.sina.com.cn/leadership/case/20060710/14242719187.shtml [2006-07-10].

如意。一个偶然的机会，她在好友的婚宴上遇见一位身价过亿的高科技公司老板。这位老板感叹道:“如果要我重新选择，我不会再去做高科技，而会去做传统行业。”为什么？晏琳暗自揣摩：因为传统行业投资不大，门槛低，风险小，而且上手快。只要经营得当，就能在市场中站稳脚跟不断壮大。而最典型的传统行业就是食品。

“卖烧饼！”这个念头刚蹦出来的时候，晏琳自己也吓了一大跳。在她的家乡湖北恩施，具有土家族风味的烧饼是当地一大特色。相传这种烧饼原为土家族将士们的战场食粮，历史悠久。从小到大，晏琳最爱吃外婆亲手做的烧饼，而她的哥哥就得到了外婆的真传。独自在武汉打拼的8年里，晏琳走街串巷尝遍了武汉的各种特色小吃：面窝、粑粑、豆皮、汤包、欢喜坨、糖糍粑、热干面……如数家珍，娓娓道来。然而她最想念的，依然是外婆的烧饼。她寻思着：如果把传统的土家烧饼根据武汉人的口味做些改良，会不会有市场？

白领丽人当真要做“烧饼西施”？不仅家里人极力反对，交往了8年的男友更赌气对晏琳说：“你可别因为烧饼而丢掉爱情。”好在哥哥答应她一起去武汉试试。

为了筹集到4万元启动资金，晏琳几乎动用了所有的关系；为了找到一个合适的门面，晏琳每天清早就站在一些备选路段观察，统计人流量；为了与众不同，晏琳向一帮经商的朋友请教，不仅用竹子和簸箕对店面进行了一番别致的装修，而且给自己的烧饼取了一个听上去很土的名字——“掉渣儿”。她自信满满地说：“大土即大雅。”

2005年3月，武汉大学门口一间不足20平方米的门面里，晏琳的“掉渣儿”烧饼店开张了。

火爆江城

虽然前期通过发传单等方式做了些宣传，但她还是暗地里捏了一把汗。谁知8点开门，不到两个小时，原本打算卖一天的50斤面粉就卖了个精光，让晏琳不得不上午10点就打烊。第一天，她卖了376元，净赚100多元。第二天，晏琳特地揉了200斤面粉，没想到又卖断了货。

“中国式比萨”的噱头、“土得掉渣儿”的店名和装修、2元钱的定价、香甜偏麻辣的口味、方便的手提牛皮纸包装……这一切，让“掉渣儿”烧饼在爱尝新鲜的武汉人当中口碑相传。一位老婆婆专程从常青花园打车去武汉大学买烧饼，另一位武汉音乐学院的老师每次都打的来买烧饼……店门口每天都排长队，最高峰时日营业额近6 000元，相当于一天能卖出近3 000个烧饼，就算平均日销量也有2 000个左右。这种盛况让晏琳自己都目瞪口呆。“营造一种特定的氛围能吸引人气，人气和口碑就可以带动销量。”激情在晏琳心中燃烧，她的“烧饼梦”越做越大。

1个月后，晏琳递交了注册商标申请。

2个月后，晏琳在汉口利济北路的第二家店开张的烧饼同样供不应求。

4个月后，晏琳注册成立了掉渣儿食品管理有限公司，注册资本30万元。公司办公室位于武汉大学对面的樱花大厦B座101室，140多平方米，办公设备一应俱全。她甚至以近万元的月薪聘请原小蓝鲸执行总经理杨敏刚担任CEO。

5个月后，27岁的女老板晏琳和她的"掉渣儿"烧饼吸引了媒体的眼球。当地影响力颇大的《武汉晨报》率先头版头条对其做了系列报道。晏琳被称为"掉渣儿皇后"。小烧饼做出了大动静儿，据说报道出来没几天，仅《武汉晨报》就接到50多个声称对土家烧饼项目感兴趣的电话，前往购买烧饼的人更是络绎不绝……

一张看上去并不复杂的烧饼居然能作出这种成绩，谁不动心？不久，名扬烧饼、泡泡烧饼纷纷出道。愤怒之余，晏琳细看对手——效仿的生意居然还不错！这不正说明土家烧饼还大有市场可挖？为了抢在对手之前壮大，晏琳开始计划连锁加盟：先在武汉开5~6家直营店，20~30家加盟店，然后向南直指长沙，往北瞄准北京，进而攻占全国！

"掉渣儿"烧饼连锁加盟就此横空出世，门槛还不低：合同一签就是3年；繁华地段保证金2万元、加盟费4万元，一般地段保证金1万元、加盟费3万元；为避免配方被外泄后"变味"，馅料配方不向加盟店公布，加盟店每隔一两天从公司特制馅料厂购买馅料；甚至明文规定"必须在指定厂家购买面粉，不能卖'掉渣儿'以外的食品"等。

即使这样，众多小投资者仍趋之若鹜：假设一个"掉渣儿"烧饼需要面粉180克、肉15克、香料0.2克，成本共计约0.64元。售价2元，毛利就达到1.3元！"掉渣儿"公司的宣传幻灯片口口声声承诺着"每天卖出1 500个，35天就可收回成本"，再看看"掉渣儿"武汉大学店每天卖2 800个烧饼的盛况，那不正是活招牌！还想讨价还价？工作人员满脸"你不签好多人等着签"的神气……投资者顿时乖乖签下合同，生怕错过了这位财神爷。

2005年8月起，"掉渣儿"烧饼在武汉的队伍开始滚雪球。9月2日，江汉北路，第30家店开张；9月12日，新华路，第34家店开张……仅21天就发展了9家加盟店！"掉渣儿"烧饼店瞬间膨胀到39家！其中只有3家是直营店。

急转直下

大本营看似稳固且欣欣向荣，晏琳立刻挥军北上长沙，南下深圳，挟武汉之余威，试图让"掉渣儿"烧饼四处开花。

不料在武汉，梦想着客似云来的第一批加盟商很快发现：一觉醒来，武汉街头如雨后春笋般冒出了五花八门的烧饼店：掉渣渣、土掉渣、香渣儿、香渣渣、土家西施、土家皇后……一家"掉渣儿"烧饼店往往被三四家跟风店包围。这些店做出的土家烧饼不仅跟"掉渣儿"形状相似，就连味道都差不多。客源被极大地分散了。加盟商质问晏琳，晏琳信誓旦旦地说："'掉渣儿'是经过改良的土家烧饼，独到的秘方只掌握在我手中！"话虽如此，蜂拥而至的消费者能分辨出这些名目繁多的烧饼在味道上的细微差异吗？加盟商又要求晏琳打假冒牌店，晏琳回应："'掉渣儿'商标是今年5月申请的，最短也要一年多才能批下来……"

谁熬得起这时间？祸不单行。你这边儿还在等着商标批准，他那边儿已经磨刀霍霍向"掉渣儿"了。广州一下子冒出1 000多家名称各异的土家烧饼店，在北京，每隔一条街就能看见一家土家烧饼店，上海、杭州、深圳、重庆、成都……每个城市，都在重蹈武汉的烧饼热，也在重蹈"掉渣儿"烧饼的跟风效仿热。这让还没来得及在外地市场站稳脚跟的晏琳傻了眼。再加上报纸电台的推波助澜，网上讨论得热火朝天，以"掉渣儿"为代表的土家烧饼热像瘟疫一样蔓延全国。速度之快，令人瞠目结舌，谁不知道土家烧饼？那你才是真"土"！可是大多数标榜自己正宗的土家烧饼店，居然跟晏琳一点关系都没有！

外地市场鞭长莫及，晏琳就像霜打的茄子蔫了气，草草出售"掉渣儿"的区域代理权，一心挂念着她的武汉市场。谁知大本营也好不了多少。2005年10月，"掉渣儿"烧饼武汉大学店一天也只能卖出1 000多个烧饼，只有以前的一半；而八九月份才加盟的四美塘、新华路等店，只能卖出500多个。这一切无疑都是与跟风店之间的激烈竞争造成的。晏琳不得不采取措施救市：武汉市内11条公交线路的车载电视上，首先打出了"掉渣儿"烧饼的广告。11月29日，"掉渣儿"新产品——"马打滚"和"泡椒软饼"上市。

推新品或许是晏琳能想到的阻击跟风店的最好办法。可是加盟商们并不买账。在他们看来："马打滚"跟汤圆差不多，制作起来费时费力，根本不符合快餐食品的要求；而泡椒软饼就像是味道酸甜的烧饼，顾客买了软饼就不会买烧饼，"这不是自家兄弟打架吗"？因为卖不动，加盟商们几乎是集体抗拒。加盟商大会上，晏琳无奈又生气："我希望你们跟我一条心。"她甚至特别强调："不是谁给我钱我就让谁加盟，更不是加盟进来就等着在保险箱里数钱。"可在加盟商眼中，这个"跷着二郎腿，叼着烟，用手不停敲着桌子说话"的女子不仅把责任推得一干二净，而且态度极其狂妄。

到这时候，"掉渣儿"烧饼已露败相。武汉多数加盟商的生意都难以为继，一天只能卖两三百个烧饼，部分甚至开始"违规"卖其他食品。雪上加霜的是，冒牌烧饼店也开始发展加盟，而且加盟费只有三五千元。更多的人涌进烧饼市场，利润降低，消费者热情也在降低，市场越来越小，无奈之下，只能更广泛地发展加盟商以圈钱……渐渐形成一个恶性循环。

大厦将倾。2005 年 12 月中旬，“掉渣儿”旗下 6 家加盟店要求退还加盟费用，强烈抗议“掉渣儿”公司宣称每天卖 1 500 个烧饼的欺诈行为，还列举了“掉渣儿七宗罪”。可是最终，他们只拿回了 1 万元的保证金。

春节过后，“掉渣儿”武汉店数量从 39 家缩减到十来家，跟风者们也开始关门或转向。3 月初，CEO 杨敏刚离开，“掉渣儿”开始裁员。

3 月中旬，一个劲爆消息让“掉渣儿”加盟商彻底愤怒了——掏了 3 万元加盟费也没得到的烧饼秘方，被公司以 5 000 元的价码甩卖！没多久，易趣、淘宝网上就有人公开叫卖“土家烧饼秘方”，最便宜的只要 8 元！“公司这样太不负责任了！这不是挽救品牌，而是捞钱！”“晏琳是想在退市前最后一搏！”……“掉渣儿”陷入一场空前危机。

与此同时，晏琳开始挨个儿地与加盟商解约：退还万元保证金，交回加盟合同。明明签的是 3 年合同，有些加盟商才刚经营了半年，生意惨淡，连本儿都没捞回来！为什么要退合同？加盟商不服，工作人员却说：“现在不退以后公司破产了你们找谁去？”

至此，红火了整整一年的“掉渣儿”烧饼开始分崩离析。

风流云散

按照晏琳自己的说法，最初开店的时候根本没想过发展加盟商，只想自己搞直营店连锁经营。姑且不论“掉渣儿”烧饼是否有所谓的秘方能否申请专利保护，其商标注册正式获批也需要 1 年多。而在这 1 年多的时间里，技术含量如此之低却备受市场青睐的产品根本不可能杜绝跟风。这正是晏琳始料未及的。

面对这种情况，她不得不选择加盟以迅速壮大正宗“掉渣儿”烧饼的规模。可是她忽略了一个重要的事实：跟风者没有加盟费，因而成本更低，“掉渣儿”烧饼要想在竞争中立于不败之地，其原料采购、加工程序、店面服务等标准应该是不能被模仿，至少是不易被模仿的。再看看晏琳的“掉渣儿”烧饼，缺乏核心竞争力，缺乏完整的营销策略，缺乏后续的产品输出……跟风者甚至仅需一台电烤炉就能做出相似的产品！加盟连锁真能建立在如此简单的载体上吗？

更失策的是，晏琳最终居然选择了甩卖技术！而此时，她甚至还没正式取得“掉渣儿”的商标权！

一场风暴正在酝酿。2006 年 3 月 7 日，坚决不肯退还合同的加盟商吴李红起诉“掉渣儿”公司隐瞒“没有取得商标权”的真相进行加盟，是种严重的欺诈行为，请求法庭判令“掉渣儿”公司退还4万元加盟费和保证金。

4月19日，开审前一天，“掉渣儿”公司位于樱花大厦的办公室正在清场。准备联合起诉的加盟商则愤怒地说，晏琳赚钱后就干了两件大事：一是买房子；二是结婚。

晏琳是不是真的圈了钱？真相扑朔迷离，但是无论如何，拔地而起又轰然倒下的“掉渣儿”烧饼已经成为2005年最生动的一场创业秀。放眼那些老字号，狗不理品牌147年，全聚德品牌135年，而国外的肯德基、麦当劳都超过半个世纪。可是为什么，从鸭颈连锁店，到上海巴比馒头，再到今天的“掉渣儿”烧饼，它们的火爆总是昙花一现？这或许不仅仅是因为经营不善，更折射出特许经营在知识产权和商标保护上的难题。

时至6月，午后的阳光晒得人昏昏欲睡，武汉新华路上，“掉渣儿”烧饼店面的漆隐约有些斑驳，门口人丁寥落，老板打了一个哈欠，继续百无聊赖地挥动蒲扇。或许他正寻思着：对街的招牌已经悄然换成天津口留香包子，自己是不是也该转型了？提到这些，晏琳的目光变得有些复杂。她沉默了很久，终于疲惫地说：“我现在只想平静地生活，希望有一天，社会可以公正理智地看待我和我的事业。”伊人话音未落，“掉渣儿”烧饼的前途却已然渺渺，徒余几许唏嘘，半分苍凉……

请思考：结合案例，土家掉渣饼属于哪种经营模式？其优缺点各是什么？其失败的原因是什么？

【实践训练】

调查身边的连锁企业，了解它们所采取的业态形式，并思考企业经营情况及发展对策。

项目二 规划连锁经营战略

【知识目标】

1. 了解连锁经营战略的概念、基本要求；
2. 掌握连锁企业宏观环境、行业环境和内部环境分析的主要内容；
3. 掌握连锁企业总体战略和竞争战略的主要内容。

【能力目标】

1. 能运用所学的知识进行连锁企业环境分析；
2. 能运用所学知识分析连锁企业采取的战略，并能进行选择和运用。

案例导入

苏宁第三次战略转型——开启“云商”新模式[①]

2013年2月21日，“苏宁电器”正式宣布集团名称更改为“苏宁云商”，苏宁第三次战略转型全面启动。而就在4天前，京东商城刚宣布完成了第四轮7亿美元的融资，这曾被外界解读为苏宁启动第三次战略转型的原因之一。不可否认的是，无论是2012年两会期间的“超电器化”，还是之后提出的“沃尔玛+亚马逊”模式，仅仅一年的时间，苏宁又进行了第三次战略调整。

“从2009年企业营销的创新到科技转型，叫模式的定型阶段；目前提出的云商模式则是叫模式的放大量阶段，这个过程则是经过4～5年的时间逐步成形的。”苏宁云商集团副董事长孙为民解释，苏宁所提出的“云商”模式，主要还是基于董事长张近东2012年提出的“沃尔玛+亚马逊”模式，而云商模式的提出，实则始于半年之前。

在张近东看来，经过3年的创新转型探索，2013年苏宁零售事业的发展将全

---

① 经济观察网. 苏宁第三次战略转型 开启“云商”新模式. http://www.eeo.com.cn/2013/0224/240359.shtml [2013-02-24].

力进入转型提速、跨越裂变的快车道，而互联网时代的全球零售业，已经发生了深刻的变化。他将现有的电商模式定义为“传统电商”，并坦言目前中国的零售业正处在历史的危急关头：行业成本增速抵消消费增幅，网购渠道分流线下，物流配送低质量高速度发展，实体零售企业大面积效益下滑，电商企业普遍性亏损，线上线下数以千万计的大小商家搏杀于红海、失血于无序的竞争环境中。

事实上，截至苏宁 2012 年三季报，苏宁线下实体零售业部分共调整关闭门店 133 家。尽管去年苏宁易购取得了 183 亿元的年销售额，但对于依赖实体业务的苏宁而言，其整体业绩依然受到挑战。

不过在张近东看来，中国未来肯定会成为世界最大的零售市场，而苏宁提出的云商模式将引领零售的模式创新。张近东解释说，苏宁“云商”模式可概括为“店商+电商+零售服务商”，其核心是以云技术为基础，整合苏宁前台后台、融合苏宁线上线下，服务全产业、服务全客群。云商苏宁既要做线上，也要做线下；既要做店商，也要做电商，还要做零售服务商。

孙为民认为，云商模式符合全球零售业发展趋势，理由是，首先是云商模式把互联网和物联网的技术进行了一个有机的结合，是在云服务、云技术应用的后台框架下，来实现零售转型；其次，则是苏宁线上线下进行融合发展，正是把两种平台、两种渠道的优势进行叠加，而线下实体店中所谓的租金、水电、人工等成本，实际在一个高效的门店面里所占的实际运营成本比例非常低，但并不是所有线下零售都会有这种运营的效果。

围绕“云商”模式，苏宁对组织架构进行了全面调整。此次苏宁组织调整的最大的变化是从原有的矩阵式组织转变为事业群组织。其中在总部管理层面设立了连锁开发、市场营销、服务物流、财务信息、行政人事五大管理总部，负责战略规划、标准制定、计划管控，协调各经营事业群工作。

同时，伴随组织架构调整，苏宁的高管层也有所调整，负责电商平台运营的李斌、负责线下运营的田睿，晋升至集团总裁助理职位，且苏宁云商对 3 000 名管理干部进行晋升。此外，随着苏宁的更名和新商业模式推出，苏宁的企业视觉识别系统（VI）也正式推出。

在总部经营层面，打造线上电子商务、线下连锁平台和商品经营三大经营总部，涵盖了实体产品、内容产品、服务产品三大类 28 个事业部，形成“平台共享+垂直协同”的经营组合，支撑线上线下融合发展和全品类拓展。

而在大区层面，扁平化垂直管理、本地化自主经营是苏宁新组织的最大特点。2013 年苏宁把大区—子公司—营运部三级缩减为大区—城市终端两级管理。其中，苏宁海内外大区数量从 44 个增至 60 个，城市终端由 100 多个增加至 200 多个。按照孙为民的说法，苏宁今年把整个大区的建制和未来2020年总体的物流体系建设是结合在一起的，即要保证在每个大区里都要有自己区域共享的平台。事实上这次苏宁最大的投入增长便是在物流投入方面，其预计在2015年建设完成60个大区。

苏宁今年在连锁开发体系上的发展也会出现很大的变化。孙为民称，首先会在部分区域市场进一步弥补市场盲点；其次在一、二级市场则以超级店、旗舰店的升级改造、结构优化作为主要方向，而三、四级市场的渠道将会进一步下沉。

“未来苏宁线下会看到更丰富的业态发展，而线上也是多界面的，这样一种多业态和多界面的东西，如果要实现全面的盈利，一个最根本策略问题就是本地化。”在孙为民看来，不实现本地化，所有的模式都不能够实现有效的规模效益和最终的盈利，而线上线下本地化的发展，实际上是云商模式从上天到入地的一个有机结合的问题。

在苏宁推出云商模式之后，面临的问题还有很多，如何落实线上业务和线下门店的融合，以及如何对目前扩大的组织架构进行更好地管理等问题都将摆在苏宁面前，这显然还是一个长跑的开端。

苏宁2013年的财务报告显示，净利润居然只剩下3.66亿元，较2012年下跌86.32%。苏宁的销售业绩如此糟糕，主要归因于四个方面：第一，线上线下的同价策略造成了商品价格上的劣势；第二，全线出击策略使自己的精力太分散；第三，在精准营销的流量入口上投入不足；第四，没有在移动电商上进行布局。

请思考：1. 苏宁为什么要进行战略转型？其目的是什么？转型是否成功？

2. 战略对连锁企业的重要性。

任务一　了解连锁经营战略

一、连锁经营战略的概念

连锁经营战略是指连锁经营组织在市场调研和环境分析的基础上，为求得长期发展，结合自身条件，对连锁经营的发展目标、实现目标的途径和手段所进行的总体谋划。连锁经营战略的特征有全局性、环境性、长期性、现实性和时代性。

连锁经营战略管理的实现是建立在一系列目标完成的基础上，包括市场发展目标、行业地位目标和社会发展目标，还必须满足所有者、管理者和员工的要求。

二、连锁经营战略的基本要求

（一）顾客满意

一般而言，顾客满意是顾客对连锁企业和员工提供的产品和服务的直接性综合评价，是顾客对企业、产品、服务和员工的认可，在企业内部也可认为是下一过程对上一过程的评价认可。

（二）销售主导

连锁企业现在面临日益激烈的竞争，而企业要能够生存和发展，就必须树立销售主导的理念，即从消费者需求出发，提供消费者需要的产品和服务。

（三）科学完善的体系

连锁企业要更好地实施经营战略，必须建立健全科学完善的战略体系，只有在此基础上才能完成战略目标。具体包括：（1）大批量商品化经营体系；（2）标准化的门店组装体系；（3）物流配送体系；（4）组织管理体系；（5）人才培养教育体系。

【阅读资料 2-1】海底捞——顾客满意理念的完美执行者①

在中国，需要排队等餐的餐饮店其实有很多，但是能让等餐变成一种享受的，却可能只有海底捞一家。而且它甚至还能让顾客将这种享受一直延续到就餐结束直至离开，并成为顾客下一次再来光顾的理由。在这里，顾客觉得，等待虽然漫长，但是很值得。

迎宾时：顾客刚到店门口，已经有服务员热情地迎了上来："先生，您好！您是来用餐的吗？"得到顾客的肯定回答之后，服务员马上在前面引路，将顾客引进大厅。顾客进到大厅，别的服务员迎上来，接替了刚才的迎宾员，将顾客带到用餐的餐桌前。如果就餐区座位已满，服务员则会带着你到专门的等位区等待。

等位时：顾客在等待的时间里，海底捞究竟做了些什么，让这些顾客不再觉得时间漫长，不再觉得等待很焦躁，不再将时间视为生命，而宁愿浪费一个小时、两个小时，甚至三个小时的时间来吃这一餐？在排队等待的时间里，热心的服务人员会为你送上西瓜、橙子、苹果、花生、炸虾片等水果和小吃，还有豆浆、柠

① 当当网. 海底捞的秘密. http://read.dangdang.com/content_2484139?ref=read-3-C&book_id=17503.

檬水、薄荷水等饮料，而且都是无限量免费提供。排队虽然漫长，但是值得，是因为在等待的时间里，顾客可以打牌、下棋和免费上网冲浪。甚至更令人惊喜的是，女士可以享受免费修剪指甲、美甲，男士可以免费享受擦皮鞋等服务。

就餐时：开始就餐，由于火锅的热气大，顾客的眼镜被热气蒙住了，正要擦时，餐桌边的服务员递过来了一个眼镜布。擦完眼镜后，顾客正想归还，服务员说："先生，送给您的，您平时用着方便。"在就餐的过程中，不等顾客杯子里的水喝完，服务员就主动上来给斟满。

卫生时：顾客问服务员："洗手间在哪里？"服务员回答："先生，我带您去。"洗手间打扫得非常干净。顾客出来，刚走到洗手台前，旁边的服务员已经帮他拧开了水龙头。顾客洗完手，一个服务员微笑着递过来一张擦手纸。然后还能看到棉签、皮筋、牙刷、牙膏、大宝护肤品、摩丝、梳子等供顾客免费使用的生活用品。

售后时：一个顾客结完账，临走时随口问了一句："有冰激凌送吗？"服务员回答："请您等一下。"5分钟后，服务员拿着"可爱多"气喘吁吁地跑回来："小姐，您的冰激凌，让您久等了，这是刚从易初莲花超市买来的。"

任务二　分析连锁企业战略环境

一、宏观环境分析

（一）政治法律环境

政治法律环境的变化显著地影响着连锁企业的经营行为和利益，主要因素有政局稳定状况、政治经济制度与体制、法律法规等。

【阅读资料 2-2】消保委介入百思买维权处理　五星电器将承担售后①

2011年2月22日，北美家电巨头百思买突然关闭了在中国全部的9家门店，其中涉及上海6家门店，令沪上众多消费者措手不及。记者从上海市消保委获悉，前两天，消保委已接到群众投诉电话94个，占总投诉量的15%。

记者了解到，目前消费者投诉的焦点主要包括5类问题，分别是家电产品无

---

① 当当网. 消保委介入百思买维权　五星将承担售后. http://wm600.eastday.com/w/20110224/u1a859422.html [2011-02-24].

法正常退换修、售后未提商品或承诺赠品不能送货、家电“以旧换新”补贴款难以兑现、购物赠送抵用券无法使用、约定补开的发票无法开出等。其中，消费者购买家电时另行付费所购的年数不等的“安心保”延保服务，在门店关门后将何去何从，是反映最为集中的问题，占投诉的七成以上。

为妥善化解矛盾，昨天市消保委已紧急约请了百思买中国区零售高级服务经理等相关负责人前来说明情况。百思买公司表示，其售后电话 400-886-8800 将保持开通，五星电器与百思买虽然是两个相对独立的主体，但五星电器将承担百思买的后续售后服务工作。

此外，针对消费者投诉集中的“安心保”延保服务问题，市消保委已提出处理意见，对于坚持要退掉延保服务的消费者，百思买应该偿还未履行承诺部分的款项。据悉，具体措施双方正在协商调解中，本周末前或可有明确处理意见。

（二）经济环境

经济环境的变化直接影响顾客购买商品和服务的能力和意愿，也影响着连锁企业的竞争成本。主要因素有经济制度、经济结构、产业布局、经济发展水平、通货膨胀、消费者收入水平等。

【阅读资料 2-3】万达加快去零售化①

万达集团要求，2013 年第四季度以后开业的万达广场，二楼将全面取消服饰业态，力争不招零售业态。万达的核心诉求不在于传统零售能占多少份额，而在于如何保证万达广场的人流量和整体租金收益。在电子商务冲击传统零售的大背景下，中国最大的商业不动产开发商万达集团对零售业态的信心似乎在加速消失。

在万达集团 2013 年度上半年的工作总结会上，王健林提出，万达广场要减少零售业态占比，特别是减少服饰类零售业态占比，增加生活类业态占比，如美发、美甲、书吧、教育培训等。万达集团要求，2013 年第四季度以后开业的万达广场，二楼将全面取消服饰业态，力争不招零售业态，2015 年之前把已经开业的 72 个万达广场二楼业态调整完毕。

零售向来是毛利与规模的平衡游戏，价格是核心。线上胜在便宜，线下赢在体验。在服装、消费电子、家电和图书等标准品上，电商对传统零售渠道的冲击已非常显著。但是，电商还难以将一杯热气腾腾、香气四溢的咖啡送到你的面前，

---

① 中房网. 万达加快去零售化. http://www.fangchan.com/news/9/2013-09-02/353948.html [2013-09-02].

也无法提供父母和孩子一起游戏的快乐与满足。这或许才是王健林的机会所在，也是其强调的“大零售”概念。

“万达广场定位中端，其零售业态受电商的冲击最大。万达必须从零售业态向体验式商业转型。”中国商业地产联盟副会长兼秘书长王永平认为，万达的核心诉求不在于传统零售能占多少份额，而在于如何保证万达广场的人流量和整体租金收益。

今年上半年，万达集团新开业5家万达广场。万达商业管理公司的内部人士告诉记者，这5家万达广场二楼都已经取消了服饰零售业态。一些大牌服装品牌仍被保留，主要集中在一楼。其他的服装品牌则进驻万达百货。二楼主要引入体验式商业，如书吧、儿童游乐、精品店、家居体验店和轻餐饮等。

据万达集团披露，在今年新开业的大连高新和宜兴两个广场，调整后的二楼客流比未调整的万达广场增加10%以上，销售额增加8%。

“万达按照流程化、标准化复制万达广场，一楼化妆品、二楼女装、三楼男装、四楼婴童或运动品牌、五楼及以上餐饮。但这种模式在市场走低和电商冲击的情况下已经陈旧不堪，转型体验式业态才能提升客流和业绩。”万达内部人士表示，万达集团在去年第三季度就在内部提出这一想法，并积极实施。到目前，计划今年开业的万达广场在招商方面基本调整完毕，二楼不再有服装零售。

整体的思路是去零售化，向体验式商业转型。尽管服饰类零售业态的租金水平一直较高，但是线下的服饰零售业绩普遍下滑，无法持续贡献高租金。同时，服饰类零售对客流的吸引力已经大幅下降。万达商业管理公司招商中心的人士称，万达广场中服饰类零售业态的占比将从之前的35%以上调整至20%以下。当然，这也并非一成不变。一、二线城市的万达广场基本能调整，但三、四线城市的万达广场则很难做到，“如果不招服饰类零售，铺面很难填满，会影响开业”。

在弱化服饰类业态之后，整个万达广场的零售业态占比也在缩小。之前的零售、餐饮、娱乐等业态“52：18：30”的黄金比例也被打破，呈现出三者均衡的形态。王健林曾说，“好的购物中心是吃出来的”。现在，几乎所有的购物中心都在加大餐饮和娱乐互动的比例。

但是，加大餐饮比例的问题在于，租金上涨的空间将非常有限。“餐饮店的规模、客单价、翻台率基本是个稳定指标，难有大幅增长的空间，能够承担的租金上涨也就非常有限。”王永平认为，在贡献租金上涨这一点上，服装零售业态的潜力更大。

关于租金问题，万达商业管理公司的内部人士称，目前万达首先要考虑的是如何优化整体结构。另外，在调整后的业态中，一些生活精品店的租金水平并不比服饰零售店低。

王永平指出，万达广场转型面临的另外一个挑战是，目前体验式的商业品牌不多，业态还不够丰富，难以大规模招商。即使有一些品牌，也在发展初期，难以跟上万达的扩张速度和规模。

对此，万达方面透露，将研发综合儿童业态。“日本、韩国已经有此类业态，但内容不全，国内还是空白。尽管有公司表态愿意与万达长期合作发展儿童业态，但为了做得更好，我们决定自己研发。万达广场儿童业态将零售、游乐、教育、美食综合，推出后将使万达广场的黏性更高。”王健林在年中报告中布置，万达商管公司今年第三季度完成前期工作，明年开业并全面推广。

截至 2013 年 6 月底，万达广场已经开业 72 个。万达商管公司在今年上半年实现租金收入 36.7 亿元。下半年，万达计划再新开 13 个万达广场。

（三）社会文化环境

社会、文化与人口环境的变化实际上对所有的产品、服务、市场和消费者都会产生重大影响，主要因素有文化、人口因素、教育水平、宗教信仰、价值观念、消费习俗、购买习惯等。

【阅读资料 2-4】麦当劳在印度开全素餐厅[①]

麦当劳在全球共有 3.3 万家餐厅，其中印度设有 270 家。近 20 年来，麦当劳在印度一直是困难中求发展。本周二，麦当劳宣布其计划在阿姆利则（Amritsar）的黄金寺（Golden Temple）及查谟（Jammu）和克什米尔（Kashmir）的印度教神殿附近开几个素食分店。

众所周知，麦当劳是以汉堡作为其主打产品的。然而汉堡的主要原料牛肉却成为麦当劳在印度惹争议的一个根源。在印度，信奉印度教的人占到印度总人口的 80%，他们将牛奉为神物，宰杀或食用牛肉是对印度教和教徒最大的亵渎。

其实麦当劳在印度已经不销售任何含牛肉的产品，但每年消费 8 亿磅牛肉的麦当劳并不能因此得到印度教民族主义团体的理解。该团体的一位官员称：“作为一个与屠牛活动有关的组织，麦当劳要在宗教圣地开店，是对印度教的侮辱。我们必将与之作斗争。”

---

① 观察者网．麦当劳将开全素餐厅　印度教徒不买账．http://www.guancha.cn/Neighbors/2012_09_08_96363.shtml [2012-09-08].

就在十多年前，因被报道在全球分店使用含有牛肉调味剂的油脂制作法式炸薯条，麦当劳曾几乎被迫撤离印度市场。那时，湿婆神军党（Shiv Sena）及其他印度教积极组织抗议麦当劳，有时甚至洗劫分店。在写给当时印度总理阿塔尔·比哈里·瓦杰帕伊（Atal Bihari Vajpayee）的信中，运动人士要求印度禁开麦当劳。他们写道："在一个80%人口尊崇神牛的国度，我们不能容忍此类问题持续下去。"2001年印度教报纸曾报道此事。

《纽约时报》在2003年报道说："自此之后，麦当劳在印度市场已经变得格外敏感。并且这样做的效果也开始显现。他们制作蛋黄酱不用鸡蛋。每家店都配有两条汉堡烹饪线，分别制作素食及非素食产品。素食烹饪部的工人们围绿围裙，非素食部的工人要进入素食部，必须得先洗澡。"

其实不光麦当劳，"吃什么"在印度一向是一个可以引起轩然大波的话题。印度有80%的人口信奉印度教，还有14%的人为穆斯林，于是关于吃什么的"牛猪之争"也频频挑动双方敏感的神经，进而引发一系列的冲突。

（四）科技环境

技术变革与创新可以创造新的服务市场，带来新的连锁业务，降低企业经营成本，改变物流效率，并创设新的、更有效的企业管理方法。主要因素有科学技术、软件、物流新技术等。

【阅读资料 2-5】科技如何改变零售业未来①

大数据下的精准营销

随着智能手机的普及，WiFi将会在零售业掀起一股旋风，只需要在零售卖场布局一些路由器，我们就很容易地利用WiFi技术探测到顾客的拜访数据，走动的路径数据等，而这个过程并不需要顾客的同意。如果顾客还能连上商场的无线网络，这打通线上线下，采集会员的信息就变得非常容易了。

有这些技术的帮助我们不但可以知道你的顾客是谁，还可以知道他什么时候来过，来的时候喜欢逛什么样的区域等。以前针对顾客的精准营销需要依赖顾客的消费数据，而对那些没有消费的潜在顾客则无能为力。零售商只需要搭建数据模型和算法，将用户属性反馈到后台系统。而接下来就会顺理成章地将各种促销

---

① 赢商网. 科技如何改变零售业未来：大数据营销、智能客流分析等. http://news.winshang.com/news-392427.html [2014-10-03].

信息、优惠券，有的放矢地推送到相应用户的移动终端上，从而精准地引导用户在实体门店完成消费。

例如，银泰百货和万达百货已经实现店铺全场 WiFi 覆盖。杭州西湖银泰百货作为第一个测试场景，在没有任何告示的前提下，有近 30%精准的线下用户进场后主动搜索 WiFi，并成功注册会员。实体零售的数据化市场存量很大，如何更有效地利用值得研究。

移动客户端瞄准未来

随着人们在移动环境下生活工作频率的不断增加，手机等移动端的用途也日益丰富。尤其是随着 4G 商用以来上网速度的提升，为移动端在零售业中的应用提供了可观有利的条件，也给用户提供了丰富的选择。2014 年 9 月起，丝芙兰将开始试行“store to door”业务，凡在丝芙兰实体店欲购商品缺货或不想亲自将商品带回家的顾客，可以通过移动端下单，3 天内所购商品即可送货上门。看似简单的线上线下相结合的做法，却暗示着一场移动端业务的转型大变革，品牌方开设移动端购物功能的时代到来。移动客户端对零售业的意义还在于，随着“90 后”、“00 后”购物者长大并成为社会中坚力量，他们会有不同的购物习惯与认知，无疑移动端更能贴近他们的生活。

智能客流统计与分析

结合 WiFi 及云等科技的 Geeho 客流统计分析应用，是零售销售管理的又一利器，通过将店铺的商品区域分区、分类和命名，使得统计客流的喜好变得可能。可以通过客户停留时间、欣赏次数等来进行判断和分析，还可以对客流进行统计、存储、查询，生成客流综合分析报告，并与 POS 系统结合进行客流量、销售额、转化率多维度分析。同时，可进行客流安全管理，对进场客流超限预警，并对有滞留的区域进行报告。另外，可随时随地地通过短信息进行报告与交互，从而更加灵活、快速、准确地调整销售策略，比如，在设定好的时间，系统会发出信息向你报告如下情况：“2014 年 10 月 15 日，上午 10：00，您上海 001 号店进店人数为 150 人，3 号区域为顾客最喜欢的区域，目前 3 号区域有顾客滞留，请留意。”这将使得零售店铺的管理进入全新的智能时代。

二、行业环境分析

行业环境分析主要采用的是波特五力模型。该模型是迈克尔·波特（Michael Porter）于 20 世纪 80 年代初提出，它认为行业中存在着决定竞争规模和程度的五种力量，这五种力量综合起来影响着产业的吸引力。五种力量分别为潜在的进入者、替代品威胁、购买者的讨价还价能力、供应商的讨价还价能力以及现存竞争者之间的竞争。

连锁行业有着非常广阔的发展空间，但也面临着极其激烈的竞争，因此，做好行业分析对连锁企业的发展有着举足轻重的作用。通过行业分析连锁企业可以清晰地知道自身的不足，与其他企业间的差距，可以迅速调整战略，促进企业的转型升级。例如，同行之间的调研在连锁企业是从高层到基层都尤为关注的重点内容，也是日常管理的主要内容之一。

三、内部环境分析

企业内部环境是指企业内部的物质、文化环境的总和，包括企业资源、企业能力、企业文化等因素，也称企业内部条件。即组织内部的一种共享价值体系，包括企业的指导思想、经营理念和工作作风。

内部环境分析主要包括两部分，第一部分是经营资源能力分析，具体是从有形资源（人力、财务、物质、组织）和无形资源（技术与商誉）进行分析。第二部分是企业能力分析，具体有公司的管理能力、管理信息系统、研究与开发能力：开设新店、引进新产品、新技术、门店运营能力、分销配送能力等。

【知识拓展】SWOT 分析法

所谓 SWOT 分析，即基于内外部竞争环境和竞争条件下的态势分析，就是将与研究对象密切相关的各种主要内部优势、劣势和外部的机会和威胁等，通过调查列举出来，并依照矩阵形式排列，然后用系统分析的思想，把各种因素相互匹配起来加以分析，从中得出一系列相应的结论，而结论通常带有一定的决策性。

SWOT 分析法常常被用于制定集团发展战略和分析竞争对手情况，在战略分析中，它是最常用的方法之一。进行 SWOT 分析时，主要有以下几个方面的内容：

优势（Strengths），是组织机构的内部因素，具体包括：有利的竞争态势，充足的财政来源，良好的企业形象，技术力量，规模经济，产品质量，市场份额，成本优势，广告攻势等。

劣势（Weaknesses），也是组织机构的内部因素，具体包括：设备老化，管理混乱，缺少关键技术，研究开发落后，资金短缺，经营不善，产品积压，竞争力差等。

机会（Opportunities），是组织机构的外部因素，具体包括：新产品，新市场，新需求，外国市场壁垒解除，竞争对手失误等。

威胁（Threats），也是组织机构的外部因素，具体包括：新的竞争对手，替代产品增多，市场紧缩，行业政策变化，经济衰退，客户偏好改变，突发事件等。

SWOT 方法的优点在于考虑问题全面，是一种系统思维，而且可以把对问题的“诊断”和“开处方”紧密结合在一起，条理清楚，便于检验。

任务三　选择连锁企业战略

连锁企业战略主要包括两个方面：一个是连锁企业的总体战略；另一个是连锁企业的竞争战略。

一、连锁企业的总体战略

（一）连锁企业的发展战略

连锁企业的本质是通过门店的不断复制实现规模的扩展，实现规模效益的经营方式。连锁企业的发展战略是指追求企业规模的增长，实现企业在盈利能力、市场占有率、销售额和市场竞争能力等方面的提高，具体包括以下三种策略：

密集型增长战略，即指原有产品和服务内，利用现有人员、产品或服务获得增长。可以进一步细分为市场渗透战略（原有产品-原有市场），市场开发战略（原有产品-新市场），产品开发战略（新产品-原有市场）。

一体化增长战略，即指利用自身在市场、技术和服务等方面的优势，沿着所经营商品纵向或横向不断扩大其经营业务的深度和广度，由此扩大经营规模，提高收入水平和利润水平，使企业不断发展壮大。可以进一步细分为纵向一体化战略（前向一体化、后向一体化），横向一体化战略。一体化增长战略的优点：有固定的供应渠道、降低交易成本、进入高回报行业；缺点：增加运营风险、降低灵活性。

多元化增长战略即指为占领更多市场或避免经营单一的风险，而选择进入新的领域的战略，突破某一行业的局限。可以进一步细分为相关多元化战略和非相关多元化战略。多元化增长战略的优点：风险分散，拓展增长空间，缺点是管理难度大。

【阅读资料 2-6】江苏文峰集团的多元化发展[①]

江苏文峰集团是以商贸业、酒店业为发展主体的综合型企业集团，现有全资或控股企业 40 多家，职工总数 15 000 多人，总资产 150 多亿元。集团旗下拥有五星级的南通有斐大酒店、四星级的南通大饭店和文峰饭店，三星级标准的上海家宜宾馆以及多家商务连锁酒店。

集团控股的连锁商业企业——文峰大世界连锁发展股份有限公司，拥有多种形态的连锁企业 800 多家，其经营业绩连续 8 年名列全国连锁百强前 20 位，并先后获得“全国实施用户满意工程先进单位”、“全国诚信店”、“全国商业名牌企业”、“全国文明单位”等数十项殊荣，成为江苏乃至全国著名商业品牌。2011 年 6 月“文峰股份”在上海证券交易所成功上市，成为市值百亿元的上市公司。

汽车销售板块，通过几年来的运作，已成为集团经营工作的一大亮点。目前拥有东本、长马、奔驰、广丰等 7 个品牌 10 个 4S 店，2011 年销售收入近 30 亿元，呈现出良好的发展前景。

文峰集团将坚持“立足南通、辐射华东”的发展主战略，突出商贸业、酒店业两条发展主线，以及房产开发、汽车销售两个发展重点，在“十二五”期末，努力达到营业收入 300 亿元、税利总额超过 20 亿元的“320”目标。

（二）连锁企业的稳定战略

连锁企业的稳定战略即指企业的经营状况基本维持在战略起点的范围和水平上。

（三）收缩战略

连锁企业的收缩战略即指从目前经营领域收缩和退出，具体包括抽资转向、放弃战略和清算战略。

【阅读资料 2-7】传统百货业绩下滑趋势蔓延　快时尚集合店逆市布局[②]

2014 年下半年以来，传统百货首现集中关店潮，杭州中都百货、湛江王府井百货、广州好又多东山口店相继停业。从 4 月 28 日至 6 月 30 日，就有 8 家百货的 12 家门店关闭。不过另一方面，国内、国际快时尚品牌，以优衣库、ZARA 和

---

① 江苏文峰集团. 文峰集团简介. http://www.wenfenggroup.com/index.asp.

② 会搜网. 传统百货业绩下滑趋势蔓延　快时尚集合店逆市布局. http://china.huisou.com/news/2014_08_26/232502_0/ [2014-08-26].

名创优品为代表的新型生活方式集合店，却正在加速扩张。据不完全统计，自去年到目前，优衣库就新开店 82 家，门店总数达到 257 家；ZARA 新开店 18 家，门店总数 137 家；MUJI 无印良品新开店 42 家，门店总数 100 家；去年 9 月才将品牌从日本引入国内的名创优品，如今开店数已接近 200 家。

百货业发展的疲态早已显露出来。据统计，截至 3 月中发布的 2013 年度业绩报告中，全国 140 多家重点上市类百货公司及购物中心中，近三成企业销售额同比出现负增长。另有统计显示，在 2013 年内地单体百货销售排行 TOP15 中，有 4 家百货店业绩较 2012 年呈现下滑，1 家持平。其中，新华都业绩同比下降 244.35%；百盛商业其净利润同比下降 58.4%，杭州解百和东百集团的营业收入同比也出现下滑。而到了今年上半年，百货业总体下滑趋势似有蔓延。数据显示，从 4 月 28 日至 6 月 30 日，包括百盛百货、中都百货、摩登百货、新光百货等在内共有 8 家百货的 12 家门店关闭。如此集中的关店潮在近 5 年的中国百货业尚属首次。

“这是因为商业市场在分化，旧时代在向新时代转型，再按照老的游戏规则去做百货，已经跟不上时代了。”2013 年 9 月正式进军中国市场的日本连锁时尚休闲生活品牌名创优品的创始人三宅顺也，在接受南都记者采访时表示，所谓“新时代”有三个显著特点：年轻化、互联网化和扁平化。而目前在中国迅速布局的生活方式集合品牌，包括优衣库、H&M 和名创优品，正是准确抓住了这一脉搏。

三宅顺也解释，互联网时代已经到来，它的特色就是变化快。据了解，从设计、成衣到摆在柜台上出售，传统服装业一般要用 6～9 个月，国际品牌可压缩至 120 天。在以快时尚为特征的新型生活方式集合品牌家族里，GAP 为 90 天，H&M 为 21 天，ZARA 的橱窗每 20 天换一次，而名创优品每 7 天上一批新款。

在渠道方面，传统的百货公司里销售的品牌要从“厂家”到“省级代理”到“市级代理”再到“加盟店”。而像名创优品这样的品牌，却可以掐掉所有的中间环节，做到从“工厂”直接到“店铺”或者说从“品牌商”直接到“店铺”。

在产品定位上，新型生活方式集合店瞄准小资白领。由于顾客群较年轻，因此产品更具设计元素，更具选择性。如名创优品，有 5 000 多个 SKU，只要进了店，总有一两样东西能打动客户。

二、连锁企业的竞争战略

（一）成本领先战略

成本领先战略即指以连锁企业最低成本取得行业的领先地位。其实施条件有规模效益和经验效益。成本领先战略的优点：低成本占领市场，其缺点为丧失预见市场变化，新进入者容易模仿，新技术采用，原有技术和经验无效，仅看成本低价。

【阅读资料 2-8】沃尔玛的“天天低价”[①]

沃尔玛的成功，很大程度上归功于它的低价策略，特别是一直坚持的“天天低价”法则。沃尔玛始终贯彻“从供应商那里为顾客争取利益”的采购原则。

沃尔玛一直特别注重价格竞争，长期奉行“薄利多销”的经营方针。沃尔顿的名言是：“一件商品，成本 8 毛，如果标价 1 元，可是销售数量却是 1.2 元时的 3 倍，我在一件商品上所赚不多，但卖多了，我就有利可图。”所以，沃尔玛提出了一个响亮的口号：“销售的商品总是最低的价格。”在同类商品中，沃尔玛的价格要比最大的竞争对手之一凯马特的价格低 5%。然而，维持长期低价并不是一件轻而易举的事，沃尔玛之所以能长期保持价格优势还得益于其有效的成本控制。

争取低廉进价。沃尔玛避开了一切中间环节直接从工厂进货，其雄厚的经济实力使之具有强大的议价能力。更重要的是，沃尔玛并不因自身规模大、实力强而以肆意损害供应商来增加自身利润，而是重视与供应商建立友好融洽的协作关系，保护供应商的利益。沃尔玛给予供应商的优惠远超同行。美国第三大零售商凯马特对供应的商品平均 45 天付款，而沃尔玛仅为平均 29 天付款，大大激发了供应商与沃尔玛建立业务的积极性，从而保证了沃尔玛商品的最优进价。

完善的物流管理系统。沃尔玛被称为“零售配送革命的领袖”。其独特的配送体系，大大降低了成本，加速了存货周转，成为“天天低价”的最有力的支持。沃尔玛补充存货的方法被称为“交叉装卸法”。这套“不停留送货”的供货系统共包括三部分：

高效率的配送中心。沃尔玛的供应商根据各分店的订单将货品送至沃尔玛的

---

① 销售新人王 245 的个人空间. 零售巨子沃尔玛成功探秘. http://www.cmmo.cn/b/78229/4130.html [2006-01-14].

配送中心，配送中心则负责完成对商品的筛选、包装和分拣工作。沃尔玛的配送中心具有高度现代化的机械设施，送至此处的商品85%都采用机械处理，这大大减少了人工处理商品的费用。同时，由于购进商品数量庞大，使自动化机械设备得以充分利用，规模优势充分显示。

快捷的运输系统。沃尔玛的机动运输车队是其供货系统的另一无可比拟的优势。至1996年，沃尔玛已拥有30个配送中心，2 000多辆运货卡车，保证进货从仓库到任何一家商店的时间不超过48小时，相对于其他同业商店平均两周补货一次，沃尔玛可保证分店货架平均一周补两次。快速的送货，使沃尔玛各分店即使只维持极少存货也能保持正常销售，从而大大节省了存储空间和费用。由于这套快捷运输系统的有效运作，沃尔玛85%的商品通过自己的配送中心运输，而凯马特只有5%，其结果是沃尔玛的销售成本因此低于同行业平均销售成本2%～3%，这成为沃尔玛全年低价策略的坚实基石。

先进的卫星通信网络。巨资建立的卫星通讯网络系统使沃尔玛的供货系统更趋完美。这套系统的应用，使配送中心、供应商及每一分店的每一销售点都能形成连线作业，在短短数小时内便可完成“填妥订单→各分店订单汇总→送出订单”的整个流程，大大提高了营业的高效性和准确性。

营销成本的有效控制。沃尔玛对营销成本的控制非常严格。沃尔玛的广告开支仅相当于美国第二大连锁店西尔斯的三分之一，每平方英尺销售额比美国第三大连锁店凯马特高1倍。沃尔玛的营销成本仅占销售额的1.5%，商品损耗率仅为1.1%，而一般美国零售商店这两项指标的平均值分别高达5%和2%。这些都使得沃尔玛实施低价策略的实力进一步加强。

（二）差异化战略

差异化战略即指在一定行业范围内，连锁企业向顾客提供的产品或服务与其他竞争者相比独具特色，别具一格，使企业建立独特的优势。其实施的条件包括：很强的研究开发能力、具有产品质量、技术服务领先的声望、行业悠久的历史、很强的市场营销能力、各部门之间很好的协调性、具备吸引优秀人才的物质条件。差异化战略的优点：避免激烈竞争，保持领先地位；缺点为成本高，竞争对手的模仿。

【阅读资料 2-9】星巴克的差异化服务[①]

星巴克咖啡在中国的售价属全球最高，成本不足 4 元的中杯拿铁咖啡在北京卖 27 元，比伦敦贵 3 元，比印度贵近 1 倍。星巴克解释说咖啡的售价确实高于美国，但星巴克在中国的咖啡馆面积远大于美国，因为大多数中国顾客喜欢在店内逗留，一待就是几个小时，而美国顾客往往拿了咖啡就走。星巴克制胜之道得益于差异化经营，跳出了传统公司的窠臼，针对不同国家、不同客户、不同消费行为，区别对待，独树一帜——走差异化服务经营策略。

星巴克有自己独特的差异化技术与服务，如精制的糕点与无泡沫的摩卡咖啡，如所有糕点都在室内烘烤，还有一站式销售系统，星巴克商店实行自己专营，而非采用特许经营与超市配送等。这些独特的经营方式，使产品与服务实现了差异化，构建了其核心竞争力。同一种咖啡，通过差异化经营，星巴克让自己公司的产品和服务与本行业其他公司显著区别开来，向客户传输了一个清晰的经营理念：星巴克是高端品牌，这里的咖啡与众不同，最新鲜、最合口味；这里环境一流，服务最佳，走进星巴克就是享受高品位、高质量的生活，是具有小资情调的成功人士享受的地方。于是顾客不知不觉中在心里形成固化的概念，星巴克的咖啡品质最好，“咖啡=星巴克”，高品质等同于星巴克。在这种情况下，顾客自然愿意为自己多享受的东西付多一点的钱。

（三）目标集中战略

目标集中战略即指连锁企业着眼于行业中一个狭小空间作出选择，为这一狭小空间市场顾客量体裁衣并展开服务。目标集中战略的优点：一定范围内有优势，缺点为市场容易发生变化，易受到冲击。目标集中战略的类型有产品类型、顾客类型和地理区域。

【阅读资料 2-10】中国首家真正意义上的汽车旅馆——布丁酒店·驿佰居宣布开业[②]

高速路上狂奔，长时间驾驶，夜幕中赶路，疲惫都会沉沉袭来。“要是路边有个 Motel（即汽车旅馆）就好了。”美国公路片的粉丝都曾有过这样的梦。现在，不用做梦了，这样的 Motel 国内也有了，而且就在浙江。昨天，杭金衢高速公路

---

① 中国信息产业网. 星巴克的差异化服务. http://www.cnii.com.cn/city/2014-12/15/content_1497114.htm[2014-12-15].

② 酒店旅游餐饮网. 中国首家汽车旅馆布丁酒店·驿佰居开业. http://hotel.chinairn.com[2014-12-30].

衢州服务区，中国首家真正意义上的汽车旅馆——布丁酒店·驿佰居宣布开业。这是由浙江省交通投资集团实业发展有限公司和杭州住友酒店管理有限公司共同推出的连锁汽车旅馆。

小时房 4 小时 60 元　24 小时免费停车

起初，汽车旅馆基本是没有房间的旅馆的代名词，不过是辟一块地方让你停个车，而人只能待在汽车里打一会儿盹。后来，有生意头脑的人发现了商机，于是在高速公路交流道附近，或是公路离城镇较偏远处，开出了以汽车司机投宿为主的简易旅馆。

而位于衢州服务区的这家 Motel，算得上真正意义上的 Motel。在迎宾台的上方，挂着各类房间的价格。房间分单间、大床房、标间、上下铺和小时房。门市价从 140~180 元不等，小时房为 4 小时 60 元。如果持有会员卡，大床房的最低房价仅为 126 元。

这家 Motel 共有 28 个房间，分别设在高速公路的南、北两面。蓝色的门，白色的墙，走进酒店内部，能让人瞬间放松下来。《钱江晚报》记者在房间内看到，除了色彩与城市内的“布丁酒店”不同，房间的布局、家居的款式，都与“布丁酒店”无太大差别。房间配置了 24 小时热水、40 寸小米电视、独立空调、喜临门床垫、乐家卫浴、免费高速 WiFi 等。

除此之外，在这里，你还可以享受到 24 小时免费停车、加油、购物、吃饭，以及给汽车做维修等服务。

引入 O2O 概念　还将配置特斯拉充电桩

从硬件上看，这个汽车旅馆似乎与经济型酒店没什么大的区别，不过，住友酒店集团创始人、董事长兼 CEO 朱晖表示，这家汽车旅馆很洋气。

朱晖介绍，这家汽车旅馆将联手互联网时代前沿创新公司，打通线上线下，使每一个酒店都能成为 O2O 时代消费者线下体验的一环。比如，每一个门店将设有小米系类产品体验区、乐逗游戏区等。而去哪儿、神州租车、三江置业和齐心办公也将为旅馆提供相关服务。

未来，酒店还将逐步在每一家门店配备特斯拉目的地充电桩，这也是特斯拉目的地充电桩第一次被引入高速公路服务区，“这样，特斯拉未来就能真正在高速公路上跑起来了。”朱晖说，未来的高速公路服务区，将从旅客单一的加油、吃饭、简单休息等基础需求，转变为住宿、休憩、购物、加油、商务、高科技体验、旅行等多维度、深层次的服务需求和体验。

从车加油到人“加油”　高速公路住宿服务是块大蛋糕

为何要进军高速公路服务区？因为在朱晖看来，眼下进军高速服务区的时机已经成熟。

根据交通运输部发布的权威数据，2015 年，国家高速公路网将基本建成，高速公路总里程将达到 10.8 万公里，预计全国保有高速公路服务区数量在 2 000 对左右。预计未来仅高速公路服务区每年将有 2 000 多亿元的消费需求。

“从车子加油顺便上个厕所，到后来开出小超市小餐饮大家可以充个饥，而现在很多人需要的是提供给人的加油站。”朱晖做了大量深入的调研，“我们花了两三个月的时间，半夜跑到高速服务区，做了数百份调查问卷。”

“调查结果显示，对高速服务区的酒店来说，超过 50%的客源来自于有一定消费实力的自驾车车主，他们能承受的价位在 150 元左右。”亲自上阵调查的朱晖发现，跟城市酒店每天 5～8 点的入住高峰不同，客人们愿意在晚上九、十点钟入住高速服务区酒店。此外，因为开车 3 个小时需要休息，下午时段钟点房的需求也比较旺盛。

通过与浙江交投实业的接触，双方达成共识。常山、衢州、东阳、萧山、舟山、下沙等高速服务区内的 9 家驿佰居将陆续开业，而接下来，布丁还会在其他省份拓展市场，给消费者提供多一种的选择。

【案例分析】

麦当劳 VS 肯德基：战略对决

在我们的记忆中，麦当劳和肯德基不是脸对脸，就是肩并肩。长期以来，它们对垒圆筒冰激凌、辣鸡翅、鸡腿汉堡等同类产品的故事，也早就为我们所津津乐道。但经过多年的比拼，如今这两大世界快餐业世头之间的战略差异越来越明显，看来它们开始找到各自的发展道路了。

一、企业介绍

1. 肯德基

肯德基公司所属世界上最大的餐厅集团——百胜全球餐饮集团，集团内有包括分布在超过 100 个国家和地区的近 30 000 家连锁的世界著名的肯德基餐厅、必胜客餐厅、TacoBell 餐厅。肯德基是世界最大的炸鸡快餐连锁企业，在世界各地拥有超过 11 000 多家的餐厅。这些餐厅遍及 80 多个国家，从中国的长城，直至巴黎繁华的闹市区、风景如画的索菲亚市中心以及阳光明媚的波多黎各，都可见到以肯德基为标识的快餐厅。肯德基正是为了满足中国餐饮业发展的需求，于 1987 年进入具有悠久饮食文化的古都北京，从而开始了它在这个拥有世界最多人口的国家的发展史。

2. 麦当劳

“麦当劳不仅仅是一家餐厅。”这句话精确地涵盖了麦当劳集团的经营理念。在全球麦当劳的整体制度体系中，麦当劳餐厅的营运是很重要的一环，因为麦当劳的经营理念和欢乐、美味都是通过餐厅的人员传递给顾客的。然而餐厅并不是麦当劳这一世界品牌的全部，它只是冰山的一角，因为在它的后面有全面的、完善的、强大的支援系统全面配合，已达到质与量的有效保证，而这强大系统的支援当中包括：拥有先进技术和管理的食品加工制造供应商、包装供应商及分销商等采购网络、完善健全的人力资源管理和培训系统、世界各地的管理层、运销系统、开发建筑、市场推广、准确快速的财务统计及分析等。每一个部门各尽职能，精益求精，发挥团队合作，致力于达到麦当劳“百分百顾客满意”的目标。

麦当劳公司以经营快餐闻名遐迩。在40多个国家里，每天都有1 800多万人光顾麦当劳。相继数年间在各级政府的有关部门和中方合作伙伴的协助下，麦当劳已在北京、天津、上海、重庆等四个直辖市以及广东、广西、福建、江苏、浙江、湖北、湖南、河南、河北、山东、山西、安徽、辽宁、吉林、黑龙江、四川和陕西等17个省区市的74个大、中城市开设了460多家餐厅，在中国的餐饮业市场占有重要地位。

二、营销战略比拼

1. 拼抢世界杯

2002年世界杯足球赛，中国队首次冲出亚洲，挺进世界杯，成为每一位中国球迷的关注焦点。商家也从中看到了商机。麦当劳年初推出“世界杯之旅”幸运大抽奖的全国性活动，顾客只要在大陆地区的任何一家麦当劳购买任何一款超值套餐，就可以得到抽奖机会，获奖者将赴韩国观战。

似乎只要跟足球沾边就能热卖。肯德基、百事联合在全国近630家肯德基连锁餐厅推出买“百事球星套餐”赠送卡通国际球星玩偶活动后，意外地吸引了一大批成人消费者，有的球迷天天到店里询问自己喜爱的球星来了没有，有的店一天就送出400多件。八款一套的卡通国际球星以梦幻阵容，在全国各肯德基餐厅一一登场。精明的商家每周推出两款卡通球星人物，其中除国际球星如贝克汉姆、贝隆、科斯塔、佩蒂、布丰和里瓦尔多外，两款中国著名球星祁宏、李玮峰的卡通造型是首次在中国市场上推出。两大快餐巨头在世界杯到来之前“大踢足球”，再次给中国同行表演了一份生动的案例。

2. “冰激凌大战”

“麦当劳”和“肯德基”之间的“斗法”一直是消费者比较愿意看到的“风景”。最近，两家又展开了“冰激凌大战”，在北京、深圳、广州、成都等地，“麦当劳”

的圆筒雪糕和“肯德基”的脆皮甜筒竞相降价。同时，两家鸡类产品的买赠活动一再推出，大人小孩喜滋滋地品尝着“麦香鸡”、“辣鸡翅”，没人对这场降价战有所质疑。这与目前其他行业降价大战引发的轩然大波形成了鲜明的对比。

也许有人会说，几个汉堡包、冰激凌怎么能和彩电、旅游、电信这些大宗消费相比？“麻雀虽小，五脏俱全”，分析“麦”“肯”大战，获得的启示可也不少。

其一，竞争主体产权清晰。“麦当劳”和“肯德基”都是采取特许经营方式的连锁企业，清楚的产权边界决定其行为理性，所以不顾一切地挑动“自杀性”降价几乎是不可想象的。倒是国内大多数卷入降价战的企业，由于产权不清，就算是“自杀性”降价，亏的也不是决策者自家的钱，难免有国有资产流失之嫌。这也是引发“降价战”争论的一个焦点。

其二，薄利多销，黄金定律。“麦当劳”圆筒雪糕降价后，有的连锁店竟然一天卖出了 3 000 个。与此原则相伴相生的是“利润原则”，商家无论使用何种战略战术和手法，都不能违反商品经济的本性——有利可图。

其三，行业壁垒少，门槛低。餐饮业的开放度很高，如果价格贵了，马上就会有竞争者进来占领市场。所以多赚钱的唯一办法就是改善内部经营，使成本比你的竞争者低。同时，进来容易，出去也不难，一些中式快餐由于管理问题接连退出市场是“优胜劣汰”的明证，因为市场不会容许失败者老是“赖”着不走。

其四，企业管理跟得上。比起来，日本的“麦当劳”降价更是“凶狠”：从今年 2 月起，除节假日外，有两个主打品种的汉堡包均半价出售，结果反而盈利可观。原因是其生产销售已经实现了信息化，生产率大为提高，公司员工全部配备个人电脑，通过电脑联网，他们充分掌握了商圈范围内的客流情况，十分有把握通过多销增加盈利。现代化的企业管理，大大拓展了降价空间，增强了竞争实力。

其五，质量有保证。“麦当劳”与“肯德基”一直以严格而稳定的质量管理在顾客中建立了很高的信誉，不会因降价而使顾客怀疑其品质。而国内某些企业常以降价为名甩库存、甩次品，坑骗消费者，难怪现在不少人一听降价便生出狐疑之心，反倒把高价格当成一种保证，一种信赖。这多多少少要抵消一些市场经济下价格机制的效率，需要严格的行业管理和法律条文来规范处理。

发生在充分市场竞争条件下的“麦”“肯”大战，摩擦小，成效斐然——企业赚了钱，凝聚了人气，管理有了进步，效率大为提高，更重要的是，广大消费者真正得到了实惠。我们理想中的“双赢”结果得到了实现。窃以为，“麦”“肯”大战，可为“价格战”之“标准化范本”，值得重视和研究。

3. “斗鸡大战”

“麦”、“肯”大战的升级标志可以追溯到去年 6 月那场“斗鸡大战”。肯德基推出了一则广告，其中以大大的问号写着："羊能克隆，肯德基也能克隆？"很多人看后不禁哑然失笑，知道这是冲着麦当劳开始卖炸鸡去的。麦当劳以"牛肉汉堡"闻名，"肯德基的炸鸡，麦当劳的汉堡"一直是各有地盘，相安无事。但麦当劳却悄悄打破其在全球市场统一的"牛肉汉堡"的菜单，在中国市场推出与肯德基类似的"麦辣鸡"和"鸡腿汉堡"，似乎在向肯德基的烹鸡专家"叫板"。肯德基的一位负责人说："肯德基的炸鸡全球统一配方，集半个世纪的烹饪经验，虽是西式快餐，但口味适合中国人，比麦当劳在口味上占了优势。麦当劳咬牙改变自己的汉堡专卖形象，相继推出与肯德基相似的'麦辣鸡'和'鸡肉汉堡'，不是在克隆肯德基吗？"

综上所述，肯德基、麦当劳在全球的成功得益于其管理和统一的品牌形象，具体来讲，就是取决于它们在全世界产品和服务品质的始终如一。另外，设计简洁但非常有效的标志和统一的店面装修共同构成了独特的外在形象，而服务集中于家庭和孩子的大众化的装修成为其品牌的标志。诞生于美国的麦当劳、肯德基已经完全跨越了地理空间和文化的界限，创造了连锁快餐品牌成功的神话。

肯德基、麦当劳在中国的不断发展，带来了先进的技术和设备及先进的管理知识和理念，更带动了本地相关行业的迅速发展。其中包括：建筑业、储运业、农业、畜牧业、养殖业、食品加工业、银行金融业、广告传媒业、保险业、律师业以及维修保养行业等诸多行业。由于彼此密切的业务联系，就经济效益而言，麦当劳、肯德基的建立和发展促进了当地经济的繁荣，增加了当地就业机会。

请思考：结合案例，说说肯德基和麦当劳在战略上各有什么特色？你认为战略与企业的发展有何种关系？

【实践训练】

运用 SWOT 分析法对南通的一家连锁企业进行分析。

项目三　构建连锁经营组织结构

【知识目标】

1．了解连锁经营组织管理的主要内容、基本要求；
2．掌握连锁经营组织结构设计的基本原则、影响因素；
3．掌握连锁企业组织结构的类型；
4．了解连锁企业总部、门店、配送中心的组织结构。

【能力目标】

1．能运用所学的知识选择适合连锁企业发展的组织结构；
2．能运用所学组织管理知识，学会如何与人更好地进行沟通。

案例导入

案例 3-1　江苏中和贸易有限公司的组织结构

江苏中和贸易有限公司成立于 2000 年，以代理安踏、李宁、Nike、Lee、Crocs、Discovery、探路者等国内外一线运动、休闲和户外等品牌为核心业务，是一家集连锁零售、商业地产、电子商务、仓储物流、酒店宾馆、餐饮娱乐等为一体的多元化经营的集团化企业。公司规模庞大，实力雄厚，业务网点遍布整个江苏和浙江部分地区。多年来，通过全体同人共同努力，公司在业内已形成良好口碑，并取得了卓越的公众形象，业务规模、市场份额、销售管理体系建设等诸多方面均取得了令人瞩目的成绩，多次获得当地政府、当地商会颁发的荣誉奖项。

公司在多年的经营发展中，一直保持着运动品牌区域市场占有率第一；江苏运动品牌公司销售量第一；国内民族品牌自营网点数量第一；国内民族运动单一品牌代理公司销售第一。公司组织架构健全，管理制度完善，拥有一支敢打敢拼、吃苦耐劳和乐于奉献的学习型、知识型营销管理团队。目前公司拥有中层以上管理人员近百人，旗下企业 18 家，下辖销售网点 1 200 余家，其中：自营网点近 600 家，加盟网点 600 多家，为社会提供就业岗位 3 600 多个，社会零售规模达 22 亿元（见图 3-1）。

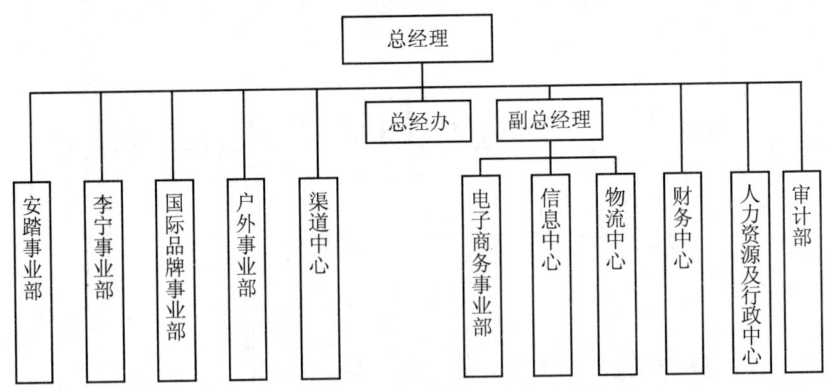

图 3-1 江苏中和贸易有限公司 2014 年一级组织架构图

案例 3-2 金鹰国际集团的组织结构[①]

金鹰国际集团，于 1992 年创立，是南京市首家批准成立的大型多元化外资企业集团。

金鹰国际以提供高品质的商业、房地产产品及服务为专长，专注于服务产业的开拓发展。公司旗下设房产开发、连锁百货、商贸流通、汽车营销等业务集团，致力于在中国最具消费潜力的城市深度发展，在各自领域成为行业的佼佼者。公司在国际专业及国内特色的双重考虑下，以多元互补的业务架构，形成紧密协作、资源共享的产业链，快速协同发展，不仅在业务开拓上具有敏锐的触觉，也大大优化提升了集团整体竞争效力，从而建立了高端房地产开发、高级时尚百货及大型商贸流通业等领域的领先优势。

金鹰国际通过商贸集团，专注发展高级时尚百货连锁零售业务；通过房产集团，开发与之配套的商业物业及其他高端项目，并提供物业装饰、管理及经营等全程服务；通过新百投资控股集团，致力于批发、零售、贸易等流通业务；通过汽车集团，提供汽车销售及专业化售后服务。集团拥有自主产权的信息化技术，成功开发了实现连锁发展中央化管理的 ERP 系统，及时为管理层提供重要经营、财务及人力资源资讯，有力协助了连锁经营成熟模式的全面输出。

自创立以来，金鹰国际大力贯彻全国连锁发展的方略，以南京、上海为中心，以长江三角洲地区为重心，面向全国连锁扩张。目前公司已覆盖包括上海、南京、西安、昆明、合肥、广州和鄂尔多斯在内的十多个城市，分布于中国江苏、陕西、云南、安徽、广东、内蒙古 6 个省区，并稳居所在区域市场的前瞻地位（见图 3-2、图 3-3、图 3-4）。

---

① 金鹰官网. 金鹰集团介绍. http://www.netge.com/comcontent_detail/&i=5&comContentId=5.html.

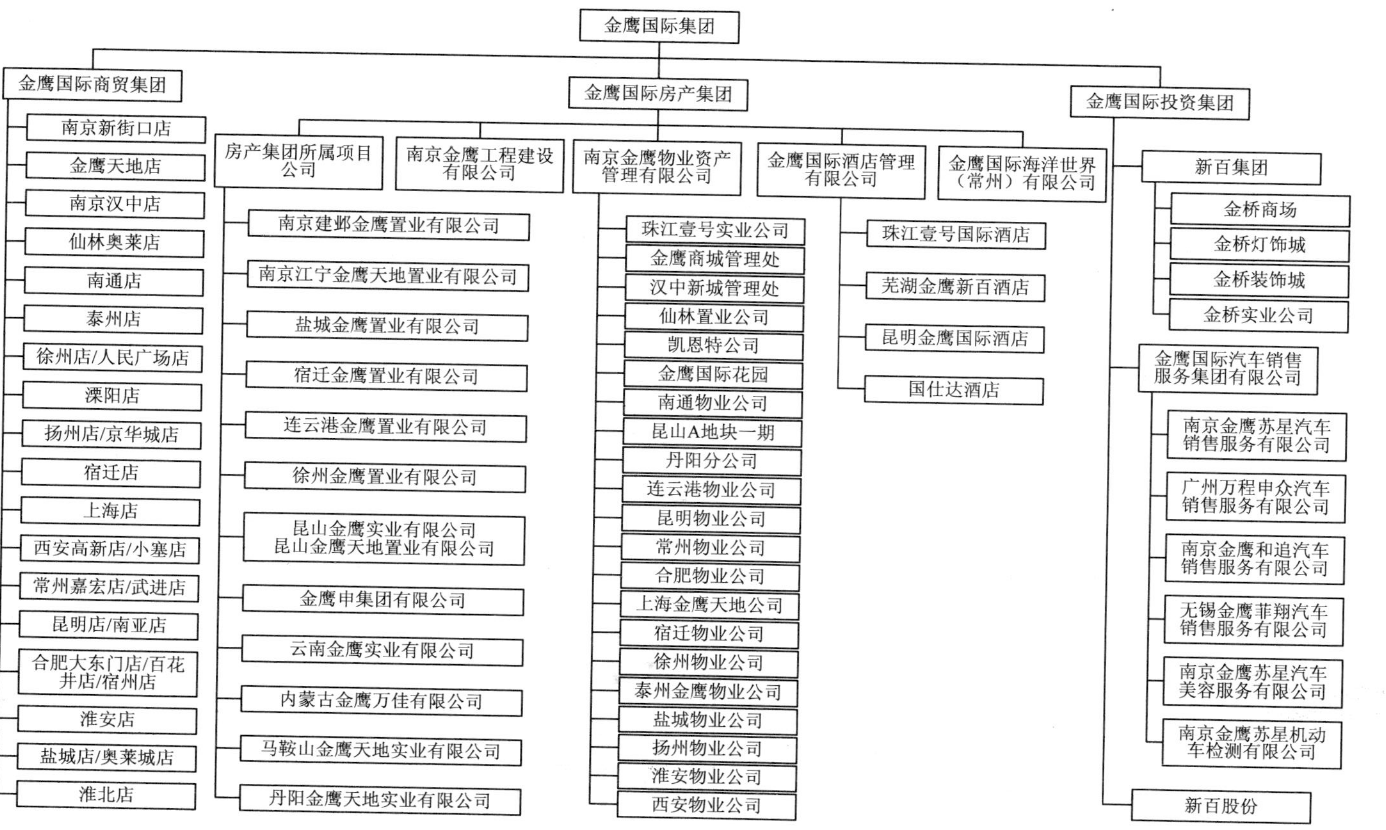

图 3-2 金鹰国际集团组织结构

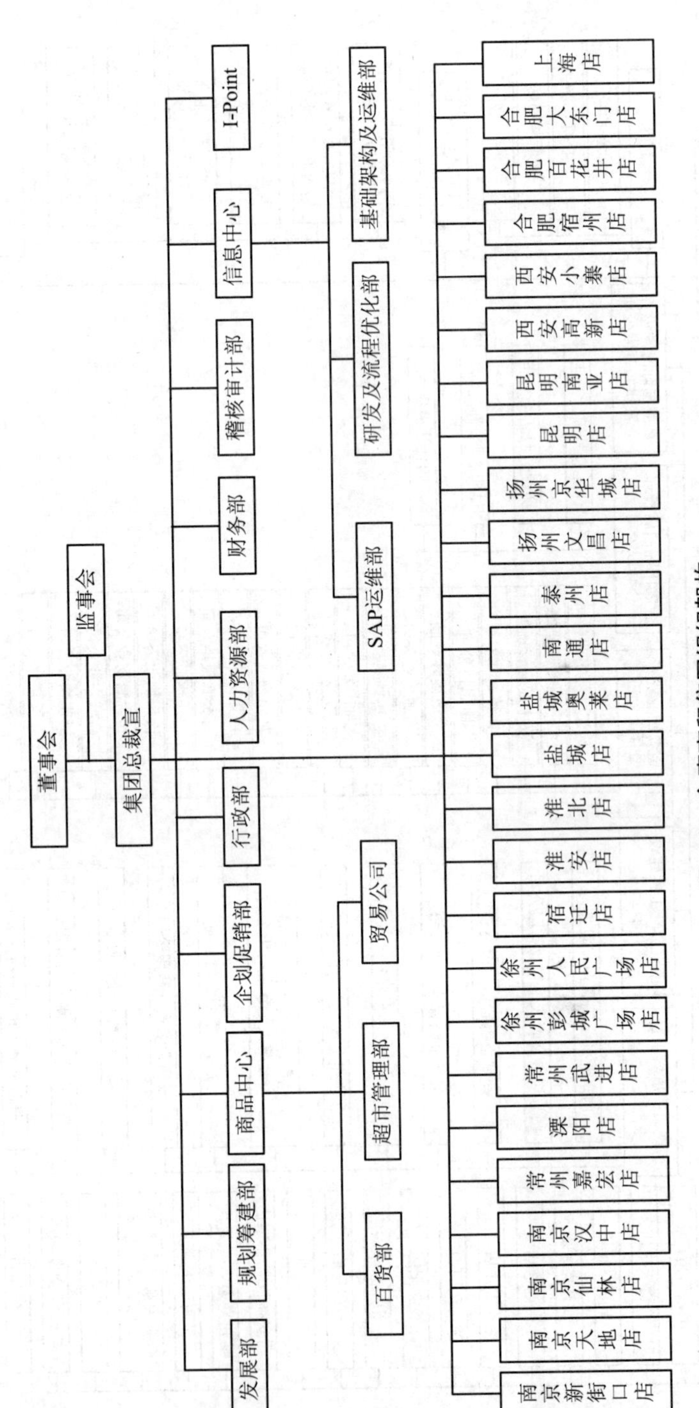

图 3-3 金鹰商贸集团组织架构

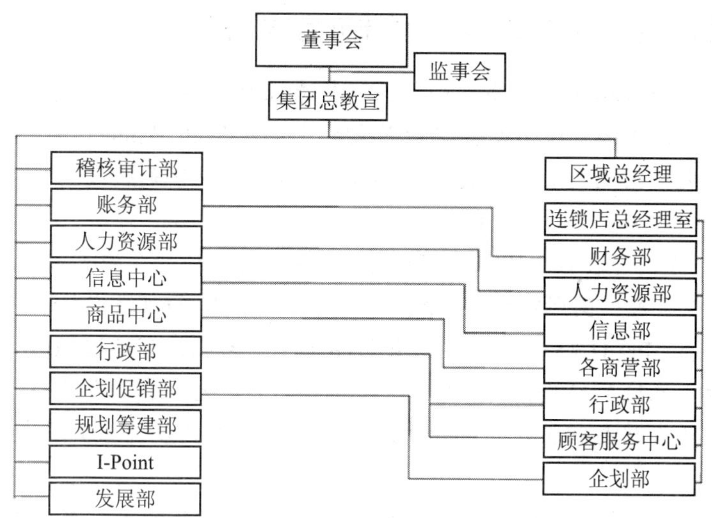

图 3-4 金鹰商贸集团本部及连锁店管理架构

请思考：通过阅读上述案例，组织结构对连锁企业有哪些重要作用？随着连锁企业的发展，组织结构是否需要变动，为什么？

任务一 了解连锁经营组织管理

一、连锁经营组织管理的主要内容

由于连锁经营的特殊性，其在组织管理上也有自身的特点，主要包括以下方面。

（一）开设新店

连锁企业主要任务之一就是开设新店，通过开设新店获得规模效应，提升企业声誉，从而获得经济效益。即企业通过市场调研，进行选址，依据相应的经营模式直接设店或接受加盟。

【阅读资料 3-1】苹果选择在哪些城市开官方旗舰店？[①]

苹果怎样选择旗舰店的城市和地址？在选址开店的过程中是怎样兼顾苹果形象与中国本地特色的？PingWest 品玩英文站负责人 Matt Allen 日前和一名不愿透露姓名的苹果中国拓展部门代表进行了深入的交谈。以下是经过精编的采访记录。

Allen：你们是怎样选址的？

Apple：我们现在在中国只有不到 20 家旗舰店，还处于增长期，至于选址的话，我们希望进入中国所有的主要城市（major cities），而且我们知道应该去哪儿。像 LV、Gucci、Prada 和 Dior 这样的奢侈品牌在中国已经有超过 50 家商店，直接给我们提供了选址的经验。我们知道（去哪些城市开店）我们会卖得很好。例如，我们发现这些奢侈品牌正在向山西太原扩展业务，不过最近业绩不太好，但我们会权衡考虑。

Allen：你们在中国开店还是挺费心思的（如西湖店的大型书法作品），在这方面你们是怎么考虑的？

Apple：我们的市场团队非常厉害，他们乐于为每一家旗舰店精心准备。在旗舰店的本地化上面，我们主要考虑为用户提供独特的、富有吸引力的消费体验。在杭州，我们挑选了一首有关于杭州的诗（苏轼名诗《饮湖上初晴后雨》），并找到了非常优秀的书法家（著名书法家王冬龄）进行创作。对于每一家新店开业，我们都会做一些独到的创意，希望旗舰店能够映射出整个城市的风格。

Allen：对于旗舰店选址的物业，苹果进行直接投资吗？（编者：意思是问苹果是租还是买）

Apple：我们不直接投资，所有的旗舰店地址都是租下来的。因为我们倾尽全力打造每一家旗舰店，所以我们会选择租期越长越好。如果我能拿到 20 年租约我绝对会拿。我们也需要时间来让这笔巨额投资为我们带来回报。

（二）构建组织结构

组织结构是连锁经营组织管理的核心，反映连锁企业的资产结构、法律形式、纵横一体化协作水平以及企业内部的专业化分工关系。

（三）保证运营

连锁经营组织管理的目标之一就是通过合理的组织设立和管理，保证连锁企

---

① IT之家. 苹果在中国的零售店：LV 在哪我就在哪. http://wap.ithome.com/html/128489.htm [2015-02-07].

业的正常运营，具体包括营运计划的安排，及时的采购和配送以及精准的商品营销等。

（四）完善支持系统

连锁企业运营体系非常庞大，为了保证企业运营目标的顺利进行和完成，企业有必要完善相应的支持系统，具体包括人才保障系统、财务保障系统、物流保障系统、信息保障系统等。

（五）健全控制体系

控制体系的健全能够帮助连锁企业在运营的过程中，及时发现各种问题，并进行组织结构的调整、改进，从而保障企业的正常运营。具体包括：财务控制、消防安全控制等。

【阅读资料 3-2】全球最大奢侈品集团 LV 公司跨界做中餐①

全球最大的奢侈品牌路易威登（LV）在中国市场正面临一个略显尴尬的窘况——一线城市居民对它越来越不感冒。

英国《金融时报》旗下研究机构 China Confidential 的数据显示，仅有 18.8%的北上广深受访者认为，LV 是他们最期望拥有的品牌，三线城市持这种观点的受访者占比 38.3%。

虽然目前 LV 还算是中国最受欢迎的奢侈品牌，但在一线城市中，最希望购买普拉达（Prada）的受访者占比已经超过了 LV。

面对这种冲击，这家奢侈品巨头只能尝试转型做跨界，试图以多种方式吸引更多的年轻消费者，甚至布局餐饮。

对于 LV 的下跌趋势，LVMH 集团也开始针对性地改变自己的品牌形象和定位，包括开拓 LV 的新产品线，弱化品牌标识露出；以及加大 Celine 和 Fendi 等其他子品牌的发展力度。在中国市场，集团也开始控制 LV 开店和扩张的步伐。

但是这样的举措远远不够，为了俘获更多年轻消费者的心，这家奢侈品巨头开始尝试淡化“LV”的标识，转而以用更加多元化的品牌来进入市场。比如说，开中餐馆。

2014 年，LVMH 集团在华首度进军餐饮业。集团通过旗下私募股权基金 L

---

① 环球网．全球最大奢侈品集团 LV 公司跨界做中餐．http://finance.huanqiu.com/roll/2015-07/6858853.html [2015-07-06].

Capital Asia，斥资 1 亿美元收购了中式餐厅翡翠餐饮集团（Crystal Jade）逾 90%股权。

据了解，翡翠餐饮集团成立于 1991 年，主打粤菜，包括各种点心、手工面点和烘焙制品等。该公司总部位于新加坡，在亚洲各地拥有 100 多家分店。2002 年开始进入内地市场，目前在上海、北京、杭州、青岛、广州、深圳、佛山、无锡等城市拥有 13 家已开业门店，覆盖翡翠酒家、翡翠饭店、翡翠小厨、翡翠拉面小笼包等品牌。

据 LVMH 集团透露，收购后 LVMH 集团计划把翡翠餐饮拓展至中东及欧洲市场，并最终上市。

开启多元化战略扭转奢侈品在华困境，被认为是 LVMH 集团收购中餐的一大动力。业内人士认为，主打特色和品质的高端餐饮品牌仍有市场。

路易威登私募基金 L Capital Asia 的执行董事 Christina Teo 表示，翡翠餐饮在中国的运营仍保持着每年 20%的营业收入增长。

奢侈品都在跨界

近年来奢侈品多元化战略较为明显，LVMH 集团收购翡翠餐饮集团仅是奢侈品市场多元化发展的一个缩影。

2014 年 3 月，普拉达（Prada）宣布收购安杰洛迈凯有限公司 80%股权，该公司旗下拥有米兰甜品老字号——迈凯糕点。据报道，这家“改姓”Prada 的甜品店早在 1824 年就开始在 Corso Magenta 街上为米兰人供应精美的糕点和巧克力，如今已经成为了旅客慕名必去的地标性店铺。Prada 在公告中表示，未来将从战略上强化其品牌，除了在米兰本地也将进军国际，将品牌发扬光大。

英国奢侈品牌巴宝莉（Burberry）则先后进军了童装、家居、包袋，涉及多个领域多元化产品线。此外，爱马仕在韩国首尔开设了一家从建筑格调到产品细节都充满品牌烙印的咖啡馆；香奈儿在日本东京拥有一家名为 Beige 的餐厅；范思哲、宝格丽、阿玛尼等品牌分别在澳大利亚黄金海岸、巴厘岛和迪拜等知名度假胜地开设酒店。

二、连锁经营组织管理的基本要求

（一）明晰的组织关系

一般来说，连锁企业的规模都比较大，为了避免资源浪费和把握管理重点，必须使企业内外的组织关系明晰。例如，连锁企业需要根据不同的网点布局要求设置不同的组织结构。

【阅读资料 3-3】内地游客改变香港零售业格局①

内地游客的强劲购买力令香港零售市场出现巨大变化。这种变化正迫使经营平价面馆和服装鞋帽等小商品的小业主退出尖沙咀的繁华商业街，让位给昂贵的珠宝和名表店，因为他们无法承受上涨的店面租金。

这种变化的一个典型例子就是六福珠宝的扩张，六福珠宝约 60%的销售额来自内地游客，它在尖沙咀弥敦道九龙公园旁边的柏丽购物大道开了三家店。竞争对手周大福在六福珠宝旁开了两家店。在这条 300 米长的购物大道上，周生生和谢瑞麟现在也紧挨着。

这一变化是因为内地游客喜欢购买昂贵的物品。新鸿基地产发展有限公司租务部总经理冯秀炎说，这创建了一条独一无二的购物街，世界没有其他地方是这样的。

珠宝店里挤满了内地游客。收款台排长队的情形很常见，有时候甚至会出现商品库存不足的现象。为了避免顾客的流失，珠宝商们需要更多的店面，以带来更高的销售额以及提供更好的服务。冯秀炎说，如果你不拿下其他人退掉的店面，你的对手就会拿下。

房地产咨询公司的卢永辉说，10 年前，销售珠宝、电子产品和保健品的零售市场是均衡发展的。但是自 2005 年底以来市场发生了变化，珠宝和名表行业的发展开始比另外两个行业快。

分析人士将这种变化归因于富有的内地游客涌入。到香港的游客数量从 2003 年的 1 554 万人次增加到了去年创纪录的 3 600 万人次，8 年前中央政府颁布了居民个人港澳游计划，使得内地游客可以自行到香港旅游，而不必一定要跟旅游团。香港旅游发展局说，内地游客占去年到港游客总数的 63%，约为 2 250 万人。

（二）全面的经营指标体系

连锁企业经营过程中业绩是非常重要的，而多重指标体系是保证企业顺利完成业绩的重要手段。连锁企业的指标包括财务指标和非财务指标，两者是相辅相成的，必须统筹进行考虑。

连锁企业的经营绩效可以通过对财务报表的分析得到，经营的最终成果都反

① 中国大学网．内地游客改变香港零售业格局．http://www.unjs.com/cankaoxiaoxi/Cankaoxiaoxibao/guojicankao/20110309064803_38526.html [2011-03-07].

映在资产负债表和损益表上，但在具体的经营活动中，还要建立一些更为具体的指标来及时反映经营状况，主要包括四大类收益性指标（毛利率、营业费用率等）、安全性指标（负债比率、人员流动率等）、效率性指标（来客数和客单价、商品周转率等）、发展性指标（营业额增长率、开店速度等）。

除财务指标外，非财务指标对连锁企业经营也起重要作用。如销售人员的服务水平和态度，客服人员的投诉处理情况，商品的结构和品类，店面的整洁卫生等。非财务指标的设置将会给连锁企业带来更好的口碑效应，对企业的经营业绩起促进作用。

【阅读资料 3-4】味千拉面的“中央厨房”模式①

一道道菜品不是在餐厅后厨做成，而是在几十公里之外的“中央厨房”统一制作、加工、分包，进而配送到各个门店，解冻、加热、上桌……这就是目前非常流行的新型餐饮管理模式——中央厨房。

中央厨房是如何管控生产过程的？如何提高其管理和效能？3 月 24 日，记者来到目前国内规模最大的中央厨房项目——味千（中国）控股有限公司（以下简称味千）位于上海松江开发区的中央厨房，进行实地探访。

1. 去厨师化的中央厨房

换上防静电无菌服，戴上口罩、穿上鞋套，经过全身风淋以及严格的洗手消毒，记者方被允许进入味千中央厨房无菌车间。

洁净的玻璃，开放式的操作间，不锈钢操作台上，搅拌好的面粉，散发着淡淡的麦香。在这里，所有的产品包括米、面、菜，甚至葱、蒜等调味料都实现了标准化、成品化；对于餐具的使用，从贮存、清洗、消毒等环节都有严格的标准。一碗看似简单的拉面，味千则将其细分为数十个工种，仅仅一个煮面的程序，就有白汤、碗底、煮面、浇头、配面、出单等多个环节。

与大多数常见的生产车间不同的是，味千中央厨房的布局，更像是一个迷宫。据悉，这是由于各原料的处理工艺不同，为避免交叉污染，味千生产有严格的人流、物流通道，所有果蔬、肉类、鸡蛋等产品原料都是分开生产，避免食品串味而破坏其最本质的味道。

味千中央厨房工厂品质部经理孙敬文告诉记者，按照 7S（整理、整顿、清扫、清洁、素养、安全、节约）管理模式，所有食品的清洗、分类、分切、搅拌都有

---

① 中国质量新闻网. 味千中央厨房模式开启餐饮管理“复制密码”. http://www.cqn.com.cn/news/zgzlb/diba/871311.html [2014-04-02].

严格标准，半成品过程中的杀菌、检验、包装，进入冷库的流程脉络清晰，不同食品如何保鲜都有各自的标准体系，而且精准称量。例如，一个110克的面板里面有多少根面条，大家都了然于心。

在中央厨房里，没有专业的大厨，所有员工都是来自一线。这种去厨师化的理念保证了从中央厨房出来的食品都是标准化的，用味千掌门人潘慰的话说："我们全国所有门店的100个菜品中，每一碗面条，每一份小料的分量、口味都是一模一样的。"

2. 用标准化确保质量可控

味千拉面是日本九州的一个拉面品牌。一直以来，日本多数连锁拉面馆都是采用中央厨房熬制的生产工艺，确保质量可控。同时，全世界大多数知名的餐饮连锁企业，也基本采用了中央厨房的生产加工方式，这种方式在保证食品的味道和品质上被证明行之有效。

在获得味千拉面在中国的永久代理权后，味千采用了以中央厨房为代表的现代餐饮管理方式，力图将每一碗拉面做到标准化、每一家门店做到系统化。

"中央厨房"的概念在整个系统化、标准化作业中起着至关重要的作用，各门店的汤、面条、半成品原料，都采取统一采购、统一生产、统一提供，而这些工作均由中央厨房来完成，门店里的后厨仅是简单再加工。

潘慰说："从中央厨房运到各门店的拉面，煮面的时间均由电脑控制，盛放拉面的笊篱在规定时间后自动浮出水面，全面排除了人为失误的因素。而面条汤底则由在工厂统一熬制及浓缩的骨汤原液进行还原，厨师所要做的就是把面倒入碗中，以规定姿势盛入汤底，最后放入按比例调配好的配菜，整个过程只要3分钟。"

据（国家）食品行业生产力促进中心有关专家介绍，通过工业化的加工工艺和标准化的操作流程，中央厨房有效地保障了食品安全。"这是一种特殊的餐饮业态，介于食品生产企业和餐饮业之间。对食品安全监管部门而言，它出现的最大意义是：将食品安全风险降到最低。"

（三）稳健的战略决策

连锁企业都有扩张的冲动，这也是连锁企业发展的必然要求，更会使得企业组织结构发生重大的变革。因此稳健的战略决策对连锁企业的组织管理有重要的意义。

【阅读资料 3-5】居然之家 2014 年拓展 25 家新店 逆市疯狂扩张存风险？①

“轻资产运营模式”让居然之家的扩张之路灯火璀璨，但也埋下了危机的种子。居然之家疯狂扩张之忧：今年新增 25 家店固守轻资产模式，融资能力成疑。尽管大环境不景气，居然之家还是选择逆市扩张。根据其 2014 年的计划，居然之家要在一年之内开出 25 家新店。

尽管大环境不景气，居然之家还是选择逆市扩张。居然之家，1999 年 3 月成立，尽管不是最早做家居卖场的，但居然之家打出“一站式”购物口号，加上“先行赔付”的理念，成为其开店法宝。历时 15 年，居然之家从北京一个面积仅为 3 万平方米的单店，发展到全国 92 家分店，营业面积达 500 万平方米，年销售额超过 300 亿元的家居连锁巨头。

居然之家是由全国华联商厦联合有限责任公司、北京中天基业投资管理有限公司等 33 位股东共同投资设立的国有企业，注册资本 8 100 万元人民币。包括张学武、汪林朋等多位高管在内，均出身全国华联商厦，并在居然之家持有股权。多年以来，居然之家雄踞北方市场，在北京处于老大的地位，却未曾想过连锁式的扩张，而其国资背景被认为是重要原因之一。直至 2002 年红星美凯龙携资本之力迅速崛起，将居然之家惊醒，才开始连锁复制卖场。近年来，居然之家为了和红星美凯龙竞争，不断跑马圈地，大肆扩张，其每年新增分店数量逐年增加，2005 年 1 家，2006—2008 年每年 3 家，2009 年 8 家，2010 年 12 家，2011 年 14 家。

2013 年，居然之家新开分店 17 家，深入到二三线城市，全国分店总数量达到 83 家，包括山东济宁店、河北沧州店、山西运城店、贵州毕节店等。其中，北京地区新增居然靓屋十里河灯饰城和居然尚屋酒店用品城。而 2014 年，这一数字变成 25 家。按照居然之家此前的计划，居然之家“目标是在 2012 年完成全部省会超过 60 家，年销售额超过 300 亿元，在 2015 年完成主要地级城市的布局，连锁店面数量超过 100 家，年销售额超过 500 亿元”。

由于开店速度过快，2011 年居然之家杭州店正式开业仅仅 8 个月后就“关门大吉”；同年 12 月 18 日，居然之家大东店在开业仅两年之后关店。在杭州店关闭时，每户损失至少 30 万元的厂商曾与居然之家杭州店管理方发生冲突，拒绝撤离门店。

---

① 赢商网. 居然之家 2014 年拓展 25 家新店 逆市疯狂扩张存风险？. http://cq.winshang.com/news-284156.html [2014-09-09].

究其原因，还是因为卖场扩张速度过快，不顾市场饱和的现状。以杭州店为例，2010 年月星、欧亚达、红星美凯龙等大型卖场先后进入杭州之后，加上其原有的本土卖场，其家居卖场总数已达到 40 多家，面积逾 400 万平方米，远超当地市场需求。在这样疯狂的扩张速度中，不仅家居卖场开始尝到超速扩张的恶果，甚至商家、经销商也开始逐渐感到“跟不上”他们扩张的步伐。“居然之家的招商情况没有前几年好，之前是抢着进去，现在是被扩张”，从事红木家具生意的张彦（化名）告诉记者：5 年前，在居然之家开店还能挣钱，但是随着新店越开越多，根本来不及培育市场，也等不到盈利，厂家就被迫跟着商家南征北战，“新店越开越多，但是各地的消费能力有差异，生意越来越冷清，亏损的厂家也越来越多”。但是，由于居然之家采取捆绑策略，如果厂家不愿跟随商家扩张，现有门店就会受到排挤或不公正待遇，因此厂家只好咬牙跟进。

在这种模式下，由于居然之家是靠租金和管理费获利的，可以说是旱涝保收，但厂家的情况就没有那么乐观了。此前，多喜爱、我爱我家、优美家三大知名品牌的代理商已经表示，在利益受到较大伤害的情况下，将自己开店，放弃与居然之家所有形式的合作。

（四）与时俱进的规章制度

规章制度是连锁企业的管理标准和依据，近年来，连锁企业的经营模式都在进行大的变革，企业的规章制度也要不断与时俱进，根据新的变化要求及时进行规章制度的改进。因此，连锁企业一方面要积极关注国内外知名连锁企业的管理模式改革，汲取先进企业的管理经验；另一方面，连锁企业也要善于审视内外部环境的变化，因地制宜地修改或重订企业的规章制度。例如，南通金鹰国际购物中心以前对营业员使用手机与否并未提出要求，但不断出现了部分员工上班时间使用手机影响服务质量的情况，因此，企业重新制定了相关规定要求营业员上班期间不得使用手机。

（五）规范的政策引导

外部环境对连锁企业组织结构的变化也起着重要作用，因此，政府主管部门及行业协会应该加强部门之间、行业内部的协调和规划。

【阅读资料 3-6】南通商圈应进行错位发展[①]

近年来，南通市政府在商圈方面加快布局，取得了跨越式发展，如建设了 3 个市级商圈、5 个区级商业中心、10 个城市综合体、15 条商业特色街，基本形成了以南大街为首的市中心，以港闸区（华润中心）、新东区（国城生活广场）、市政新区（中央商务区）和崇川西部沿江板块（滨江时尚广场）为次中心的“1 主 4 副”商圈新模式。

但令人遗憾的是，南通未能很好地对这些商圈进行规划，其经营模式和商品结构基本雷同，反而造成了商圈间的恶性竞争。因此，南通商圈目前需要进一步细分，错位发展，拓展南通市民不同层次的需求，提升南通零售业的整体水平和业绩。

南通零售业地区发展不均衡，既有一定的合理性又有一定的改进空间。根据消费者购物的需求差别，南通市政府相关部门应该进一步指导并改进原有商业格局，将商圈分为市级商圈、区级商圈、社区级商圈和特色商圈。

其中市级商圈应致力于南通一流品牌零售定位，鼓励高端品牌、潮流品牌的进入，提升文化艺术氛围，吸引南通及周边的消费人群；区级商圈通过引入大型百货店、大型超市等，为地区内的居民提供娱乐休闲一站式服务；社区级商圈应该根据社区居民的特点提供一站式生活服务；特色商圈应根据南通本地特色、区域特色、夜市消费等情况进行开发。

通过上述零售业的错位发展，充分挖掘消费者的消费需求，引导消费者进行多元化、个性化的消费，推动南通零售业的整体发展。

任务二　设计连锁经营组织结构

一、连锁经营组织结构的概念

连锁经营组织结构是连锁企业的全体成员为实现组织目标，在管理工作中进行分工协作，在职务范围、责任、权利方面所形成的结构体系，其本质是为实现组织战略目标而采取的一种分工协作体系，组织结构必须随着组织的重大战略调整而调整。

二、连锁经营组织结构设计的基本原则

（1）统一指挥原则。即在设计组织机构时，连锁企业要在上下级之间形成一

① 陆娟. 南通零售业经营现状及发展趋势分析. 南通市第三次经济普查研究课题[2015-06-30].

条清晰的指挥链，确保有且只有一个上级，也仅对一个上级负责，实现统一指挥，责任清楚，避免多头领导。

（2）以工作为中心原则。即组织结构设计以工作为中心，严格按照工作需要设置工作岗位，切忌因人设岗。

（3）对称原则。即组织设计要确保组织及其人员有责任按照工作目标的要求保质保量地完成工作任务，同时，也要赋予其应有的对等权利。

（4）集权与分权原则。即在整个组织结构设计的时候，适度考虑权力的集中与分散。集权与分权控制在适当的水平上，既不影响工作效率，又不影响积极性。

（5）适当的组织层次和管理幅度原则。即组织设计要考虑到组织层次和管理幅度的适当原则，根据组织自身需要，选择适当的层次和幅度即可。因此，管理层次采用适当的扁平化管理，适度的管理层次。

（6）组织设置专业化原则。即组织设计要按专业功能设计，如总部董事会承担决策功能，总部各职能部门承担执行功能，连锁分店承担销售功能。

三、影响连锁企业组织结构设计的因素

（一）连锁经营环境

连锁经营环境是连锁企业设计组织结构时必须考虑的一个重要因素。处于动态环境中的连锁企业，其组织结构相对来说更具弹性和适应性。而处于相对稳定环境中的企业，其组织结构则较为正规化和集权化。

（二）连锁经营战略

连锁经营的发展战略和竞争战略也给连锁企业的组织结构带来了直接的影响。连锁经营的发展战略包括连锁经营形态和发展方向。一般来说，连锁经营有直营、特许和自由三种形态，连锁企业采取何种连锁经营形态，必然直接影响企业的组织结构。

（三）连锁经营规模

连锁经营模式也是连锁企业结构组织设计的又一因素。连锁经营规模是指数量规模和空间规模。连锁企业规模扩大直接增加了连锁企业组织结构的复杂性。一方面分工细化，部门和岗位数量增加，增大了协调的工作量；另一方面管理层次也会增加，导致分权增多。随着门店数量的增加和规模的扩大，必然带来连锁企业的组织结构的变化。

（四）连锁经营技术

连锁企业信息技术的运用程度将直接影响到连锁企业内部组织结构的不同。例如，沃尔玛为了实现顾客快速响应并降低物流成本而设计了持续补货系统，将企业内部的信息系统与供应商信息系统有机地连接起来，实现了信息共享和合作双赢，这一新的商业流程的运用，要求沃尔玛的组织结构进行相应变革。

四、连锁企业组织结构的类型

根据连锁经营活动的需要和企业的实际，连锁基本形式主要有三种类型。

（一）直线型组织

这是连锁企业最早和最简单的组织结构形式，其结构如图 3-5 所示。这是指连锁企业各级行政单位从上到下实行垂直领导，下属部门只接受一个上级的指令，各级主管负责人对所属单位的一切问题负责。总部不另设职能机构（可设专业人员协助主管人员工作），一切管理职能基本上都由行政主管自己执行。

这种形式的主要优点是结构比较简单，责任分明，命令统一。主要缺点是要求行政负责人通晓多种知识和技能，亲自处理各种业务。在业务比较复杂、企业规模比较大的情况下，把所有管理职能都集中到经营者一人身上，显然是难以胜任的。此种形式比较适用于连锁企业的创业阶段或企业规模较小时。

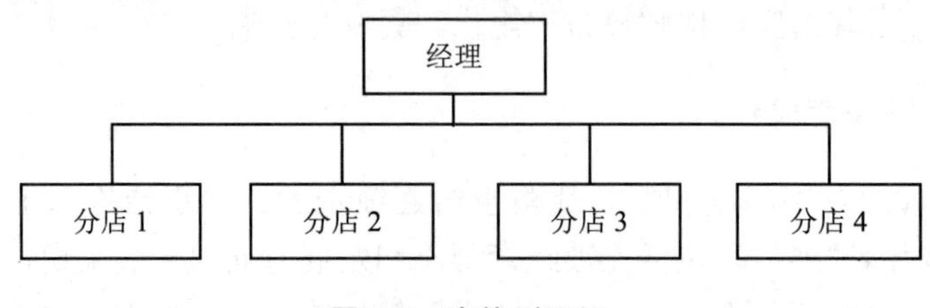

图 3-5　直线型组织

（二）直线职能型组织

随着连锁企业规模的扩大，分店数量逐渐增多，经营管理的事务将会越来越多，也越来越复杂。经营者由于知识、能力和体力等的限制无法独立完成所有管理职能，势必会增加职能管理部门来协助经营者进行管理，直线职能型的组织结构形式便应运而生，如图 3-6 所示。

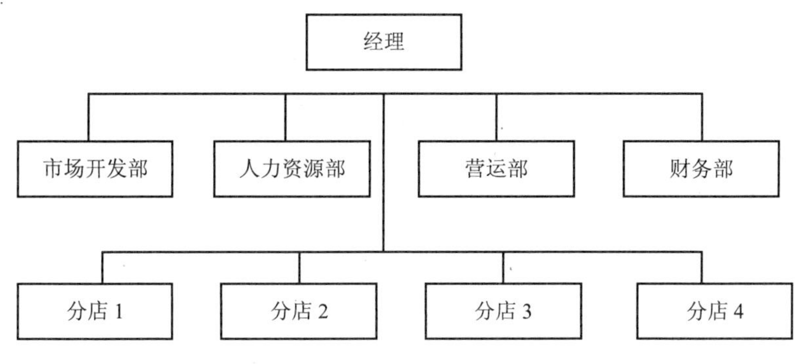

图 3-6 直线职能型组织

其优点是：分工明确，易发挥专业优势；指挥统一，易调度资源，规模经济效益较好。缺点是：部门间协调困难；不利于调动部门积极性；不利于关注整体利益。此形式主要适用于环境较稳定、市场较集中、中等规模的连锁企业。

（三）事业部制组织

当连锁企业的规模扩张到一定程度后，连锁企业管理的范围越来越大，内容越来越复杂，许多运作已很难完全由总部进行直接控制，为了适应企业扩张的需要，许多大型连锁企业大都采用事业部制的组织结构形式，如图 3-7 所示。

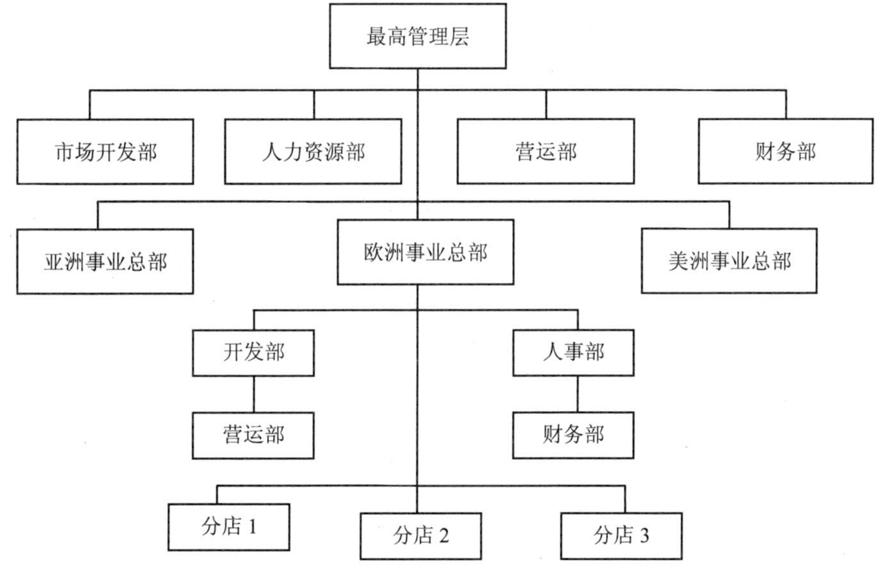

图 3-7 事业部制组织

这种形式的主要优点是有利于调动部门积极性，便于事业部内部的协调，适应力和竞争力加强，有利于培养整体管理人才，有利于高层领导有精力研究企业发展的战略问题。但也存在着易滋长本位主义，资源调动困难，易产生短期经营行为，机构重复设置，总编制与管理费用增加和控制困难等问题。此种形式主要适用于环境变化快、多元化经营和地域分散的大型连锁企业。

任务三　掌握连锁总部、门店、配送中心组织结构

一、总部的组织结构

（一）连锁总部的基本功能

（1）经验积累功能。总部担负着连锁企业长期可持续发展的重任，因而有责任累积各种成功经验，明确未来发展方向，并将不断成熟的管理技巧传递给门店管理者，以便使所有门店的管理水平达到一致。

（2）教育培训功能。连锁运作的成败关键在于如何将连锁运作的精华传递给每一个门店管理者和员工，也就是要将连锁运作的成功经验，系统地让门店员工接受并可以很快地运用。

（3）指导功能。总部有必要安排专业人员持续地指导门店的运作。一则可以将总部的最新经营技术和政策规划及时传递给门店；二则可以及时解决经营中出现的各种问题，协助门店运作更有绩效。

（4）营销功能。连锁总部应该从战略的角度安排各种营销方案的工具和组合，从根本上提升企业的竞争力。

（5）展店功能。不断扩大门店数量是连锁扩大经营规模的重要表现。要达到高质量的开店成功率，总部必须设计出真正属于自己的开店策略，包括全面展店计划、市场潜力分析、商圈调查与评估、开店流程制定与执行、开店投资与效益评估等，以保证连锁事业的蓬勃发展。

（6）物流服务功能。连锁企业总部物流配送服务一般是以配送中心为核心，集中采购、统一配送，高效率地将门店销售的商品及经营所需的原料和用具送达各连锁门店，从而达到降低成本、提高门店运作效率的目的。连锁企业的规模效益有很大一部分是通过总部的物流服务功能实现的。

（7）研发功能。研发功能对连锁总部而言是非常重要的。企业应根据目标市场上变化的顾客需求，持续不断地进行研发，研发出适合顾客需求的产品和服务，

研发出更有效的运作体系，才能保证企业发展的活力。

（8）财务功能。财务功能包括连锁企业资金的筹集与有效使用，该功能发挥正常，能有效避免企业出现营运危机，甚至会因为资金的灵活调度而增加非营业方面的收入。

（9）信息功能。信息功能主要集中在顾客消费信息、经营环境变化、国内外行业发展趋势、新观念和新技术及企业内部信息的收集和整合上。及时、有效的信息收集与处理，对企业制定科学的经营决策具有重要作用。

（二）连锁总部各部门的职责

1．企划部的职责

企划部是公司的参谋部，主要职责是把握公司经营现状和宏观环境动态，就公司的组织发展与经营事业制定和协调战略目标与规划，供总经理及其他部门参考。

2．发展部的职责

（1）新开店址调查。包括人口数、家庭结构、收入水平、消费偏好、行业竞争状况等。

（2）编制新开店投资预算，估算投资回收期和投资收益率，交财务部审核以申请店面开发资金。

（3）制定店面建设、装修、设计统一标准，依此建设新店，进行内外部装修，或者包给外单位承建，但要对工程进度和质量进行严格监督和控制。

（4）店面营业设备的采购和安装。

（5）制定店面营业设备的使用和保养制度，并监督和不定期检查执行情况。

（6）店面及店面营业设备的维修和保养。

3．运营部的职责

（1）店面经营业绩的考核制度的制定和执行。

（2）店长工作绩效的考核与人事变动的建议。

（3）店面岗位责任、作业规范、服务规范的制定和执行情况的监督与考核。

（4）将物流部制订的商品销售计划，根据区域各分店的具体情况（主要是市场环境、经营规模、经营状况与潜力等）分解后下达任务，指导店长执行与实现。

（5）店面经营指导，包括商品陈列、POP 广告设置、店员培训。

（6）推广先进店面的经营经验，督促和帮助落后店面改进经营状况。

（7）分店、分区域促销计划的制订和执行。

4．物流部的职责

（1）商品采购制度的制定与执行。

（2）制订全公司分品种商品销售计划并制定和执行相应商品采购计划。

（3）制定商品开发政策，开发新产品，调整经营商品结构。

（4）商品配送制度、仓储管理制度的制定与执行。

（5）物流活动的开展与管理，包括到货商品的验收、保管与维护。

（6）适当的流通加工（如分装、分等、配组）。

（7）库存控制，对各分店的商品配送服务等。

5．财务部的职责

（1）财务管理，即融资、用资、资金调度及企业财务状况与投资风险的分析。

（2）编制各种财务报表和会计报表。

（3）审核进货凭证，处理进货财务，与供应商进行贷款对账并付款。

（4）统计每日营业额。

（5）发票管理。

（6）税金的申报与缴纳，年度预决算。

（7）各店铺财务工作的统一管理。

6．管理部的职责

（1）公司劳资、福利、岗位考核、人事变动等制度的制定与执行。

（2）劳动人事合同和档案管理。

（3）人力资源的开发。

（4）公司人际关系与员工士气调查、分析、发扬或改进。

（5）公司后勤服务。

（6）保持和促进良好公共关系。

（7）接受消费者投诉，作出回复，监督有关部门处理，或上报总经理责成有关人员或部门处理。

（8）公司安全制度的制定与执行。

（9）公司办公用品采购与管理制度的制定与执行。

7．信息部的职责

（1）公司管理信息系统的开发和维护。

（2）系统地进行人员培训。

（3）商品经营进、销、存各环节的数据统计整理和分析，满足有关经营部门对经营商品信息的需要，提高商品管理水平。

（4）定期或不定期地自主或应有关部门要求开展专题市场调研活动。

（5）保持与外部环境的密切联系，随时随地收集消费者需求变动趋势，行业竞争状况，经济景气等有关信息，进行加工处理，做出分析报告，供有关决策参考。

二、门店的组织结构

（一）门店的基本职能

（1）店面环境管理。主要包括店头的外观管理以及气氛营造、卫生管理、经营设施管理等店内的环境管理。

（2）商品管理。主要包括商品陈列、商品质量、商品损耗、商品销售状况等方面的管理。

（3）人员管理。主要包括员工管理、顾客管理和供货商管理。

（4）现金管理。主要包括收银管理和进货票据管理等。

（5）信息管理。主要包括门店经营信息管理、顾客投诉与建议管理、竞争者信息管理等。

（二）门店的岗位职责

1. 店长的职责

（1）负责门店的经营管理，完成上级下达的各项经营指标。

（2）制订门店的经营计划，督促员工贯彻执行经营计划。

（3）监督门店的商品进货验收、仓库管理、商品陈列、商品质量管理、商品损耗等有关作业。

（4）监督和审核门店的会计、收银作业。

（5）负责门店员工考勤、服务规范执行情况的监督与管理，对员工考核、晋升、降级和调动提出建议。

（6）组织员工培训，组织门店的促销活动。

（7）处理日常经营中出现的意外事件，解决员工之间的冲突。

（8）参加一些社区公益活动，成为门店的代言人。

（9）处理顾客投诉与意见。

2. 助理店长（副店长）的职责

（1）协助店长安排门店的经营管理。

（2）协助店长制订商品经营计划。

（3）必要时作为一个工作组的负责人对本班组人员工作进行统筹安排并协调。

（4）协助店长安排商品进货业务。

（5）协助店长对人员进行考核，提出升级或调动的建议。

（6）协助店长进行商品防损或服务监督等工作。

（7）协助店长解决员工之间的冲突。

（8）在店长不在时代理店长职责。

3．收银员的职责

（1）收银机及相应区域的清洁工作。

（2）做好收银前准备工作。

（3）清楚商品的分类编码及价格情况和促销活动内容。

（4）迅速并有礼貌地完成收银和商品装袋工作。

（5）按规定将现金上缴或存入银行。

（6）热情、耐心地解决顾客的问题。

4．理货员的职责

（1）配送中心送货来店时，负责商品的清点和验收工作。

（2）负责店内货架上商品的补货工作，保证及时上架。

（3）负责商店商品盘点工作，并做好记录，确认商品损耗数量。

（4）负责货架上商品的清洁工作。

（5）及时将缺货商品告知店长或主管人员，以便及时订货。

（6）对需要退货、换货商品按规定进行处理。

5．导购员的职责

（1）热情回答顾客的任何问题，并帮助顾客选购商品。

（2）为顾客提供必要的服务，如开发票、换货、装袋等。

（3）协助理货员进行商品陈列、商品盘点和价格标签的粘贴更换。

（4）作为后备收银人员随时加入收银工作。

（5）协助店长处理顾客抱怨的问题。

6．防损员（保安员）的职责

（1）负责商店每日的开店、闭店工作，保护商品和器械完好。

（2）负责监督商店人员的作业流程，以防内盗。

（3）负责监视店内顾客购货活动，发现意外情形立即报告店长。

（4）协助店长对商店的偷盗行为进行处理。

（5）保证顾客的人身安全与财产完好。

三、配送中心的组织结构

（一）配送中心的基本功能

（1）储存保管功能。为了防止商品的缺货，在配送中心一般都有库存保管的储存区。

（2）分拣配货功能。连锁企业不同门店对商品种类、规格、数量等方面都有不同的要求，因此配送中心须根据各门店的补货要求（商品品种、数量、规格等），从储备商品中通过拆零、分拣等作业完成对不同门店的配货工作，并以最快的速度送达各门店手中。

（3）送货功能。配送运输不同于一般运输，配送中心送货主要是支线运输，送货流程包括配装、运输和交货。

（4）流通加工功能。根据零售要求或配送对象（产品）的特点，需要在配货之前先对货物进行加工和分装，以更好地满足用户需求。

（5）信息提供功能。配送中心集成了信息管理功能，为配送中心本身及上下游企业提供各式各样的信息情报，以供配送中心营运管理策略制定、商品路线开发、商品销售推广策略制定作为参考。

（二）配送中心各部门的职责

1．仓储部的职责

（1）收货与检验。根据采购部门的采购订单，接收供应商送来的货品并负责检验。

（2）分配库位。对于要存储的货物，把它们分类并存放到合适的库位，对于中转的货物要分配到相应的门店位置。

（3）保管工作。对库存商品进行维护保管。

（4）分拣。根据门店的要货订单，到相应的库位进行拣货。

（5）库存的盘点工作。

（6）库存管理。对库存管理进行相关统计分析，为采购和营销提供重要信息。

（7）仓库维护与修理。

2．配送部的职责

（1）货物的装车工作。

（2）货物的运输工作。

（3）货物与各分店的交接工作。

（4）接收各门店的退货。
（5）各种单证、物品的交接。
（6）车辆的采购（租赁）工作。
（7）车辆的维护工作。
（8）驾驶员的管理工作。

3．信息部的职责

（1）配送中心计算机的采购与维护。
（2）配送中心管理信息系统的设计与维护。
（3）配送单证的打印。
（4）配送中心商品数据的统计与分析。

4．流通加工部的职责

（1）商品的再生产。
（2）商品的再包装。
（3）生鲜产品的采购、清洗、分拣、包装等工作。
（4）自有品牌商品的生产。

5．退货部的职责

（1）清点、验收、分类各门店退货。
（2）通知供应商前来配送中心退货。
（3）损坏和过期商品的处理工作。
（4）退货商品的库存保管工作。
（5）统计、分析退货情况，并上报相关上级部门。

【案例分析】

温特图书公司组织结构[①]

温特图书公司原是美国一家地方性的图书公司。近 10 年来，该公司从一个中部小镇的书店发展成为一个跨越 7 个地区、拥有 47 家分店的图书公司。多年来，公司的经营管理基本上是成功的。下属各分店，除 7 个处于市镇的闹区外，其余分店均位于僻静的地区。除少数分店兼营一些其他商品外，大多数的分店都专营图书。每个分店的年销售量为 26 万美元，纯盈利达 2 万美元。但近 3 年来，公司的利润开始下降。

① 陈新玲. 连锁经营管理原理[M]. 北京：电子工业出版社，2010.

两个月前，公司新聘苏珊任总经理。经过一段时间对公司的调查了解，苏珊与公司的3位副总经理和6个地区经理共同讨论公司的形势。

苏珊认为，她首先要做的是对公司的组织进行改革。就目前来说，公司的6个地区经理都全权负责各自地区内的所有分店，并且掌握着有关资金的借贷、各分店经理的任免、广告宣传和投资等权力。在阐述了自己的观点以后，苏珊提出了改组的问题。

一位副总经理说："我同意你改组的意见。但我认为我们需要的是分权而不是集权。就目前情况来说，我们虽聘任了各分店的经理，但却没有给他们控制指挥的权力，我们应该使他成为一个有职有权，名副其实的经理，而不是只有经理虚名，实际上却做销售员的工作。"

另一位副总经理发言："对组织结构进行改革，这是对的。但是，在如何改的问题上，我认为你的看法是错误的。我们不需要设什么分店的业务经理。我们所需要的是更多的集权。我们公司规模这么大，应该建立管理信息系统。我们可以通过信息系统在总部进行统一的控制指挥，广告也应由公司统一规划。统一集中的话，用不着花这么多工夫去聘请这么多的分店经理。"

"你们两位该不是忘记我们了吧？"一位地区经理插话说："如果我们采用第一种计划，那么所有的工作都推到了分店经理身上；如果采用第二种方案，总部就要包揽一切。我认为，如果不设立一些地区性的部门，要管理好这么多的分店是不可能的。" "我并不是要让你们失业。"苏珊插话说："我们只是想把公司的工作做得更好。我要对组织进行改革，并不是要增加人手或是裁员。我只是认为，如果公司某些部门的组织能安排得更好，工作效率就会提高。"

请思考：温特图书公司是否需要进行组织变革？为什么？如果需要改革，应该如何改？

【实践训练】

连锁企业非常重要的就是与人的沟通（包括顾客、同事、主管等），此项实践训练，主要目的是进行沟通训练，让同学们了解如何更好地与人进行沟通。选2组各6个同学进行角色扮演，由老师和其他同学点评。

一架私人飞机坠落在荒岛上，只有6个人存活：

1. 孕妇：怀孕八个月。
2. 发明家：正在研究新能源（可再生、无污染）汽车。
3. 医学家：今年研究艾滋病的治疗方案，已经取得突破性进展。
4. 宇航员：即将远征太空，寻找适合人类居住的新星球。

5．生态学家：负责热带雨林抢救工作组。

6．流浪汉。

这时，逃生工具只有一个能够容纳一人的橡皮气球吊篮，没有水和食物。请各位角色扮演的同学，依次阐述让自己先走的理由。

项目四 开发连锁经营网点

【知识目标】

1．了解连锁企业网点布局的原则、要求、条件、扩张途径；
2．掌握商圈的概念、商圈分析的含义、考虑因素、划定。

【能力目标】

1．能运用所学知识初步进行商圈分析和划定；
2．能运用所学知识初步进行网点选址。

案例导入

经营选址决定生意的成败①

不论创立何种类企业，地点的选择都是决定成败的一大要素，由于地点选择错误而招致一败涂地的例子比比皆是，尤其是以门市为主的零售、餐饮等服务业，店面的选择，更往往是成败的关键，店铺未开张，就先决定了成功与否的命运。

1999年，我有一个香港朋友在广州新中国大厦的四楼投资了50多万元，开了一间占地近500平方米的高档咖啡厅，取名就叫“五星级咖啡厅”，促使他做此投资的原因是友谊公司在新中国大厦的1～3层开设分店。

友谊公司在本地区是有一定知名度和实力的，而且，友谊商场的货品都是进口的上等货，友谊商店的老店培育了一大批相对固定的高消费顾客群，所以，朋友认为投资搞一间高档的咖啡厅在此一定会有生意。但是事与愿违，开业一个多月，由于光顾商场购物的顾客稀少，友谊商场就决定每天上午不开门营业，而要到下午1点钟才开门营业。如此一来，把3楼以上营业的商铺给害苦了，因为，大厦的1～3层不开门营业，顾客看见商场黑灯瞎火的谁会进去购物呢？结果我这位香港朋友在那里苦苦支撑了3个月就把咖啡厅转让了。

---

① 新浪博客. 经营选点决定生意的成败. http://blog.sina.com.cn/s/blog_49a0b97b010004gl.html [2006-07-27].

其实该咖啡厅的转让也算是一个经典案例。

眼看咖啡厅无法经营下去了，我的朋友决定要把咖啡厅转让出去，有一天他把我请去，他向我讨教如何才能既把咖啡厅转让出去同时又能减少损失。我给他分析，如果是广州本地人谁都知道那里的真实情况，所以转让给本地人非常困难，即使有人愿意接手也会把价钱压得很低。如果转让给外地人就容易得多了，如果转让给香港人可能会更容易，朋友觉得有理，于是他赶紧在香港的《东方日报》和《苹果日报》上各刊登了一则转让广告，很快就有人打电话和他联系要看咖啡厅，为了让上钩的鱼儿不要脱钩，我们又做了一些精心安排。

我们约所有有意向者都在星期六下午到咖啡厅现场谈转让的事宜，因为在一周当中只有星期六下午是购物人流最多的。另外，就是约他们都在同一时间来谈，给他们造成有很多人都想要那个咖啡店的假象，然后，在他们与我朋友商谈转让咖啡厅事宜的时候，我们预先约好的一些朋友这时就不断地打电话进来，搞到我的朋友不停地接听这些表示有意租下他的咖啡店的电话。由于我们精心策划得当，那天当场就有一个香港老板下了定金，不到一个星期我朋友就以 30 多万元把咖啡厅转让给了他。我朋友是亏了一些，但是能拿回 30 多万元很多人都说他已经很幸运了。至于那位接手经营咖啡厅的人后来还追加了十几万元投资，不过经营不到半年就关了门，因为连友谊商场都关了门。

请思考：经营选址为什么重要？在选址时需要考虑哪些方面？

任务一　了解连锁企业的网点布局战略

一、连锁企业网点布局的原则

（1）符合连锁企业的发展战略、品牌战略和竞争战略。

（2）经营效益是网点布局的关键问题，也是首要问题。

（3）必须进行充分的市场调查，并写出市场调查报告。

（4）城市开发规划对网点开发有重要影响，是必须搞清楚的问题之一。

（5）一定要进行科学的网点布点，最好请专业机构进行评估分析，制定网点布点规划。

（6）做好财务规划。要充分考虑佣金、押金、租金、定金、赔偿金等问题。

（7）科学地签订房产使用权等多类合同。

（8）认真研究当地人民的收入水平与网点密度的关系。

（9）认真研究当地人民的民俗文化与开店业务的关系。

（10）充分考虑物流配送的问题，包括交通、第三方物流、原料产地等。

【阅读资料 4-1】南通商业布局过度集中①

商业空间布局过于集中、零售业态趋同发展，将导致同地域、同档次、同类型的多家企业之间展开过度竞争，势必会出现盛衰之分的局面。南通传统零售百货集中在南大街商圈，业态分布类似、功能雷同，营业面积偏小，交通堵塞、停车难等问题凸显，影响城市商业中心功能的发挥。老城区的超市过于密集，处于超饱和状态，意味着相隔较近的两个大型超市必将出现盛衰之分的局面，难免会陷入恶性竞争的泥团，使绝大部分大型超市销售业绩难以得到保证。随着城市空间的外延，城市综合体大量增长，工农路沿路 10 公里以内的综合体分布太过密集，且每个综合体都有一个主力大型超市坐镇，星光耀广场的大润发和中南城的欧尚，两者之间仅相隔 0.5 公里；圆融广场的 BHG 超市和文峰城市广场的文峰超市，两者之间相隔 0.8 公里；印象城的沃尔玛和易初莲花也是近在咫尺。这些大型超市经营的好与坏，一定程度上能表现这个城市综合体的成功与否。在消费人群、消费能力总体既定的条件下，诸侯割据、各自为政，分配者越多，平均分配量就越少，积聚效应弱化，表现了资源的浪费。

二、连锁企业进行网点布局的要求

（一）年度开店数量

连锁企业根据自身的各项资源及市场需求分析，可以制定出一个年度开店目标。由开店目标的多少，可以看出企业开店策略是保守还是开放。

（二）范围选择

连锁企业网点范围的选择有两大类，第一类是全面性选择，即面向全部市场空间，随着顾客群的发展而发展。第二类是部分性选择，包括选择城市繁华区、城乡接合部以及交通要道处。

（三）开店条件的设计

连锁网点的发展，必须对所开网点的面积、交通、招牌、内外卖场、装潢设计有一定的标准规格，不同的店面规格会影响展店各项策略的选择。

① 陆娟. 南通零售业经营现状及发展趋势分析. 南通市第三次经济普查研究课题[2015-06-30].

（四）商业区选择

新的网点开发应依据店铺、商品、服务内容、客层来寻找有特定功能或属性的商业区。

（五）立地布点战术

店铺立地是指确定设立店铺的理想开店场所。主要涉及立地条件和布点顺序。

立地条件是指店铺所在地周围的环境条件，如交通状况、公共设施、停车空间、商店密集度、办公室、住宅密集度、社会稳定状况等。连锁企业必须确定店铺的最佳立地条件。

布点顺序是指各项立地条件的优先顺序，主要包括：全面布点、中心放射布点及包围布点。全面布点多半在强攻据点或各类立地条件差异不大时使用。中心放射布点是以一个特定区域为范围，先占中心点后再分别扩展到边区。包围布点的典型做法就是“城镇包围城市”，对大城市先沿着边缘环形进行新城（卫星城）布点，然后根据情况向中间渗透。

【阅读资料 4-2】运用逆反思维方式选址①

在人们的经营活动中，许多人都习惯参考前人的经验，借鉴别人的成功经验事实上也无可厚非，但是，一味跟风或照搬别人的经验有时也未必有效，因为每个人都有不同的价值观，所以，笔者向来不主张去抄袭别人的做法。我们在思考问题时，最好能从侧面或反面来多考量，甚至可以从结果反过来思考，运用逆反思维的方式来寻求问题的答案，如此，往往会生出许许多多的创意或创造性的东西来。经营选点也能如此，以下的案例正好说明了这一点。

广州国福印刷有限公司的董事长韩锡友曾经做过记者，可谓见多识广，他经营的印刷业务已经有十多年了，以往在生意上都是平平稳稳，没有什么突破。刚起步时他的印刷厂设在市区的一间小学校里，那是因为租金比较便宜的缘故，但是，在承接业务或与客户交流时，学校毕竟很不方便。所以，韩锡友只好在市区别的地方开设门市部来承揽生意，客人要看样板也不用跑到大老远的印刷厂去看。就这样，他在市区开设了两三个门市部，地点都不需要很讲究，只要交通方便就行，多年来他就是这样经营他的印刷生意。

两年多以前的某一天，我因为有些印刷业务要找韩先生，当我找到他开设的

---

① 新浪博客. 经营选点决定生意的成败 2. http://blog.sina.com.cn/s/blog_49a0b97b010004gl.html [2006-07-27].

门市部时，才发现他搬走了。于是，我就打电话给他，当然也问他为什么要搬走。他告诉我，他现在已经搬到火车站附近的一个鞋城里，有什么事就直接过去找他。

我想火车站那一带的租金应该是很高的，而且，他说的那个鞋城是一个全国知名的大型鞋类专业批发市场，他是做印刷的，跑去那里干吗？带着这些疑问我第二天上午就去找他了，一来确实有事找他，二来也想看看他搞什么名堂。

韩锡友新开的门市部坐落在鞋城正门的首层一隅，面积大约有30平方米，我估算了一下，那个店面的租金每月要8 000~10 000元左右。当我与韩先生见面以后，他证实那个店面的租金每月需要将近一万元，这个价钱以前的门市部可以租五六个。我是专注于创业研究的，他知道我肯定是对他这个举措感兴趣的，于是在我们吃午饭的时候，他详细地将他作出这个决定前前后后的情况一一告诉了我。

原来，有一次韩先生去那个鞋城为一个客户提供服务时，那个客户问他为什么不考虑把他的门市部搬到附近，客户说："韩先生，像我们这样的客户在这里有很多，这里的店铺绝大多数都是我们厂家租下的，我们都需要印刷很多东西，如鞋盒、礼品袋、招贴画、产品介绍等，要是你的印刷厂把门市部设在我们附近，对我们大家都有利。你服务我们也方便，我们找你也容易，你说是不是？"

客户的一席话深深打动了韩锡友，他也认为客户的话很有道理。于是，那阵子他一有空就到那附近溜达，看看有没有店面转租出来的，但是，一个多月过去了，他没有找到合适的店面。

有一天，他看见附近一家鞋城正门首层的一个鞋店贴出了转租公告，他马上过去跟人家商议转租事宜，一问租金就把他的热情和渴望给打消了。那几天他一直在仔细分析这个店面值不值得租下来，因为，要想在那一带找到租金低廉的门市是不可能的。他又转念一想，虽然那里的租金很贵，但是，那里的潜在客户也确实很多，而且，那里也真的没有一家印刷厂的门市部，要是他在那里开设了门市部确实是有一定的优势。一方面自己是厂家，成本可以根据客户的要求适当降低；另一方面由于客户集中，印刷厂的业务费用也可以相对减轻很多，这样一来，租金似乎就不是很大的问题了。

但是，当他把想租下那个店面的想法跟家里人商量或向朋友讨教时，得到的答案都是百分之百不赞成。人人都说他不可理喻，做印刷的怎么跑到人家鞋城去凑热闹，而且租金这么高，小小的印刷厂怎能吃得消？

最后，韩锡友力排众议，冒险将那个鞋城的铺面租了下来。新门市部开张第一个月，光是印名片一项业务，就已经把一个月的租金赚回来了。我找他的时候，他的新门市部已经在那里开业将近半年多了。半年来，印刷厂的业务量比以前的两个门市部加起来还增加了10多倍。"那些以前反对我租这个店面的股东和家人，现在都转而夸我有眼光，其实不是我有眼光，而是我有胆量。”韩锡友不无得意地笑说。

这个世界是以成败论英雄的，成功了当然就“一俊遮百丑”啦。

现在，我在广州许多专业批发市场都发现有韩锡友的“国福印刷”开设的门市部，也唯独只有他一家印刷厂在那些专业批发市场开设门市部。可能有很多人不会明白，印刷厂开门市部为什么会选在那些地方。这就是韩锡友与这些人的差别，当他们都明白了的时候就不能显示出韩锡友的精明了。

精明的韩先生现在的生意越做越大了，印刷厂也从小学校搬到了一个工业村，印刷设备也全部换成了德国进口的，就连他的座驾也换成了进口的名牌小车。他在商海打滚的精彩故事还有许多值得我们借鉴。

三、实现连锁企业网点布局的条件

连锁企业要进行网点布局，必须具备以下条件：

（一）资金条件

连锁企业要进行网点布局，非常重要的一点就是资金。连锁企业筹措资金有多种途径，包括上市、银行借贷、股权稀释、加盟和合作等。

【阅读资料 4-3】永和大王利用资金案例①

一个“中国麦当劳”概念，让一个名不见经传的小老板，变成香港大亨李嘉诚旗下投资基金以及荷兰霸菱基金锁定的投资对象，紧接着又被菲律宾最大的快餐连锁集团快乐蜂（Jollibee Foods Corp.）以其海外子公司的名义用 1.8 亿元的价格收购了永和大王 85%的股份。这几次资本运作把永和大王的创始人林猷澳，一下子推上中国大资本舞台。

就在 1995 年 12 月 12 日，永和大王第一家店在上海开张的时候，总投资才 5 万美元。而现在，永和大王在全国已有 85 家店，年营业收入达到了 3 亿多元人民币。5 万美元显然滚不动大市场，虽然两年内就开了 8 家店，但是 8 家店的利润，并不足以支撑永和大王成为中式快餐第一品牌。

林猷澳动人的“中国麦当劳”概念，让李嘉诚的加怡新亚投资管理有限公司基金在 1997 年找上了门。投资 200 万美元、持股三分之一，有了风险资金的注入，永和大王的开店速度一下子冲到了 18 家。规模虽然快速扩展，但烧钱的速度更快。

---

① 阿里巴巴. 为何卖油条年收入 3 亿元？. http://club.1688.com/article/3597100.html [2008-03-29].

赚的钱不断投入，加上拉长战线后的管理支出，永和大王单店的收入由原先的一两万元人民币，骤降至 8 000 元，首度陷入亏损。当时加怡新亚合约到期，要求退出；股东不谅解："风险基金进来后，四年中我们没拿一毛钱分红。"李玉麟忍不住抱怨。林猷澳认为，引进风险基金是"小本做大"的唯一可能，两个合伙人开始首度面对能否共患难的考验。李玉麟最后选择了信任，因为没有风险基金，永和大王不可能有当时的规模。虽然两年后加怡退出，但林猷澳的梦想却照样吸引了霸菱，霸菱以更大的手笔——拿出 1 100 万美元投资永和大王。快速扩店，让永和大王连续亏损 4 年，但是果真如林猷澳预期，一旦冲破 50 家开店数，盈利必将到来。到了 2003 年，开店数达到 80 多家，永和大王营业收入突破 3 亿元。

（二）人才因素

人才短缺是制约目前连锁企业快速扩张的一大瓶颈。主要表现为以下几点：

第一，人员流失率较高，由于总体工资水平较低，且连锁企业管理较粗放，连锁企业人员流失率非常高的同时，也陷入招人难的困境。

第二，人员总体素质和销售能力还有待提高，由于连锁行业作息时间的特殊性、工资较低，连锁企业吸引不了优秀人才，导致连锁企业的人员总体素质和销售能力不高，这又进一步导致了劳动效率的低下。

因此，吸引更多优秀的人才加盟到连锁企业成为连锁企业重要课题之一。

【阅读资料 4-4】佐丹奴成功因素之一——员工[①]

一家企业能否成功，百分之八十取决于管理层的能力，而其能力，从最底层的员工身上便可看到。"以佐丹奴为例，当步入佐丹奴店铺时，已给予顾客舒服的感觉，而且顾客也有足够空间去选购货品，佐丹奴员工是不作干扰。但当员工洞悉顾客想买东西时，便会很快趋前服务。"而且，无论客人多少次要求更换货品，员工总是笑容满面，这才是超出客户预期的服务。有这样的员工，管理层一定用了很多心力，否则公司的经营策略绝不能完全地下达至基层员工。"

（三）管理协调系统

连锁企业要进行网点布局离不开企业战略管理系统、组织管理系统和作业流程管理系统的支持。其中战略管理系统能明确企业的发展方向，组织管理系统能

---

① 新浪网. 没有九流的下属——香港企业家教练郑凯名访谈. http://blog.sina.com.cn/s/blog_49a0b97b01000boj.html [2007-10-05].

在不同阶段为企业提供合理的组织支持，作业流程管理系统则能通过实施，将上述两个系统落到实处。

【阅读资料 4-5】如家的“为”与“不为”①

经济型酒店的“天时”

传统的酒店行业，三星追四星、四星追五星，而且三星之间、四星之间、五星之间都在为追赶竞争对手而制定竞争策略。这就导致传统的高星级酒店失去了自身的独特性。我们可以想象传统的高星级酒店千篇一律的餐饮、灰白色的房间内饰、豪华的大厅。因此，在这种情况下，很多新建的酒店就倾向于勾勒出与其定位相似的战略轮廓。事实上，就如家而言，高星级酒店和传统的社会旅馆倾向于勾勒出自身相同的价值曲线。与之相反，如家的价值曲线则是通过剔除、减少、增加、创造这四个动作，把自己与星级酒店和社会旅馆区别开来，推出了中国的经济型酒店模式。

如家主要强调几个元素：给客人提供一个温馨、舒适的睡眠——即睡个好觉，同时能够洗个好澡。如家主要是在客房的干净程度、房间的布局、床以及淋浴上突出重点，低于传统三、四星级酒店的价格。它不在餐厅、桑拿、KTV、大厅等选择上做过多投资。相反，如家在酒店行业的传统竞争对手，都在这些产业竞争元素上投入巨大，在价格上也就越发难以与如家竞争。这些公司投资过于分散，被竞争对手的行动牵着鼻子走，结果导致了高成本结构。

有所为

如家和传统星级酒店的最大区别就在于，传统酒店讲究提供更多的服务，而如家则把自己的定位明确锁定在一点上——住宿。在如家看来，出差公干的商务人士业务繁忙，传统星级酒店提供的许多空间和服务他们都无暇享受，对他们而言最重要的东西只有两个：第一是床和卫生间。所以床品和卫生间就是如家有所为的重点所在。卫生上达到甚至超越传统酒店的卫生条件，保持叫早服务，同时在房间的颜色上增添变化，增加温馨感。第二是提升客户在旅店中的服务质量。让如家的客户能享受到高的住宿质量，良好家具带来的舒适性，市中心区位所带来的方便性，同时得到清洁和安全周到的服务。

在与传统星级酒店的竞争与区分过程中，采取连锁运营，布局在经济发达城市，选址在交通便利、生活设施齐全的地段，不像星级酒店那样附设大量休闲娱乐场所和服务设施，而是充分利用酒店附近已经成熟的社区服务网络；硬件环境

---

① 和讯网. 如家营销的“为”与“不为”. http://futures.money.hexun.com/1957404.shtml [2006-12-12].

也不追求奢华和排场，但是安全、卫生、住得舒适。最突出的是，平均房价在200元以内，这样的酒店自然具有吸引力。

有所不为

如家倡导的“有所不为”就是超出“住宿”需求以外的不做。剔除传统星级酒店过多的豪华装饰、享受性服务以及娱乐设施。不设门童，改为自助；没有豪华、气派的大堂；舍弃投资巨大、利用率低的康乐中心，没有桑拿、KTV、酒吧等娱乐设施。消除星级酒店中很多旅客不需要或用得较少的功能服务，如购物区、康乐实施、会议场所等。原来中国星级酒店的评价指标大多都是针对涉外旅游，一方面要考虑到代表中国的形象，另一方面是为各种会议提供多种功能。而如今越来越多的商务旅行人士和经济富裕出外旅游的人，需要充足的睡眠，方便的地理位置，同时不希望花费太多的金钱在住宿上。如家针对这些人群，直接把没有太多附加价值的购物区、康乐实施、会议场所等功能服务拿掉，为顾客节约了很多额外费用。

实际上，传统的酒店采取的是自建物业的形式，酒店从买地到投入运营的时间周期非常长，一般需要2~3年。而如家采取了租赁的形式。在选定店址时，开发部把论证的项目直接汇报给CEO，CEO到现场判断之后，将项目输入一整套投资分析的测算模板，直接上报给投资委员会。一两天之后，就可以立项签约。项目签约之后，一般只有三四个月的土地免租期，如果在这段时间内工程没有完成，就意味着还没开业就要支付租金。所以为了争取时间，如家不是按照设计、预算、施工的线性顺序，而是平行进行。通常，在工程部做土木的同时，市场推广、质量检查、组织培训各方面的工作也在同步展开，整个项目团队分工明确，并且有严格的时间约束：每个人在约定的时间内必须完成自己负责的工作，不能影响下一个阶段的工期。而这种通过租赁和系统建设的方式，使如家酒店的建设周期大大缩短。同时，如家的选址尽量靠近一些商务区和酒店配套比较匹配的地方，周围具有良好的购物、餐饮和娱乐场所。在做到有所不为的同时，客人需要的便利服务和条件并不会减少。

有所多为

为了增添房间的温馨感，如家打破星级酒店和旅社床单、枕套都用白色的传统，改用碎花的；淋浴隔间用的是推拉门而不是简陋的塑料布；毛巾则有两种不同颜色，便于顾客区别。

在如家酒店客房的书桌上，常常为客户摆放着几本书，开展“书适如家”的活动，如家给每一个房间提供几本书籍，文学的、历史的、旅游的都有，客人可以随意阅读。一盏家用普通台灯，提供免费上网等，在细节上尽可能营造出家的温馨。

如家快捷的品牌服务受到中外客人的好评。国际主流财经杂志《福布斯》曾就如家提供给客人的读书活动——“书适如家”做深度报道，称赞如家提供给客人的读书体验活动增加了品牌服务的内涵，同时给客人提供了“家”的氛围。

在不断给客人提供细致、温馨服务的同时，如家还积极为数十万会员提供额外的增值服务，同时具有互补性产品的大品牌进行“异业联盟”，方便商务人士的商旅生活。例如，如家和世界知名汽车租赁公司推出的“租车”服务，受到了广大宾客的极度欢迎。

有所少为

在保证服务质量的前提下，在非关键的方面也尽可能少为。该花钱的地方绝不吝啬，该砍下的成本也绝不手软。这些措施都为如家降低了整体服务价格，提高了服务水平和效率。

在人员管理方面，如家每百间房服务人员为30~35人，远远低于传统高星级酒店的每百间房100~200人的配置，人力成本仅有同业的三分之一至六分之一。扁平的组织结构使得效率提高。店长、值班经理、员工三层构成了一家酒店的组织机构图，放弃了传统酒店店长、部门经理、主管、领班、员工五个层级的矩阵。传统酒店的总经理需要诸如营销部、客房部的支持，而在如家，店长肩负营销、人员管理、客户管理、前后台支持等综合任务。如家与一般酒店相比少两个管理层次，没有部门经理，也没有领班，组织结构扁平化的结果就是店长大小杂事都得做。

如家使用分体式空调，冬天使用暖气，只有占地50~100平方米的小餐厅，把更多的空间变成客房，餐厅不对外服务。甚至如果附近有餐馆，干脆就把餐厅省了。对于要住好几天的顾客并不天天更换牙刷。首先是降低了整体的服务价格，不太注重餐饮和其他过量服务，提高服务的水平和效率。如家降低成本的方法有很多，一般大堂不是很大，装修也并不豪华，但要求一定是整洁的。完善的如家订房中心系统也有效降低了劳动成本，提高了服务效率。

如家成立这几年来，得到了飞速的发展，成为中国经济型酒店的龙头，在中国酒店业激烈的竞争中赢得了一片天地。

如家的成功，绝非偶然，而是找出了竞争对手忽略的地方，提供客户尚未满足的需求。

（四）物流配送系统

近年来，越来越多的连锁企业意识到物流配送系统在整个扩张战略中的重要地位，纷纷整合供应链，引入国内外先进的物流管理技术，或直接提升物流部门在企业中的地位，将其作为未来的发展重点之一。

【阅读资料 4-6】大润发物流新趋势①

由于一二线城市用户基本已经被综合电商平台瓜分完毕，想要跻身前三甲，必须有特别的吸引力。以如今的电商环境，单纯比价格，大润发不知道要砸多少钱才能出来一个坑。所以，大润发并没有选择苏宁易购初出茅庐时的价格大战，而是首先以上海、江苏、浙江和安徽为试点，向消费者的居住小区渗透。

今年 6 月，飞牛网正式宣布发力 O2O（Online To offline，即将线下商务的机会与互联网结合在了一起，让互联网成为线下交易的前台），在上海以喜士多便利店为试点，相当于把网店开到了消费者家门口。在喜士多门店可用电脑完成下单，还可以让喜士多代收包裹，并且选择货到付款。此外还提供 24 小时、365 天无时间限制的下单订货、购物咨询等服务。如此，一些不会上网、没有网络设备的人，还有一些不便收货到家或公司的人，在喜士多网购体验馆就可以解决全部问题。

目前，飞牛网基本涵盖了大润发 12 万的 SKU*（生鲜除外），并且正在做商品差异化，如添加台湾美食，生鲜品类也正在摸索当中。

大润发做 O2O 的另一个优势还在于，大润发与喜士多属于同一家母公司，两者在合作方式上可以无限深入。飞牛网与喜士多的合作只是一个试点，未来在大城市的郊区，譬如距离购物中心较远的大学城，也会就近找零售店合作，把体验馆搬到离消费者最近的地方。

为了增强最后一公里的渗透力，与京东、1 号店等自建物流配送类似，大润发也自建了物流配送队伍“飞犇”，目前有五六十人，仅支持上海八个区的配送，其他地区用第三方物流。“未来随着业务的增加，大润发会扩建物流队伍，并且支持大家电配送。”袁彬说，未来哪个地区的业务量足够支撑设配送点，就允许该地区的配送人员招员工扩大队伍。

“飞犇前期还负责推广，上海已经上门给 11 万居民送过礼包，这 11 万人当中，大概有 30%～40%来注册，超过 10%的人下单购买，计划用 1 年的时间把上海居民楼扫完。”

（五）管理信息系统

连锁企业现在越来越多，效率越来越高的原因之一就是其卓有成效的管理信

---

① 赢商网．大润发飞牛网深入三四线及农村市场　借助线下资源．http://js.winshang.com/news-282802.html [2014-09-04].

* 库存量单位，可以以件、盒、托盘等为单位。

息系统，而正是因为管理信息系统的存在使得连锁企业网点布局发生着日新月异的变化。

【阅读资料 4-7】如家倾力打造管理信息系统①

早在2005年，如家就投资500万元人民币开发了自己的中央管理系统。每天一打开电脑，如家总经理就能看到前一天分布在全国的所有如家酒店的经营数据和客源结构。每月各店的成本情况也会自动生成。还有依托于互联网和呼叫中心的中央客源系统。今天，通过如家自己的网站和电话热线下的订单量已经大大超过了来自携程等专业门户网站。尽管一张如家普通卡的价格仅40元人民币，但如家会员卡的用户也已超过15万人，每个月会员的订单量达7万元。

【阅读资料 4-8】南京金鹰国际购物中心实现智能停车②

为实现停车场信息化、智能化管理，给顾客提供舒适、方便、快捷的停车服务，南京新街口金鹰国际购物中心引进了厦门科拓“全视频智慧停车场”综合解决方案，在车场出入口设置了免取卡停车管理系统，场内设置了找车机系统和自助缴费机。

设置在车场出入口的免取卡停车管理系统具备国内领先的车牌识别技术，可实现车辆1s超速识别入场，从而解决了停车场出入口拥堵问题，免去了顾客排队等候的烦恼；场内的找车机系统则具有领先的视频图像拍摄和处理技术，保证了车辆入场后能够轻松找到停车位进行停放，以及顾客返回时能快速找到爱车停放位置。

如果说科拓免取卡停车管理系统和找车机系统的设置体现了南京新街口金鹰国际购物中心在配套设施上的精益求精，那么自助缴费机的配置则更体现了运营方对细节品质的极致追求。方案提供多种缴费方式，系统自动结算停车费用，顾客可通过输入车牌号的方式在自助缴费机上提前缴纳费用。自助缴费机既方便了顾客，也达到了分散出口车流、提升车流出场速率的目的，且基于系统出入口收费识别准确率达到99%以上，能够有效避免收费漏洞。

---

① 南都周刊．品牌长征——如家：一个精心设计的成功样品．http://past.nbweekly.com/Print/Article/379_0.shtml [2007-03-30].

② 千家网．科拓免取卡系统落户南京金鹰国际购物中心．http://www.qianjia.com/html/2014-06/30_233355.html [2014-06-30].

四、连锁企业网点扩张的途径

连锁企业网点扩张的途径主要有四种：自建、并购、加盟与合作。

（一）自建

自建途径是指连锁企业借助自己筹集的资金，通过对当地市场进行详细的商圈分析，对备选地址逐一分析优选，确立店址并开设新的连锁门店，通过自身力量逐步拓展市场。

【阅读资料 4-9】2013 年金鹰国际购物中心苏州店关门，租金上涨成主因①

在众多卖场及小型便利店放缓扩张步伐并关店调整之际，金鹰商贸集团旗下的金鹰国际购物中心苏州店日前又被曝出要关店。金鹰商贸集团企划促销部负责传播的徐经理告诉《每日经济新闻》记者，上述情况确实属实。“不续约是因为和房东合约到期了。”

徐经理表示，金鹰集团在苏州新区之前已经拿了一块地，目前在做自己的商业地产，其中包括百货这一块，这一新的商业地产将在 2014 年开业。“苏州店具体的闭店时间还没有最终确定，但是应该是在 2 月底。”

对于关店原因，徐经理向记者承认房租上涨为其中一个因素。

中投顾问高级研究员高博轩表示，不断上涨的租金侵蚀着零售商的利润，零售商不得不自建物业规避风险。

【阅读资料 4-10】沃尔玛自建商业物业“补血” 租金暴涨压力巨大②

近期，沃尔玛坐落于广东珠海香洲区明珠路及旅游路周边地块的珠海乐世界正式奠基，该购物中心的建筑面积约 10 万平方米，预计 2016 年落成营业，拟投资约 6 亿元人民币。

在一份沃尔玛美国总部国际事务发言人琼·纽博得（Jo Newbould）发送给《时代周报》记者的官方资料中称，珠海乐世界是沃尔玛在中国自行开发、建设和经营管理的第一个购物中心，沃尔玛旗下山姆会员商店将成为该购物中心的主力店。

沃尔玛方面同时称：“珠海乐世界位于珠海市内非常繁荣的地区，有良好的道

---

① 赢商网. 金鹰国际购物中心苏州店被曝将关门　租金上涨成主因. http://news.winshang.com/news-138968.html [2013-01-11].

② 人民网. 沃尔玛自建商业物业“补血”租金暴涨压力巨大. http://house.people.com.cn/n/2014/1014/c164220-25830819.html [2014-10-14].

路交通设施，这一地理位置对于建山姆会员店以服务商业群体和广大会员而言非常理想，也能带动周边商圈和配套服务产业的发展。”

不过，沃尔玛方面以“地产团队不愿意透露更多信息”为由，婉拒了《时代周报》记者对上述购物中心项目以及商业地产布局的进一步了解。

根据沃尔玛（中国）投资有限公司8月份发布的消息，沃尔玛（中国）刚刚宣布了新的地产团队，而该新地产团队的负责人则为沃尔玛亚洲不动产业务负责人夏必得（Peter Sharp）。

沃尔玛方面对夏必得的职责描述为：“将带领山姆会员商店中国地产团队，帮助山姆业态制定使其更快速增长的发展计划。他还将继续带领沃尔玛亚洲不动产的业务，开发以山姆会员商店为主力店的购物中心。”

布局三四线城市

沃尔玛方面将珠海乐世界项目定位为“社区型购物中心”。

根据沃尔玛方面今年4月份公布的招标信息显示，珠海乐世界项目的实际地址在“香洲区前山广珠公路北侧，金凤路西侧”。该建筑将是一幢4层高的购物中心，并设有两层高的地下室，包括了购物中心、商场、零售超市、餐饮以及地下停车场。

一位珠海本地的市民向《时代周报》记者描述：沃尔玛上述购物中心所处地块实际已近珠海、中山交界，周边兴建了大量住宅。“尤其是中山界内一侧，因为明显的价格优势，住宅密集。”

项目负责人夏必得曾经在公开演讲中谈及：“购物中心里有些店铺的规模会大于当地的市场需求，实际上如果从小规模的项目做起，购物中心的面积、租户的数量类型都更加有可能跟社区相配套，以达到更高的绩效，然后我们才可以根据时间情况来扩大规模。”

在当时的演讲中，夏必得同时表示：“沃尔玛主力店购物中心的建设，我们会关注大小型号的规划。”

此外，沃尔玛亚洲不动产招商和资产管理副总裁潘丽君曾对媒体透露过，沃尔玛在华自行投资开发购物中心项目启动在2012年，其计划在2~3年的第一阶段开发周期内，开发出有4家购物中心的资产包。

去年，沃尔玛方面已经披露在华购物中心选址或集中于三四线城市。

根据目前已有的报道显示，亚洲不动产公司总裁夏必得与广东梅州市、揭阳市、汕尾市、四会市、潮安县相关人员都有过接触、会谈，后者都在会谈中表达希望沃尔玛投资入驻当地。

今年9月份《南方日报》的报道称，沃尔玛公司计划在惠州设立山姆购物中心，并称“沃尔玛正谋划在珠三角多个市布点建立山姆购物中心，这批项目定位为社区型购物中心，也是沃尔玛进军中国商业地产的重要一步”。

此外，四川德阳经济技术开发区管委会的信息显示，夏必得团队也曾就“在德阳设立综合性商业购物中心相关事宜”到该地考察，并披露了“该项目由沃尔玛在当地成立独立的法人机构，并独立拿地修建独栋的纯商业综合体，以山姆会员店为主力租户，各种业态的商家涵盖时尚服饰、餐饮、娱乐、休闲、服务等各方面，停车位将达到 1 000 个以上”。

低租金优惠不再

沃尔玛在华布局商业地产之举，业内普遍解读或为受到零售业市场低迷大环境的影响。

今年 2 月份公布的财报中，沃尔玛国际部门的净销售额同比下滑 0.4%，是唯一下滑部门。沃尔玛国际业务最大贡献地区墨西哥正在面临着腐败指控，且由于国内消费力低迷，单店销售额连续 7 个月下滑；而另一个人口大国印度则拒绝外商直接投资，沃尔玛只能转而与印度巴蒂集团合作，打造现购自运的批发仓库模式。不过，去年 10 月，该项合作宣告失败。

尽管沃尔玛中国区业务占全球销售量尚不足 5%，但根据沃尔玛方面给出的数据，2013 年，沃尔玛中国销售增幅高达 24.5%。“中国市场有潜力成为美国之外沃尔玛在全球的第二大市场。”

但中国市场的现实或许并没有沃尔玛方面描绘得这般美好。一项公开的数据显示，沃尔玛 2013 年中国区市场份额跌至 5.7%，已被华润万家赶超。沃尔玛方面的实际行动，也自 2013 年开始进行了一轮调整，去年 10 月，沃尔玛对外宣布：到 2015 年底之前，公司将在中国关闭约 25 家业绩表现欠佳门店。

一位证券公司零售行业分析师向《时代周报》记者称，外资零售企业在华业务近几年来普遍低迷，或将进入调整期。

“其实你可以看到，tesco 卖掉了，家乐福之前也有新闻传说要卖股权，沃尔玛在国内也算是做得不温不火，这几年的行业情况是，食品价格在往下走，销售也不好，成本又在上升，太多公司都出现了同比下降。所以这段时间对于整个行业是一个调整期，本土企业在起来，对他们来说有影响，所以他们现在的日子跟过去几年相比也不好过，大不相同了，都是在调整期。”该分析师称。

与此同时，沃尔玛 20 世纪 90 年代因“国际零售巨头”的金字招牌而在各地享受的各种政策优惠也已因本土企业的崛起，以及自身经营状况的下行等原因而受到冲击。

据悉，2005 年，沃尔玛进入重庆市场，在九龙坡区落成 2 万多平方米的大卖场。彼时，广场业主与沃尔玛开出10年免租、40年租期，以及0.5元/m²/天的条件，而当地政府则返还3年营业税。

但到了2011年，重庆市政府对沃尔玛的“绿色猪肉门”开出了269万元、停业半月的罚单，很多业内人士将其视为政府对外企的态度正在悄然变化。

早年，沃尔玛也曾凭借自身消费者号召力获得各类商业地产项目的青睐，并因此获得了低租金等优惠。但如今，这一优势已不再。

如2001年，万达广场曾与沃尔玛签订战略合作协议，后者为前者“先租后建”的订单地产招商活动背书，后者则为前者提供优惠。但是到了2009年，永辉超市成为万达的新战略伙伴，未来计划五分之一的门店进入万达广场，沃尔玛与万达广场等主要租户15年左右的长租约即将到期，面临租金暴涨的困境。

“历史上的情况是，外资公司早前确实可以租到相对便宜的物业，或者租金也相对便宜，因为招商引资，外商企业比较受欢迎。但这几年，这些情况已经慢慢改变了，而且本土企业拿地的能力也不见得比他们差，像A股永辉、港股大润发，这两个是业内比较标杆的商业企业，或者说大家都愿意请他们去租赁物业。”该分析师评价道。

商业地产补贴零售业

在楚睿商业董事长黄文杰看来，沃尔玛在华开发并持有物业的策略，目的或为降低风险并寻求新的增长点。

“这么多年来，商场行业的市场价值总体是上升的，如果物业是自身持有的话，不仅是日常零售经营，物业增值本身也会给它们带来利润。如果物业是通过自身经营来增值的，就相当于它们的经营获得了双倍的收益，同时也降低了业主升租或者不租给他们的风险，既避开风险，又能带来双重的收益——经营收益和增值收益。”

不过，黄文杰同时向《时代周报》记者指出，持有物业的战略发展方向，“我所知道的还有麦德隆、家乐福，其实它们近期都有这种动向，就是有意持有物业”。

实际上，早在2012年，根据中国连锁经营协会的调查显示，国内零售企业就超过半数都涉足商业地产，以此贴补零售主业的做法已经蔚然成风。2012年，旗下有食品、百货、酒店等多板块业务的雨润集团宣布在2015年完成建设50个商业综合体；2013年，进军商业地产的红星美凯龙集团旗下红星商业表示，将在2020年完成100个爱琴海购物中心的建设；英特宜家购物中心集团投资100亿元在北京、无锡、武汉开发购物中心。

与此同时，黄文杰也预测，尽管国内的大型零售设施建设在一定区域、局部，尤其是在一些核心传统商圈里呈现饱和，但沃尔玛所提的“社区型购物中心”，未来几年将进入一个快速发展期。

“过去的近 20 年时间里，购物中心都主要集中在城市的核心区域，更多的是一种都市型购物中心，这也是过往开发的一个重点。但在 10 多年时间里，房地产发展了，每个城市的格局都发生了变化，出现了扁平化发展的趋势，扁平化的意思就是有更多细的区域形成，有更多商业市场空缺点。其实一个城市不能承载非常多的都市型购物中心，但是社区型购物中心只针对一部分区域里的客流，10 万或者 20 万的客户群已经可以支撑社区型的生存空间。一般的说法是，五六十万的人口才能养活一个都市型购物中心，但社区型购物中心可能 5 万人就可以养活。”黄文杰分析。

不过，这一业态也并非沃尔玛独家创新。实际上，国内诸多住宅开发商如万科、世茂、花样年华等，以及商业地产商宝龙地产等，均已在“社区型商业”方向发力。

而作为欠缺开发经营的零售商沃尔玛，此番在华加码商业地产能否真正为其带来业绩增长同样有待验证。

“沃尔玛在中国做持有物业并不能改变实质，商业的本质不在于你持不持有购物中心，而在于你卖的东西是不是受欢迎、快周转，价格是不是合适。所以持有物业可能对它的短期成本会有帮助，但不改变现在的实际情况。”前述零售行业分析师表达了其谨慎的观点。

（二）并购

并购是指连锁企业采取资本运营的方式，将当地现有的企业收购、兼并过来，再进行整合，使被兼并企业能与母体企业融为一体。

（三）加盟

加盟一般称为特许经营，是总部将自己所拥有的无形资产包括商标、商号、专利和经营管理模式等许可给投资者或加盟商，加盟商按合同规定在总部的统一指导下从事经营活动。

【阅读资料 4-11】如何搭乘连锁加盟的快车去创业[1]

特许加盟这种经营模式，在美国已有几十年的历史。而台湾和香港早就把这

① 新浪网. 如何搭乘连锁加盟的快车去创业. http://blog.sina.com.cn/s/blog_49a0b97b010005bq.html [2006-09-18].

种经营方式引入，且已发展得相当成熟。

在近几年，广州凉茶铺兴起了一股特许加盟热。个中的佼佼者非“黄振龙凉茶”莫属，据知情者透露，黄振龙凉茶在10年间已开了数百家加盟店，在广州许许多多的汽车站、住宅小区、购物中心等商业旺区都能找到“黄振龙凉茶铺”的身影。笔者以500家加盟店计算，如果每店收5 000元加盟费（据说黄振龙的加盟费远不止此数），黄振龙已有250万元的进账，如果每店每月平均向“黄振龙”上缴经营利润或管理费2 000元，“黄振龙”每月也稳赚100万元。这是一个较保守的估计，真正的收益绝不止此数。

闻名大江南北的“谭鱼头火锅店”目前在全国已开了超过百家加盟店。笔者以每店每月平均向总店上缴3万元经营利润或管理费计算，则总店每月都稳赚300万元，事实上“谭鱼头火锅店”的每月总收入远远不止此数。据餐饮界资深人士透露，“谭鱼头火锅店”每月的纯利润超过1 000万元。

（四）合作

合作是指连锁企业与有合作意向的伙伴进行多方面合作，包括引入战略投资伙伴共同开发新市场；与合作方结成联盟体采取复合连锁的方式进入新市场；向合作方输出管理、人力资源等方式，共同开发某地区市场。

【阅读资料 4-12】星巴克选对合作伙伴[①]

从一杯杯咖啡开始，星巴克已经改变了世界各地人们喝咖啡的习惯。更了不起的是，它让一种沿街叫卖的商品变成了高档产品。它开创了一种星巴克式的生活方式，这种生活方式在美国内外都正被越来越多的人所接受。

星巴克的经历证明，即使是大公司也需要别人的帮助来达成自己的目标。实际上，星巴克成功的一个主要原因就是其战略伙伴关系。1993年，星巴克与美国巴诺连锁书店联手向书店顾客推出了咖啡产品。为进一步在书店市场立足，星巴克1995年与加拿大连锁书店Chapters公司达成合作关系。

1996年，星巴克与百事可乐公司建立了合资企业北美咖啡联合公司，销售罐装的星巴克星冰乐混合咖啡饮料。同年，星巴克又与美国最大的冰激凌生产商Dreyer's Grand IceCream联手推出了星巴克冰激凌和星巴克冰激凌棒，很快成了美国销售最火爆的冰激凌。2001年，星巴克又与凯悦饭店达成伙伴关系。

为展示并完成社会承诺，星巴克还同许多组织形成了合作关系，其中有保护

---

① 豆瓣网. 星巴克给中小企业的10个忠告.http://www.douban.com/group/topic/2754866/ [2008-03-04].

国际（Conservation International）、国际救助发展组织 CARE、“魔术师”埃文·约翰逊的约翰逊发展公司、Jumpstart 等。

通过与适当的公司建立战略合作关系，星巴克才得以达成目标、开拓新市场并增长其底线。要想让自己的小公司成功，你必须认识到单凭自己不能满足目标市场的需要。你需要别的企业家或公司的帮助，共同合作和承担金融风险。合作伙伴不见得非得是凯悦酒店或百事可乐这样的大公司，但是要能帮你进入新的市场，更快地将你的产品和服务推向市场。战略伙伴关系能让你和星巴克一样增强市场竞争力并跟上技术革新的迅猛变化。

任务二 决定连锁企业网点的选址

一、商圈的概念与形态

商圈，是指商店以其所在地点为中心，沿着一定的方向和距离扩展，吸引顾客的辐射范围，简单地说，就是来店顾客所居住的区域范围。无论是大商场还是小商店，它们的销售总是有一定的地理范围。这个地理范围就是以商场为中心，向四周辐射至可能来店购买的消费者所居住的地点。

商圈由核心商业圈、次级商业圈和边缘商业圈构成。核心商业圈是离商店最近、顾客密度最高的地方，占商店顾客的 50%～80%。次级商圈是指位于核心商圈外围的商圈，辐射半径范围一般在 3～5 公里，次级商圈内 15%～25%的消费将在本商业区内实现，即商业物业将能吸引次级商圈全部日常生活消费总量的 15%～25%。本商圈内顾客较为分散。边缘商业圈是指处于商圈的最外缘，辐射商圈内会有 5%～10%的消费在本商业区内实现，其拥有的顾客最少，而且最为分散。

商圈的主要形态可分为以下 5 类：

（1）商业区。该区商业行为集中，其特色为商圈大，流动人口多，热闹，各种商店林立。其消费习性是快捷、流动、娱乐、冲动购买及消费金额较大等。

（2）住宅区。住宅区住户数量至少 1 000 户以上。其消费习性为消费群稳定，讲究便利性、亲切感，家庭用品购买率高。

（3）文教区。其附近有一所或一所以上的学校，其中以私立和补习班集中区较为理想。该区消费群以学生居多，消费金额普遍不高，但果汁类饮品购买率高。

（4）办公区。指办公大楼林立的地区。其消费习性为便利性、在外就餐人口多、消费水平较高。

（5）混合区。分为住商混合、住教混合、工商混合等。混合区具备单一商圈形态的消费特色，一个商圈内往往含有多种商圈类型，属于多元化的消费习性。

二、商圈分析的含义

商圈分析是指对商圈的构成、特点和影响商圈规模变化的各种因素进行综合性的研究。它有助于企业合理选择店址，在符合设址原则的条件下，确定适宜的设址地点；有助于企业制定市场开拓目标，明确哪些是本门店的基本顾客群和潜在顾客群，不断扩大商圈范围；有助于企业有效地进行市场竞争，在掌握商圈范围内客流来源和客流类型的基础上，开展有针对性的营销。

三、商圈分析的考虑因素

（一）人口数量及特点

包括居住人口数量、工作人口数量、过往人口数量、居民户数和企事业单位数，及相应人口年龄、性别、职业和收入水平构成等。

（二）建设状况

包括公共交通、供电状况、通信设备、金融机构等对于连锁门店营销的方便程度。

（三）社会因素

包括地区建设规划、公共设施（公园、公共体育场所、影剧院、展览馆），以及本地区的人文等，是否有利于连锁门店的发展。

（四）商业发展潜力

包括购买潜力和现有竞争对手的经营状况。这两个因素是对连锁门店影响的最直接因素。在对商业发展潜力进行分析时，应计算该地区的商圈饱和度，以了解这个地区内同行业是过多还是不足。在商圈饱和度低的地区建店，其成功的可能性必然超过商圈饱和度高的地区。

四、商圈的划定

（一）定性分析

定性分析是根据城市选点的位置、周围人口分布、城市规划、交通状况、是否为城市商业中心和流动人口状况等，进行综合分析划定商圈。根据这些信息进行类比分析和综合分析，即可大体划定新建商店的商圈。

（二）定量分析

采用定量分析划定商圈的方法主要有以下两种：

（1）雷利法则。雷利法则也被称为零售引力法则，是由美国学者威廉•J. 雷利（William • J. Reilly）提出的。雷利认为，商圈规模由于人口的多少和距离商店的远近而有所不同，商店的吸引力是由最邻近商圈的人口数和距离两方面发挥作用的。雷利法则的基本内容是：在两个城镇之间设立一个中介点，顾客在此中介点上可能前往任何一个城镇购买，即在这一点上，两城镇商店对此地居民的吸引力完全相同，这一点到两城镇商店的距离即是两商店吸引顾客的地理区域。其公式为：

$$D_{AB} = \frac{d}{1 + \sqrt{\dfrac{P_B}{P_A}}}$$

例如，A 城镇人口为 16 万人，B 城镇人口为 4 万人，A、B 两城镇之间的距离为 30 公里，则两城镇的商圈为：

$$D_{AB} = \frac{30}{1 + \sqrt{\dfrac{4}{16}}} = 20(\text{公里})$$

$$D_{BA} = \frac{30}{1 + \sqrt{\dfrac{16}{4}}} = 10(\text{公里})$$

计算结果表明，A 城镇吸引与中介点距离 20 公里以内的顾客，B 城镇吸引与中介点距离 10 公里以内的顾客。这就划定了 A 城镇与 B 城镇中商店的商圈范围。

利用雷利法则来划定商圈简单易行，特别是在资料不全时尤为适用。但它只考虑到两区域的人口和距离，而未考虑交通时间和网点的集散顾客能力，且该法则并不是确定某一网点的商圈，而是确定某一区域的商圈。此外，若存在广告的影响，或顾客对某特定商店的忠诚和某些商店有特殊吸引力时，会减弱雷利法则的有效性。

（2）赫夫法则。20 世纪 60 年代，美国零售学者戴维•赫夫（David Huff）提出了在城市区域内商圈规模预测的空间模型——赫夫法则。赫夫法则从不同地区商店的营业面积、顾客从家庭住所到购物区所花的时间及不同类型顾客对路途、时间的不同重视程度三个方面，对商圈进行了分析，其数学模型为：

$$p_{ij}=\frac{\dfrac{S_j}{(T_{ij})^{\lambda}}}{\sum_{j=1}^{n}\dfrac{S_j}{(T_{ij})^{\lambda}}}$$

p_{ij} —— i 地区消费者到商店 j 购物概率；

S_j —— 该商店规模（营业面积）；

T_{ij} —— i 地区到商店 j 的距离；

λ —— 消费者对时间或空间距离敏感度；

$\dfrac{S_j}{(T_{ij})^{\lambda}}$ —— j 商店对 i 地区消费者的吸引力。

例如，某一消费者有可能去城镇三个商店中的任何一个购物，已知这三个商店的规模（营业面积）和商店与这个消费者居住点的时间距离如表 4-1 所示。

表 4-1　商店规模与消费者居住点的时间距离

商店	时间距离/分	超市规模/m^2
A	40	50 000
B	60	70 000
C	30	40 000

如果λ=1，则每个商店对消费者的吸引力为：

A 商店的吸引力：50 000/40=1 250

B 商店的吸引力：70 000/60=1 166.67

C 商店的吸引力：40 000/30=1 333.33

消费者到每一个商店购物的概率分别为：

到 A 商店的概率：1 250/（1 250+1 166.67+1 333.33）=0.333

到 B 商店的概率：1 166.67/（1 250+1 166.67+1 333.33）=0.311

到 C 商店的概率：1 333.33/（1 250+1 166.67+1 333.33）=0.356

【案例分析】

肯德基的跟进选址策略①

肯德基对快餐店选址是非常重视的，选址决策一般是两级审批制，通过两个委员会的同意，一个是地方公司，另一个是总部。其选址成功率几乎是百分之百，这是肯德基的核心竞争力之一。

通常肯德基选址按以下几步骤进行：

（一）商圈的划分与选择

1. 划分商圈

肯德基计划进入某城市，就先通过有关部门或专业调查公司收集这个地区的资料。有些资料是免费的，有些资料需要花钱去买。把资料买齐了，就开始规划商圈。

商圈规划采取的是计分的方法，例如，这个地区有一个大型商场，商场营业额在 1 000 万元算一分，5 000 万元算 5 分，有一条公交线路加多少分，有一条地铁线路加多少分。这些分值标准是多年平均下来的一个较准确经验值。

通过打分把商圈分成好几大类，以北京为例，有市级商业型（西单、王府井等），区级商业型，定点（目标）消费型；还有社区型，社、商务两用型，旅游型等。

2. 选择商圈

即确定目前重点在哪个商圈开店，主要目标有哪些。在商圈选择的标准上，一方面要考虑餐馆自身的市场定位，另一方面要考虑商圈的稳定度和成熟度。餐馆的市场定位不同，吸引的顾客群不一样，商圈的选择也就不同。

例如，马兰拉面和肯德基的市场定位不同，顾客群不一样，是两个“相交”的圆，有人吃肯德基也吃马兰拉面，有人可能从来不吃肯德基专吃马兰拉面，也有反之。马兰拉面的选址也当然与肯德基不同。

而肯德基与麦当劳市场定位相似，顾客群基本上重合，所以在商圈选择方面也是一样的。可以看到，有些地方同一条街的两边，一边是麦当劳另一边是肯德基。

商圈的成熟度和稳定度也非常重要。比如规划局说某条路要开，在什么地方设立地址，将来这里有可能成为成熟商圈，但肯德基一定要等到商圈成熟稳定后

① 豆丁网. KFC 的跟进选址策略. http://www.docin.com/p-261768144.html [2008-03-04].

才进入，例如，说这家店三年以后效益会多好，对现今没有帮助，这三年难道要亏损？肯德基投入一家店要花费好几百万元，当然不冒这种险，一定是比较稳健的原则，保证开一家成功一家。

（二）聚客点的测算与选择

1. 要确定这个商圈内，最主要的聚客点在哪

例如，北京西单是很成熟的商圈，但不可能西单的任何位置都是聚客点，肯定有最主要的聚集客人的位置。肯德基开店的原则是：努力争取在最聚客的地方和其附近开店。

过去古语说“一步差三市”。开店地址差一步就有可能差三成的买卖。这跟人流动线（人流活动的线路）有关，可能有人走到这儿，该拐弯，则这个地方就是客人到不了的地方，差不了一个小胡同，但生意差很多。这些在选址时都要考虑到。

人流动线是怎么样的，在这个区域里，人从地铁出来后是往哪个方向走，等等。这些都派人去掐表，去测量，有一套完整的数据之后才能据此确定地址。

比如，在店门前人流量的测定，是在计划开店的地点掐表记录经过的人流，测算单位时间内多少人经过该位置。除了该位置所在人行道上的人流，还要测马路中间的和马路对面的人流量。马路中间的只算骑自行车的，开车的不算。是否算马路对面的人流量要看马路宽度，路较窄就算，路宽超过一定标准，一般就是隔离带，顾客就不可能再过来消费，就不算对面的人流量。

肯德基选址人员将采集来的人流数据输入专用的计算机软件，就可以测算出，在此地投资额不能超过多少，超过多少这家店就不能开。

2. 选址时一定要考虑人流的主要动线会不会被竞争对手截住

因为人们现在对品牌的忠诚度还没有完全培养起来，如我就吃肯德基看见麦当劳就烦，好像还没有这种情况。只要你在我跟前，我今儿挺累的，我干嘛非再走 100 米去吃别的，我先进你这儿了。除非这里边人特别多，找不着座了，我才往前挪挪。

但人流是有一个主要动线的，如果竞争对手的聚客点在比肯德基选址更好的情况下就会有影响。如果是两个一样，就无所谓。例如，北京北太平庄十字路口有一家肯德基店，如果往西 100 米，竞业者再开一家西式快餐店就不妥当了，因为主要客流是从东边过来的，再在那边开，大量客流就被肯德基截住了，开店效益就不会好。

3. 聚客点选择影响商圈选择

聚客点的选择也影响到商圈的选择。因为一个商圈有没有主要聚客点是这个

商圈成熟度的重要标志。比如北京某新兴的居民小区，居民非常多，人口素质也很高，但据调查显示，找不到该小区哪里是主要聚客点，这时就可能先不去开店，当什么时候这个社区成熟了或比较成熟了，知道其中某个地方确实是主要聚客点再开。

为了规划好商圈，肯德基开发部门投入了巨大的努力。对北京肯德基公司而言，其开发部人员常年跑遍北京各个角落，对这个每年建筑和道路变化极大，当地人都易迷路的地方了如指掌。经常发生这种情况，北京肯德基公司接到某顾客电话，建议肯德基在他所在地方设点，开发人员一听地址就能随口说出当地的商业环境特征，是否适合开店。在北京，肯德基已经根据通过自己的调查划分出的商圈，成功开出了 56 家餐厅。

肯德基与麦当劳的市场定位相似，顾客群基本上重合，所以我们经常看到一条街道一边是麦当劳，一边是肯德基，这就是肯德基采取的跟进策略。因为麦当劳在选择店址前已做过大量细致的市场调查，挨着它开店不仅可省去考察场地的时间和精力，还可以节省许多选址成本。当然肯德基除跟进策略外，它对店址的选择也有优秀之处可以借鉴。

请思考：肯德基的选址有哪些可取之处？对其他连锁企业的选址有哪些启发？

【实践训练】

实地考察南通连锁百货企业（南通金鹰和南通文峰大世界）一期和二期选址，并探究南通连锁百货企业选址变化的原因。

项目五　进行连锁企业商品管理

【知识目标】

1. 掌握连锁经营企业商品定位的概念、特征、原则，商品组合的定义、原则、分类、方法；

2. 了解商品采购、调拨、商品开发、供应商管理的相关知识点；

3. 掌握自有品牌的概念、竞争优势和开发方式。

【能力目标】

1. 能运用所学知识选择适合连锁企业的商品定位和组合，并对商品进行管理；

2. 将所学自有品牌的知识运用到连锁企业管理中。

案例导入

连锁药店定位之惑①

连锁药店经营定位的紊乱现象主要反映在3个方面：

1. 盈利性的挑战

由于对医药零售市场规律分析不够，认识和准备不足，在浮躁的行业心态之下，连锁药店的发展多处于低水平重复和无序竞争状态，市场目标和相应投入产出失衡，投资预期和经营业绩反差较大，连锁店无论在单店和公司整体规模上都普遍面临盈利性的挑战。

在竞争和盈利的压力之下，平价药店的出现和由此引出的价格战，在挤出药品（保健品）虚高定价的水分之余，也对高毛利低流量的药店盈利模式造成冲击。而对作为特殊商品的药品来说，能否建立类似快速消费品的低毛利、低库存、高流量的终端盈利模式，目前少有成功的案例。

---

① 大学生创业网. 连锁药店的定位之惑. http://www.studentboss.com/html/news/2011-07-09/80955.htm [2011-07-09].

2. 多元化的困惑

当快速发展中遇到盈利问题时，千姿百态如同杂货铺一般的美国药店颇受关注，用高购买频率的快速消费品来带动低购买频率的药品（保健品）销售，提高店铺来客数。这种组合销售模式让国内同行似有茅塞顿开之感，连锁药店多元化经营成了摆脱盈利困境的希望。

据一段时间的跟踪调查，连锁药店的多元化尝试可谓百花齐放，食品、日用品、化妆品和提供便民服务等，但非药品（保健品）多未能超过20%的销售占比。以目前多元化经营从集客效果、多元化商品销售业绩和对药品（保健品）销售促进等回报来看，要面对全新的、更为激烈复杂的快速消费品销售市场环境，连锁药店多元化经营的各种投入产出又不免令人有些生疑，多元化到底是突破口还是"陷阱"？

3. 定位的紊乱

连锁药店在盈利问题、专业化和多元化的模式选择与投入上，"经济规模"的把握以及"速度与效益"的平衡等方面的困惑，其实都来自一个不可逾越的核心问题——目标市场和目标顾客群定位。当经营者未能将医药消费市场有效细分，而把目标顾客群笼统地定义为"病人"的时候；当经营者不了解顾客与医药相关联消费方式的时候；当经营者不了解"二元（农村和城镇）市场"消费特点差异的时候，连锁药店经营定位的紊乱现象，以及在一系列相关问题上的盲目和困惑也就不足为奇了。

经营定位紊乱及其持续存在，正成为中国连锁药店发展迟滞的关键问题之一。

请思考：针对连锁药店经营定位面临的问题，连锁药店商品可以进行何种定位的变化？

任务一　了解连锁企业商品管理

一、商品定位

（一）商品定位的概念

商品定位是指连锁企业针对目标消费者和生产商的实际情况，动态地确定商品的经营结构，实现商品配置的最优化状态。商品定位包括对商品品种、档次、价格、服务等方面的定位。商品定位既是企业决策者对市场判断分析的结果，同时又是企业经营理念的体现，也是连锁企业通过商品而设计的企业在消费者心目中的形象。

（二）商品定位的特征

（1）顾客满意度，这是任何企业赖以生存的主要因素。

（2）具有长期性，企业只有长期满足消费者需求，才能树立企业的良好形象。

（3）具有竞争性，就是能够从竞争商品中显示出自己的独到之处，这样消费者才会容易选择并重复购买，也只有这样企业才会赢得竞争优势。

（三）商品定位的原则

（1）准确把握店铺的业态。每一种零售业态都有自己的基本特征和商品经营范围。正是由于这种业态的差别，才决定了连锁经营商品的重点不同。因此，连锁企业的商品定位一定要与其所选择的业态相一致，要尽量通过商品定位的特殊性来突出其业态的特色，或者按照业态的要求来突出商品定位的特殊性。

（2）适应消费者的需求变化。满足消费者的需求是商品定位的关键问题。连锁企业只有摸清目标消费者的详细情况，才能有针对性地组织商品服务，才能满足消费者的消费需求。

（3）掌握影响目标顾客的因素。影响目标顾客的因素很多，但最重要的是地理因素、人口因素和心理因素。地理因素是指连锁商品所处的位置和周围的环境，如交通状况等。人口因素是指目标顾客的性别、家庭状况、收入水平、文化程度、年龄等对顾客的消费习惯和消费心理的影响。随着人们收入水平和教育程度的提高，目标顾客的心理因素会越来越显著地影响到其消费习惯并进而深刻地影响到连锁企业的商品定位。

（4）考虑竞争对手的状况。连锁企业在进行商品定位时，还需要充分考虑市场上的竞争对手，尽可能地避开与竞争对手，特别是实力比较强的竞争对手的直接竞争，而寻找竞争对手较弱甚至没有竞争对手的“空白”市场需求空间来确定商品的定位。

二、商品组合

（一）商品组合的定义

所谓商品组合就是连锁企业把同类商品或不同类商品，依据某种规格样式采取的销售组合和搭配模式。

（二）商品组合的原则

1. 正确的产品

正确的产品首先是指在整个计划中商品组合是否合理，产品的广度和深度的结合是否可以完全满足顾客的需求；其次是选择的产品是否在国家法律法规所允许销售的商品范围内；最后是这些商品是否符合本企业的价值观、企业形象及企业政策。

2. 正确的数量

正确的数量是指所提供的商品数量是否合理，商品的广度和深度的结合是否平衡，在满足顾客对选择性需求的同时，又不会造成品种过多和重复。首先，对顾客来说，品种过多或重复都会使其无法有效进行购买决策，或因花费太多时间做决策而没有足够的时间购买其他商品，两者都会使企业损失销售。其次，门店的销售空间和人力资源是有限的，过多或重复 SKU 会造成资源浪费和增加运营费用。最后，SKU 过多或重复的结果是使某些商品滞销，造成库存过多。

3. 正确的时间

商品组合计划必须正确掌握时间性，符合三个方面的要求：

首先是季节性，整个商品组合必须有明确的季节性，商品本身向顾客传递着强烈的季节性信息。

其次是对市场趋势和市场变化的捕捉，商品组合是否符合市场的潮流趋势，顾客的喜好变化等，并且对一些特发事件是否有及时和积极的应对。

最后是要在合适的产品生命周期引进新商品。不是任何新产品都适合马上引进的，而是要通过零售企业的目标顾客对新产品的认知及接受程度决定，否则会由于没有有效的需求造成新产品滞销，库存积压。

4. 正确的质量

这里所说的质量包括了产品的安全性、可靠性及质量等级三方面。

首先，连锁企业销售的任何商品都必须保证对消费者的生命和财产不存在安全隐患，所以在选择商品的时候必须要对产品的安全性进行评估，要求供应商提供相关的证明文件、安全认证等。

其次，产品使用功能及可靠性也需进行评估。如果产品本身存在缺陷，无法在合理的时间内提供其所宣称的功能，作为负责任的商家，是不应该让这类商品流入自己的门店的，否则会损害消费者的利益和企业的形象。

最后，对于产品的质量等级的选择，采购经常会陷入一种误区，认为质量越高越好，但是选择什么质量，还应考虑产品的性价比，以及消费者的需求。

5．正确的价格

整个商品组合的定价应该要从顾客，竞争对手，供应商价格政策以及企业自身的定价策略四个方面考虑。有两点是要特别注意的：第一点是定价的时候要考虑顾客对该商品的价格敏感度以及该商品需求的价格弹性（价格变化对销售的影响程度）；第二点是不但要考虑单个商品，而且要考虑整个类别的整体价格形象和综合利润率，对不同角色的商品应有不同的定价机制，在保证良好价格形象的同时保持合理的利润水平。

【阅读资料 5-1】中国职业打假人迎来黄金时代一年挣 30 万元①

外媒称，由于不断曝光的食品和产品安全丑闻，再加上今年 3 月施行的新《消费者权益保护法》加大了对于买到有缺陷或假冒商品的消费者的赔偿力度，打假正在成为中国发展迅猛的职业。

彭博社 12 月 24 日发表题为《打假人在中国搜寻假冒鞋和过期食品》的文章称，许大江（音）每周至少有 3 天在中国的超市里仔细查看商品。他不是在找便宜货，而是在挑毛病——过期的、含有禁止添加成分的、外包装夸大宣传的或是根本就是冒牌货的商品都是他的搜寻目标。许大江是一名职业打假人，他靠这个生活。他从顾客变成了顾客的保护者，寻找国内外公司的过错，然后利用这些过错向零售商索赔并获取赔偿金。他说："不管法律规定有多么严格，总会有厂商无视、蔑视法律。这时候，像我这样的打假人就有用武之地了。"

由于不断曝光的食品和产品安全丑闻，再加上今年 3 月施行的新《消费者权益保护法》提高了对于买到有缺陷或假冒商品的消费者的赔偿力度，打假正在成为中国发展迅猛的职业。《消费者权益保护法》规定，消费者最高可要求商家作出自己最初所购买的商品或服务价格 3 倍的赔偿。消费者还首次可以提起集体诉讼。《消费者权益保护法》还加大了对有意误导顾客的企业的惩罚力度。在中国曝出婴儿配方奶粉和药品受到污染的丑闻后，中国和国际监管机构一直在严厉打击不良商家。但是消费者仍然对零售商存在着极大的不信任。据国家工商行政管理局相关人士透露，从 2010 年到 2012 年，在中国销售的劣质商品的价值高达 38 亿元。

商机

全国人大常委会下设的民法室的主任贾东明今年 10 月在一次记者会上说，如

---

① 参考消息网. 外媒：中国职业打假人迎来黄金时代　一年挣 30 万. http://china.cankaoxiaoxi.com/2014/1228/610612.shtml [2014-12-28].

果消费者更有安全感、更愿意消费，那么商家就会有更多的收入和利润，国内需求也会增长。“中国职业打假第一人”王海说，新《消费者权益保护法》让想要从事打假工作的人看到了商机。1995 年，当时正在学习法律的王海在北京购买了后来发现是假货的索尼耳机。当时中国刚刚出台《消费者保护法》，于是王海决定向出售耳机的商场索赔。最终他打赢了这场官司。如今，王海经营着一家拥有 200 名员工的公司，从事的业务是追踪假货并以个人名义索赔，不过更多的时候，公司是为在中国运作的企业提供商标和知识产权保护方面的咨询服务。

王海估计，在包括北京、上海和深圳在内的大城市中，每个城市都有百人左右的职业打假队伍。目前对于这一行业的规模还没有官方的统计数据。王海说，职业打假人凭借购买有缺陷产品的经验，年收入最高能够达到 30 万元，是北京城市平均工资的 3 倍以上。打假人还把违反了像禁止虚假宣传、反不正当竞争法和食品安全等法律规定的国内外企业作为打击目标。

追求损害最大化

王海说，打假人既把打假既当做职业，也视为公益，不过并非所有人都认同这一点。中国一家大型国际连锁超市的负责人说，许多人从事这一行业只是为了赚钱。他提到许多打假人会购买多件过期或伪劣产品，从而尽可能提高索赔金额。许大江为这种行为辩解，他说多买假冒伪劣商品的目的有两个：增加赔偿数额，防止不知情的消费者购买此类问题产品。许大江在发现并购买了他认为有质量问题的产品后，会找到商场经理索赔。如果是像超过保质期这样的明显过错，会当场得到解决，零售商会支付他赔偿金。

不断提高的标准

像家乐福、沃尔玛这样的企业表示，它们正不断提高食品标准并加强监管。家乐福让消费者可以在店内用智能手机扫码来检查商品的保质期和生产源头。沃尔玛则为顾客替换问题产品或办理退款，并且对待打假人的态度与对待普通顾客并无分别，尽管打假者通常希望得到像提高赔偿标准这样的特殊待遇。“消费明鉴”是中国一家提供独立的产品评测的网站，该网站的创始人之一费明浩说：“曝光产品存在的问题显然是件好事。问题在于打假的最终目的是什么。”他建议打假人可以利用打假所得资助倡导消费者权益保护的计划。曾在政府机关工作、如今在重庆从事职业打假工作的叶光说，他预计今后几年将是职业打假人的“黄金时代”。他说，中国的相关法律和执法结构正日趋成熟，但制造商却没有跟上这一步伐。

【阅读资料 5-2】职业打假人“打”出典型案例①

近年来，一些企业为了利益，违规手段出现了新的变化，职业打假人也紧跟步伐，从原来的传统打假升级到知识性打假。日前，南京六合区工商局处理了几起职业打假案例，打假人的识假方法引人关注。

Q 棒是南京一家肉制品厂家生产的一种烟熏烤肉类袋装即食食品，因其口味独特，深受市民欢迎。这种畅销食品不久前被职业打假人盯上——今年 9 月，在南京大厂一家超市，食品柜台上 20 多袋价值 200 多元的该产品，被职业打假人全部买下。

第二天，这批包装精美的食品出现在六合大厂西厂门工商所的投诉台上，前来投诉的是几名职业打假人。从包装袋上的生产日期到包装袋的外观，都没有发现任何质量问题，职业打假人要投诉什么呢？

在职业打假人的现场操作下，执法人员这才发现，这批食品还真的存在问题。据职业打假人介绍，在该超市柜台上看这批食品的外包装，看不出任何问题，包装上的生产日期、产品标号等全部符合规定，但是包装袋里面的小包装引起了他们的注意。于是，他们把大包装里面的小包装袋移到大包装袋透明区域，用手电筒照射小包装袋的时候，发现小包装袋上的食品生产日期已经过期。

职业打假人认为，厂家为了销售过期的小包装食品，采用这种普通消费者无法识别的手段，这种行为属于严重的售假行为，他们要求生产企业和销售单位按照《食品安全法》给予赔偿。

工商所受理此案后，生产企业和销售单位按规定前来接受调解，尽管他们一再强调是工人疏忽导致，而不是主观行为，但是，根据《食品安全法》相关规定，超市这种行为已经违规。按照相关规定，超市给职业打假人办理了退货手续，并赔偿 3 000 元。因为超市销售了过期食品，工商依法对其处以 2 万元的罚款。

（三）商品组合的分类

1. 主力商品

主力商品是指所完成销售量或销售金额在商场销售业绩中占举足轻重地位的商品。连锁企业主力商品的增加或减少，经营业绩的好坏直接影响企业经济效益

① 中国江苏网．职业打假人“打”出典型案例．http://jsnews.jschina.com.cn/system/2014/11/03/022437996.shtml [2014-11-03].

的高低，决定着企业的命运。它的选择体现了企业在市场中的定位以及整个商场在人们心目中的定位。主力商品的构成一般可以考虑以下几类：

（1）感觉的商品。在商品的设计上、格调上都要与商场形象相吻合并且要予以重视。

（2）季节的商品。配合季节的需要，能够多销的商品。

（3）选购性商品。与竞争者相比较，易被选择的商品。

2．辅助商品

辅助商品是与主力商品具有相关性的商品，其特点是在销售力方面比较好，其重点为：

（1）价廉物美的商品。在商品的设计上，格调上可不须太重视，但对于顾客而言，却在价格上较为便宜，而且实用性高。

（2）常备的商品。对于季节性方面可能不太敏感，但必须是与主力商品具有关联性而且容易被顾客接受的商品。

（3）日用品。即不需要特地到各处去挑选，而是随处可以买到的一般目的性的商品。

3．附属品

附属品是辅助商品的一部分，对顾客而言，也是易于购买的目的性商品。其重点为：

（1）易接受的商品。即展现在卖场中，只要顾客看到，就很容易接受而且立即想买的商品。

（2）安定性商品。具有实用性，但在设计、格调、流行性上无直接关系的商品，即使卖不出去也不会成为不良的滞销品。

（3）常用的商品。乃是日常所使用的商品，在顾客需要时可以立即指名购买的商品。

4．刺激性商品

为了刺激顾客的购买欲望，可以针对上述三类商品，选出重点商品，必要时挑出某些单品来，以主题系列的方式，在卖场显眼的地方大量地陈列出来，借此带动整体销售效果的商品。其重点为：

（1）战略性商品。即配合战略需要，用来吸引顾客，在短期间内以一定的目标数量来销售的商品。

（2）开发的商品。为了考虑今后的大量销售，商店积极加以开发，并与厂商配合所选出的重点商品。

（3）特选的商品。利用陈列的表现加以特别组合，其有强诉求力且易于冲动购买的商品。

（四）商品组合的方法

（1）消费季节组合法。如在夏季可组合灭蚊子的商品群，辟出一个区域设立专柜销售；在冬季可组合滋补品商品群、火锅料理商品群；在旅游季节推出旅游食品和用品的商品群等。

（2）节庆日组合法。如在中秋节组合各式月饼的商品群；在老人节推出老年人补品和用品的商品群；也可以根据每个节庆日的特点，组合适用于送礼的礼品商品群等。

（3）消费的便利性组合法。根据城市居民生活节奏加快、追求便利性的特点，可推出微波炉食品系列、组合菜系列、熟肉制品系列等商品群，并可设立专柜供应。

（4）商品用途组合法。在家庭生活中，许多用品在超市中可能分属于不同的部门和类别，但在使用中往往就没有这种区分，如厨房系列用品、卫生间系列用品等，都可以用新的组合方法推出新的商品群。

【知识拓展】超市商品分类的原则①

大分类的分类原则

在超级市场里，大分类的划分最好不要超过10个，这样比较容易管理。不过，这仍需视经营者的经营理念而定，业者若想把事业范围扩增到很广的领域，可能就要使用比较多的大分类。

大分类的原则通常依商品的特性来划分，如生产来源、生产方式、处理方式、保存方式等，类似的一大群商品集合起来作为一个大分类。例如，水产就是一个大分类，原因是这个分类的商品来源皆与水、海或河有关，保存方式及处理方式也相近，因此可以归成一大类。

中分类的分类原则

1. 依商品的功能、用途划分

依商品在消费者使用时的功能或用途来分类，比如说在糖果、饼干这个大分类中，划分出一个“早餐关联”的中分类。早餐关联是一种功能及用途的概念，提供这些商品在于解决消费者有一顿“丰富的早餐”，因此在分类里就可以集合土

① 联商网. 超市商品分类的原则. http://www.linkshop.com.cn/(ua3jjjf2knbr2c45yy01se55)/web/Article_News.aspx?ArticleId=4547 [2004-08-09].

司、面包、果酱、花生酱、麦片等商品来构成这个中分类。

2. 依商品的制造方法划分

有时某些商品的用途并非完全相同，若硬要以用途、功能来划分略显困难，此时我们可以就商品制造的方法近似来加以网罗划分。例如，在畜产的大分类中，有一个称为“加工肉”的中分类，这个中分类网罗了火腿、香肠、热狗、炸鸡块、熏肉、腊肉等商品，它们的功能和用途不尽相同，但在制造上却近似，因此“经过加工再制的肉品”就成了一个中分类。

3. 依商品的产地来划分

在经营策略中，有时候会希望将某些商品的特性加以突出，又必须特别加以管理，因而发展出以商品的产地来源作为分类的依据。例如，有的商店很重视商圈内的外国顾客，因而特别注重进口商品的经营，而列了“进口饼干”这个中分类，把属于国外来的饼干皆收集在这一个中分类中，既便于进货或销售的统计，也有利于卖场的经营。

小分类的分类原则

1. 依功能用途分类

此种分类与中分类原理相同，也是以功能用途来做更细分的分类。

2. 依规格包装形态来分类

分类时，规格、包装形态可作为分类的原则。例如，铝箔包饮料、碗装速食面、6kg 米，都是这种分类原则下的产物。

3. 以商品的成分为分类的原则

有些商品也可以商品的成分来归类，如 100%的果汁，“凡成分 100%的果汁”就归类在这一个分类。

4. 以商品的口味作为分类的原则

以口味来做商品的分类，例如“牛肉面”也可以作为一个小分类，凡牛肉口味的面，就归到这一分类来。

分类的原则在于提供做分类的依据，它源自于商品概念。而如何活用分类原则，编订出一套好的分类系统，才是此原则的真正重点所在。

任务二　进行商品采购和调拨

一、商品采购

（一）商品采购的概念

商品采购是指企业为实现企业销售目标，在充分了解市场要求的情况下，根据企业的经营能力，运用适当的采购策略和方法，通过等价交换，取得适销对路的商品的经济活动过程。它包括两方面的内容：一方面采购人员必须主动地对用户需求作出反应；另一方面还要保持与供应商之间的互利关系。

（二）商品采购的原则

1．以需定进

以需定进是指根据目标市场的商品需求状况来决定商品的购进。对连锁企业来说，买与卖的关系绝不是买进什么商品就可以卖出什么商品；而是市场需要什么商品，什么商品容易卖出去，才买进何种商品。所以以需定进的原则又被称为“以销定进“，即卖什么就进什么，卖多少就进多少，完全由销售情况来决定。

2．以进促销

以进促销是指连锁企业采购商品时，广开进货门路，扩大进货渠道，购进新商品、新品种，以商品来促进、拉动顾客消费。以进促销原则要求连锁企业必须事先做好市场需求调查工作，然后再在此基础上决定进货品种和数量。

3．储存保销

储存保销是指连锁企业要保持一定的商品库存量，以保证商品的及时供给，防止脱销而影响正常经营。储存保销要求连锁企业随时调查商品经营和库存比例，通过销售量来决定相应合理的库存量，充分发挥库存保销的作用。

4．文明经商

连锁企业面对的是顾客，以向顾客销售商品来获取利润，因此必须坚持文明经商、诚信待客的原则。这一原则与商品采购相联系，就是进货时要保证质量，杜绝假冒伪劣商品。

5．信守合同

信守合同是在采购商品时，要以经济合同的形式与供货商之间确定买卖关系，保证买卖双方的利益不受损害，并使连锁企业的经营能够正常进行。

（三）商品采购的形式

一般来说，商品采购的组织形式有两种，即集中采购和分散采购。集中采购是指企业设专门的采购机构和专职采购人员统一负责企业的商品采购工作，企业所属各门店只负责销售。而分散采购是指由企业各门店在核定的商品资金定额范围内，直接向供应商采购商品。对于连锁企业，宜采取集中采购形式。当公司体制健全时，也可适当给门店一定的自采权，但必须规定供货商目录。

二、商品调拨

（一）总部要求作商品调拨

（1）总部要求加盟店将部分商品调拨给其他分店。（2）总部要求加盟店将商品调拨回本部。通常出现以下四种情况时，总部会要求加盟店将商品调拨回总部：试销新产品成效不佳，撤回作淘汰处理；商品的品质有瑕疵或已过期，为维护企业形象，避免损害消费者的权益，统一收回总部或物流中心进行处理；商品要更换包装，以新面貌重新推出；加盟店的存货过多，管理不良或滞销，总部主动协助加盟店作商品结构调整，以降低存货，做好库存管理。

（二）加盟店要求总部作商品调拨

（1）加盟店临时缺货而总部又无法立即支援供货，需改向其他分店或门市组织调拨。（2）加盟的商品存货过多，造成积压，自身无法消化，需要向总部要求将商品调拨回总部的物流中心，或调拨给其他分店。（3）加盟店的商品滞销。商品滞销的加盟店向总部申请要求调拨至畅销地区进行销售，经总部查核确实无误后，由总部开出商品调拨单，转移滞销品至畅销地区的分店。

三、商品开发

（一）新商品引进

对连锁企业来说，只要是目前门市尚未陈列或出售的，无论在市场上是否已经流通都称为新商品。一般来说，新商品的获取途径主要有以下几个方面：

（1）供货厂商。供货厂商掌握了大量的市场信息，从厂商处可获消费者需求的趋势、厂商本身新商品的推出计划及其他厂商的新商品计划等。

（2）门店销售人员。销售人员在销售产品时直接与顾客接触，可以直接了解顾客所希望的商品倾向、感觉及价格水平等。

(3) 竞争者。通过实访竞争者的商场及分析其促销手法（如商品组合），不仅可以掌握竞争者的动态，还可以对市场的流行商品深入了解，以作为开发新商品的参考。

(4) 专业报刊及消费网站。这些媒体对市场、商品信息常有深入的报道，也是一个不错的信息来源。

(5) 消费者。提供消费者免费服务专线，收集消费者的潜在需求信息，也是开发新产品的重要途径之一。

【阅读资料 5-3】7-11 便利店商品围绕顾客所需开发新品①

与其他便利店企业在商品上长年累月一成不变相比，7-11 便利店力争在所有商品上均实现一定程度的差别化。这种差异化可以体现在商品类别、陈列方式或者销售时间上。

在很多便利店，茶饮料都有售卖，但相比之下，7-11 门店售卖的茶饮料多是不含糖和能量的纯茶饮。“现在的消费者都很关注饮食的健康，而作为中国的特色饮品，茶叶也越来越受到年轻人的欢迎。目前市面上的茶饮料含糖的较多，可想喝茶的人会希望健康，希望喝到茶后口感回甘的感觉，不一定喜欢茶里加糖，考虑到这点，不含糖的茶饮料就形成了差异化。”北京 7-11 媒介关系负责人告诉记者，北方人喜欢绿茶的口味，南方人则喜欢富含大量茶多酚具有去油脂的功能的乌龙茶，来店铺购物的客人什么地方的都有，还要在品类上形成丰富层次，这样才可以巩固无糖茶饮料这个分类的整体竞争力。

针对顾客的不同口味要求，7-11 便利店为顾客精选最适合他们的商品，而价格也把控在顾客能够接受的范围。其实，只要比同行更深入地研究消费者，在商品把控上做得更强一点就是差异化，并非人无我有对顾客才有吸引力。7-11 便利店曾在应季的时候推出一款鳗鱼饭，深受消费者青睐。鳗鱼饭不是什么稀罕的食品，但是平常要吃到需花 60 ~ 80 元，但在 7-11 便利店只要 25 元。

（二）滞销品管理

1．滞销品的概念

滞销是指连锁企业的商品因为一些原因不受消费者欢迎而导致销售速度极慢。

---

① 赢商网．7-11 便利店所有商品实现差别化　做顾客深入细致洞察．http://hb.winshang.com/news-473777.html [2015-05-02].

2. 滞销品的选择标准

（1）销售额排行榜。即根据销售点提供的销售信息资料，挑选若干排名最后的商品作为淘汰对象，淘汰商品数大体上与引入新商品数量相当，以销售排行榜为淘汰标准，在执行时要考虑两个因素：一是排行榜靠后的商品是否是为了保证商品的齐全性才采购进场的；二是排行榜靠后的商品是否是由于季节性的因素才销售欠佳。如果是这两个因素造成的滞销，对其淘汰应持慎重态度。

（2）最低销售量或最低销售额。对于那些单价低、体积大的商品，可规定一个最低销售量或是最低销售额，达不到这一标准的，列入淘汰商品，否则会占用大量宝贵的货架空间，影响整个卖场销售。实施这一标准时，应注意这些商品销售不佳是否与其布局、陈列位置不当有关。

（3）商品质量。对被技术监督部门或卫生部门宣布为不合格商品的，理所当然应将其淘汰。

3. 滞销品处理

商品被评定为滞销品后，应果断采取措施进行处理，如降价销售、换货或退货等，主要包括进货前、进货后、善后处理。

【阅读资料 5-4】名牌化妆品为什么成了滞销积压货？[①]

注：该案例为某名牌化妆品连锁店的店主于 2010 年 5 月发在网上的求助信

奇怪的现象：

"近来，我对仓库滞销品进行了一次大规模的盘点，同时也要求各店将不好卖的产品报了上来，结果自己都吓了一跳、我的整个滞销品库存竟然达到了 60 多万元，虽然这个数字不会对店造成很大的影响，但我还是吃了一惊、也经过和几个主管的讨论，进行了大规模的特卖。

我的库存品有：美宝莲、玉兰油、欧莱雅、薇姿、兰蔻、阿迪达斯、宝洁、雅芳、强生、欧珀莱、妮维雅、露得清、颜魔师、爱丽、爱茉莉、旁氏、东洋之花。还包括了各类生活线，如牙膏、洗手液等，基本上都可以开出一家大型店了。

有效期在 2010 年 1 月至 2011 年 5 月之间。我现在按时间的长短来进行分批销售，毕竟货在仓库里是卖不出去的。

采取的方式：

---

① 新浪网. 名牌化妆品为什么成了滞销积压货？. http://blog.sina.com.cn/s/blog_4b54addb0100ofuj.html [2011-01-09].

（1）对于品相较好，有效期较长的产品，全线 5 折，给营业员提成销售总额的 10 个点。

（2）对于差的，我弄了几个框，分别是 19 元 3 件，39 元 3 件，69 元 3 件，99 元 3 件。

（3）还有 9 元特价品，5 元特价品，1 元特价品。

（4）有买正价，送滞销的。如玉兰油正价满 200 元，送玉兰油滞销的水一瓶等。

（5）买一送二什么的。

（6）还有横向联盟的方法，买对方什么产品，我也送。对方店也提供一定的产品给我。

总之，基本上所有的方法我都尝试过了，但顾客就是不相信，我也按照店的市场规律来调整，如玉兰油卖得好的，我就把大批的玉兰油调过去。也是分市场的。但目前销售状况并不是很好。整个元旦我才销售了 2 万多元的滞销产品。现在每个月都有过期的产品，我很焦急。因此把这个问题抛给大家，讨论下还有没有更好的方法，或者各位碰到这个问题该如何解决呢？”

请思考：该店名牌化妆品滞销的原因是什么？以及如何解决？

四、供应商管理

连锁企业一般都拥有几百家，甚至上千家供货厂商，而且由于商品汰旧换新，供货厂商的变动也比较频繁，这就需要对供货厂商进行统一的管理。供货厂商管理应着重做好以下七个方面的工作：

（1）对供货厂商进行分类与编号。分类的方法一般可按商品来划分，如果蔬类、主副食品类、日配品类、一般食品类、熟食类、文化用品类、家用电器类、针纺织品类、成衣类、烟酒类、玩具类、日用百货杂品类等。供货厂商分类最好能与公司的商品分类相一致，以便于管理。

（2）建立供货厂商档案。将每一个供货厂商的基本资料归档，包括公司名称、地址、电话、负责人、资本额、营业证件号、营业资料等。

（3）建立供货厂商商品台账。对每一个厂商所供应的商品建立台账，包括商品序号、商品代码、商品名称、规格、单位、进货量（不同时期的进货量及累计进货量）、售价、进价、毛利率、销售额（不同时期的销售额及累计销售额）、供货厂商代码。

（4）统计分析销售状况。对每一个厂商提供的商品数量、销售金额按一定时期（如一个月为一期）进行统计，并可列出厂商销售数量排列表，作为议价谈判的重要依据。

（5）对供货厂商进行评价。公司可按一定的标准，将厂商分为 A、B、C 三级，并实施分类管理，如 A 级厂商由采购主管亲自管理。

（6）对采购合同的管理。连锁企业可事先制定一份规范的合约书，供采购人员使用，同时制定包括合约签订、审核、记载、检查、处理等内容的合约管理细则。并要配备专职或兼职管理人员，统一负责采购合约的造册登记和存档，并随时掌握采购合约的履行和注销情况。

（7）建立商品及服务检查制度。采购人员应定期抽查，或从门店了解厂商所提供的商品的品质、销售状况、厂商服务状况等问题，及时向总部汇报，并与厂商及时沟通，有问题应要求厂商限时改进。

任务三　开发自有品牌

一、自有品牌的概念

自有品牌是连锁企业为了区别于制造商品牌，利用自己的资源优势，在经营销售的商品上加注自己的商标或商签，自己拥有并在自营商店内销售的品牌。自有品牌将顾客对知名连锁企业的认知转化为可带来利润的实在好处。

二、自有品牌的竞争优势

（一）信誉优势

敢于使用自有品牌的连锁企业往往有良好的声誉和企业形象。企业在长期的经营实践中，以一种或几种经营特色形成了自己良好的信誉，树立了一定的品牌形象，使连锁企业创立的自有品牌从一开始起就具备了名牌的许多特征，极易被顾客接受与认可。

（二）价格优势

使用自有品牌的商品之所以具有价格优势是因为：第一，大型零售商业企业自己组织生产自有品牌的商品，使商品进货省去许多中间环节，节约了交易费用和流通成本。第二，使用自有品牌的商品不必支付广告费，连锁企业已有的良好信誉就是自有品牌商品最好的广告。第三，自有品牌商品仅在开发商品的商业零售企业中销售，可省去为打通流通渠道所需的费用。第四，大型连锁企业拥有众多的门店，可以大批量销售，取得规模效益，降低商品的销售成本。

（三）特色优势

实施自有品牌营销战略，大型连锁企业首先要对其品牌进行准确的市场定位，企业要根据自身的实力状况、竞争者的市场地位、目标市场的需求特点来确定自有品牌商品在市场中的地位。品牌定位一旦明确，企业的经营特色随之形成。另外，连锁企业的自有品牌与制造商品牌的最显著区别在于连锁企业的自有品牌只能运用于开发商品的企业内部，其他企业不能使用，因此，使用自有品牌也就把本企业的经营特色体现出来，以特色经营赢得顾客。

（四）领先优势

市场营销的核心是把握、满足消费者的需求。连锁企业直接面对广大的消费者，能比较准确地把握市场需求特点及其变动趋势，从而能根据消费需求特点来设计、开发、生产、组织商品，这样就使自有品牌的商品比制造商品牌的商品，更能快捷地体现市场需求，领先一步，在市场竞争中处于先发制人的有利地位，掌握竞争的主动权。

三、自有品牌的开发方式

连锁企业自有品牌开发的实施分为委托定牌生产和自行设计加工两种方式。

（1）委托定牌生产。连锁企业拥有品牌的所有权，而把生产加工权转让给所选定的厂家，厂家按其提供的信息进行加工的生产方式称为“委托定牌生产”。

（2）自行设计。自行设计是整个生产全部由连锁企业自行运作的方式。其优点在于零售商从商品流通跨入生产领域，实现多元化经营，能降低经营风险，获取更大利润。

【阅读资料 5-5】国内商超自有品牌发展动力不足[①]

自有品牌是跨国零售商利润的重要来源，其随同跨国零售商进入中国市场，并被广大本土零售商所熟知。然而在这一概念进入中国近 10 年后，我国零售商自有品牌的发展仍不尽如人意。

日前，荷兰合作银行发布的最新报告显示，自有品牌在中国的现代化零售市

① 东方财富网. 国内商超自有品牌发展动力不足. http://finance.eastmoney.com/news/1355,20130916323279281.html [2013-09-16].

场中只占 3%的市场份额，而且主要集中于一线城市的大型全国性零售商。报告中还援引中国零售商协会的数据：在中国 65 家主要超市、超大型商场（占总市场份额的 25%）中，有 60%的企业提供自有品牌产品，但这些自有品牌产品仅占总销售额的 4%。

叫好不叫座

零售商推出自有品牌产品在欧美等发达国家已有 70 多年的历史。目前，发达国家零售商的自有品牌产品不仅已覆盖高、中、低各个档次，而且在英、德、法、西等国，自有品牌产品占超市日用消费品的销售比例也均超过了 40%。

据业内人士介绍，一般零售行业的供应链是“原料—生产加工—经销商—零售商—顾客”，供应链每增加一个环节，商品的附加值就会增长 30%。而自有品牌商品从设计、原料、生产到经销都由零售企业控制，省去了从生产到销售的中间环节，也节省了交易费用和广告宣传费用。加上自有品牌商品大多包装简单，依靠超市庞大的销售体系，很快就能形成销售规模。

中国连锁经营协会的统计数据显示，由于省去了品牌使用和供应等环节的费用，自有品牌商品的平均毛利率能达到 15%，比其他商品要高出 10%以上。因此，面对物价上涨、零售成本上升的客观现实，自有品牌商品以它的高利润率得到了大型零售超市的推崇。

然而，与发达国家自有品牌已经占据消费市场的半壁江山相反，我国消费市场上自有品牌的发展却很是“叫好不叫座”。“自有品牌对于中国消费者来说仍是完全陌生的新鲜事物，其知名度和品牌认知度都不够高。消费者对自有品牌的产品也缺乏信任，更倾向于选择自己熟悉的品牌或更廉价的产品。”首都经济贸易大学教授陈立平表示。

根据荷兰合作银行的报告，中国的超市和超大型自助商场都严重依赖进场费，这也是中国培养自有品牌市场的一个主要挑战。荷兰合作银行食品和农业研究咨询部亚洲负责人保罗称：“中国的快速消费品市场大约有 60 万种产品，而一个中等规模的超市可以存储大约 1 万～2 万种产品。主要品牌的制造商要向零售商支付 5%～10%的入场费，这严重阻碍了食品零售商发展自有品牌，也影响到零售商为降低成本而进入自由品牌市场的动力。”

抓品质增信誉

据了解，目前很多超市的自有品牌商品都属于“代工生产”。如家乐福的纸质产品由“维达”代工制作，沃尔玛的果味啤酒则是与蓝带啤酒合作的。“我们自有品牌产品一般由超市负责生产加工或外包给知名企业代生产，免除了品牌使用费及供应商的加价，所以能控制售价，保证物美价廉。”沃尔玛超市的相关负责人表示。

价格相对优惠是超市自有品牌的优势之一，但便宜的价格却让消费者对商品质量心存担忧，难以建立对自有品牌的信任。“消费者的担心无可厚非。”上海市商业研究中心主任齐晓斋认为，目前我国超市的自有品牌发展尚处跟随阶段，大部分超市将代工成本压得较低，生产商多为小企业，虽然保证了自有品牌的低价优势，但质量却很难保证。

对此，陈立平认为，零售商打造自有品牌需要整合一整套供应链系统，即从产品的设计、研发、生产、质量监测、物流直到产品的宣传。“零售业的趋势将更趋向于‘零售制造业’，在零售的同时也承担着制造业的功能，这里面必然会涉及产品研发和产品质量管理的问题，这是产品系统中最重要的一环。国内零售企业应加强这些方面的工作，让产品的品质得到消费者的认可。”

中国购物中心产业资讯中心主任郭增利也表示，对于零售商而言，销售自有品牌的压力比销售其他商品更大，因为要直接面对消费者，如果自有品牌出现问题，产生的连锁反应会更加明显，还会立刻波及其他连锁超市。因此零售商生产自有品牌产品时就要具备更加强烈的风险意识，并将这种压力转化成食品安全的有效保证。

【阅读资料 5-6】金鹰开发自有品牌谋求话语权①

销售额和净利润在去年都仅实现微增、同店销售增长下滑的金鹰商贸已感受到电商冲击和市场走低所带来的零售业“阵痛”。

2014 年 4 月，金鹰商贸董事长、江苏零售“大佬”王恒接受记者采访时透露，其今后将以与品牌商合资、自营等新模式经营，以加强传统零售业者对商品的话语权，同时结合商圈网开拓 O2O（线上线下合作）业务。

“我们看到市场挑战，尤其是电商冲击越来越大，很多商品的实体店购买被网购替代，这让传统仅靠销售商品获利的百货业陷入尴尬，因此，更多实体店需转向体验式和服务式新业态。于是我们制定了转向拥有娱乐、生活方式、休憩等多种概念的‘全生活业态’。作为第一个亮相的新业态项目，我们斥巨资打造的南京新街口金鹰旗舰店 B 座正式开业。”王恒告诉记者，该项目地面 7 层为高档购物中心，8～14 层为餐饮，15～22 层为特色商业，23～42 层为五星级酒店，地下有精品超市等，为突出服务和体验功能，还特设 VIP 服务和休息区。

① 第一财经. 金鹰系转型“全生活业态” 与品牌商捆绑发展. http://www.yicai.com/news/2014/04/3752600.html [2014-04-28].

此次转型与以往最不同的是，金鹰方面并非简单地将品牌招商引入，而是与部分品牌商合资发展，这在传统零售业中可谓前所未有。

“通常的模式都是商场引入各个品类的品牌商，双方利益分成，但我们现在对具有长远合作前景的部分品牌商采取双方成立合资公司模式，今后该品牌所扩张的新项目和运作都由合资公司负责。”王恒透露，比如金鹰系已与服饰品牌IROO成立合资公司，并拟在今年年内于中国地区开设5家新店。此外，金鹰系与Mr.Pizza等其他品牌也以合资方式力拓新网点。

IROO主打快时尚品牌，主张每周推新品，其有一批较强的设计师，可做到每周拿出新款，然后根据以往经验对款式的受欢迎程度做预估，决定生产量。有时一些新品的量非常少，以做到“多款少量”快速销售，减少库存。比较特别的是该品牌有一批明星“簇拥者”，这使其年轻客户群特别多。

有业者表示，这种能聚集人气且少库存、周转快的时尚品牌正是目前实体零售业者非常需要的，通常会作为主力店，这或许也是王恒看中IROO的原因之一。

而在王恒看来，除了上述原因，通过这种捆绑品牌商资本共同开发市场的做法，加强传统零售商对商品的话语权才是根本。

王恒还透露，金鹰系还在尝试新型会员制模式，比如其在选择院线时，并非一味与大品牌合作，而是选择能捆绑金鹰会员卡的合作者，因其希望消费者能通过金鹰会员卡积分系统来预订电影票，这也是其转型过程中加大与各业态品牌商紧密合作之举。

除此之外，金鹰商贸也在尝试自营道路，金鹰系目前开始力推其自有品牌高端超市Gmart。“Gmart是我们自家品牌的城市精品超市，刚做新升级，这也是金鹰系今后自营模式的代表。Gmart边上甚至还开设了厨房教室，通过教消费者烹饪技巧做有效营销。今后我们计划在全国新开发的金鹰系门店内引入Gmart超市。”

“金鹰系的转型想法是有商业逻辑的，假如能做好肯定会有起色，尤其是其合资与自营新模式颇有意思。但值得注意的是，转型过程中其投入大量资金，若在实际操作中遇到问题导致效果未达预期则难免有经济损失。百货业如何转型是亟待解决的行业问题，我们都拭目以待。”

【案例分析】

迪卡侬“亲民价”背后的秘密：凭借自有品牌突出重围①

中国零售业的竞拼正呈现分水岭：一边是同质化的传统零售商饱受电商价格冲击而日益式微，一边却是拥有产业链条的自有品牌型零售商加速崛起，后者如宜家、迪卡侬、优衣库、无印良品……

它们因掌控从产品设计到生产制造、仓储物流和终端零售的全产业链条而具有难被同质化的独特竞争力。但是，它们到底是如何进阶至完成一个产业链条的“闭环”，对此中国零售业其实一直知之甚少。

但这恰是中国零售商当下最需要的“养分”。按中国连锁经营协会截至今年10月的数据，国内零售商发力自有品牌商品数年后，目前的比重普遍仅为2%至5%，仅少数零售商能达到7%至8%。除占比微弱外，国内零售商自有品牌商品还普遍被诟病为简单粗制、低档甚至被视为“贴牌”的代名词。

自有品牌商品战略到底如何突围？日前，记者走访了全球知名体育用品零售商法国迪卡侬 Decathlon 全球总部去寻求答案。按截至今年10月20日的数据，迪卡侬已在全球19个国家和地区开了757家零售卖场；2013年，迪卡侬全球营业额达到74亿欧元，中国市场也已成为“迪卡侬全球最有希望的市场。11月22日，迪卡侬在中国的门店数达到100家。迪卡侬中国区总裁张说，到明年这个数字将增加到180家。而“500家”的门店目标，将在未来5年内完成。

过不太平稳的“河流”

从法国里尔市中心驱车半小时，就能抵达几近淹没在蓝天绿草、伴有层层芦苇的迪卡侬全球总部集团。38年前，法国人米歇尔·雷勒克 Michel Leclercq 正是在此附近的小镇恩洛斯 Englos 开出了迪卡侬的全球第一家门店。

在这个法国北部城市的工业产业园区，看到的景象更像是一个活力十足的运动场：马路上随时会有结伴成行的跑步者，草地上正在进行一场足球赛，远处则有人在高尔夫练习挥杆，更会有各种市面上看不到的奇奇怪怪的运动器械从人们身边经过……

这就是迪卡侬员工工作的一部分——随时随地都在体验运动和测试运动产品。

“员工在运动中突然想到一个念头，他可以提出产品构想，也可以直接制作产

① 赢商网. 迪卡侬“亲民价”背后的秘密：凭借自有品牌突出重围. http://m.winshang.com/news420765.html [2014-12-08].

品。”迪卡侬创新中心总监 Vincent Ventenat 表示，在迪卡侬，公司里的每一个员工都可以是创新研发的参与者。

最终，员工的运动体验都指向同一个归宿——老产品不断得到改进，创新产品不断被研发出来。

Vincent Ventenat 介绍，迪卡侬集团旗下拥有 20 个囊括各种运动项目的自有品牌产品。每年这 20 个自有品牌将更新推出 1 500 个品种的运动项目，开发约 2 800 种新的运动产品。这意味着，几乎每天迪卡侬商场都会拿出 10 款左右的新产品。

当然，很难要求迪卡侬给出统计数据来直观表明创新为其贡献的利润，用 Vincent 的话说，“在迪卡侬找不到有上佳表现的新品不是由创新带来的”。

“创新”一词，在法语里的意思是“不太平稳的河流”。Vincent 说，对于迪卡侬旗下的 20 个自有品牌而言，其中的挑战在于，“创新”创造的价值要使整个产品“在水下和水面都可以呼吸”，即既有形象价值，也有经济价值。

换言之，迪卡侬自有品牌的挑战在于既要提供质量好的产品，还需要保证价格最低。迪卡侬旗下跑步运动品牌 KALENJI 快羚径全球产品线经理 Gu é nol é Havard 表示，比如 KALENJI 的一款跑步腕灯，从产品经理构想开始，整个团队花费了很长时间去寻找科技含量最高的灯泡以解决照明范围及市场同类户外运动照明产品紧、胀等其他不舒适等问题的方案，而最终价格还得是平民价。

由此，“一个项目花上好几年，或者由于没找到技术解决方案终止研发，或找到突破重新投入研发，在迪卡侬都是经常的事”。Vincent 说，过创新的“河流”是不简单的事，“有很多的流程，非常需要激情”。

或许，这也解释了迪卡侬将旗下 20 个自有品牌命名为“激情品牌”的缘故。

但如何从机制上确保“激情”冒险之后是成功抵达彼岸而不是折戟沉沙？“发明是创造出从来没有的东西，迪卡侬追求的创新是在原有产品的基础上改进细节，优化更适于运动者使用的产品体验。” Vincent 表示。

对迪卡侬而言，厘清“创新”和“发明”的不同是其能在 35 000 个产品线的基础上保证每年 2 800 个新产品推出的“创新能力”的核心因子。用 Vincent Ventenat 的话说，在迪卡侬，虽然“改进”的产品细节可能微乎其微，但对于提升运动者的使用体验是“一大步”，创新的附加值也由此产生。

做价格便宜的“技术”产品

但是，“创新不是生产价高的商品，这相当简单”。在 2014 年的迪卡侬创新大奖赛上，迪卡侬全球集团 CEO 强调说，“创新是创造价格便宜的技术产品”。

“价格便宜”与“技术含量”，是迪卡侬对旗下 20 个自有品牌的内在要求，两者被认为缺一不可。

在中国，迪卡侬的“便宜”确实已深入人心。一件市面上可能标价两三百元的背包在迪卡侬门店可以只售不到100元人民币；一款纯棉高尔夫球T恤迪卡侬只售59元人民币；一双乔丹的男式秋冬跑步鞋259元，在迪卡侬Kalenji的男式健身跑步鞋只要89元。同类产品比市场上便宜20%左右是诸多自发的迪卡侬拥趸者在网上比价后的“良心总结”，这还不包括迪卡侬“撒手锏”的“首推价”。

但是，迪卡侬并不希望旗下自有品牌的“价格低廉”被误解为“物品廉价”。虽然一些专业运动或户外论坛里常有关于迪卡侬的讨论，认为迪卡侬是入门级运动产品的天堂，但多数对其中高端产品颇有微词。

对此，法国迪卡侬集团总部创新研发中心的工程师莉莉（音译）说，“那是消费者缺乏对迪卡侬的了解。”莉莉表示，在迪卡侬创新研发中心，从前期的开拓性基础实验到后期的商品开发试验，拥有300个不同职位、1个内部设计部门、50位研究者、530位工程师、150位设计师的“技术支撑”，迪卡侬的实验室有些甚至在全球专业领域都堪称拔尖。比如迪卡侬基础研究部就分为感官、生物力学、人体形态学、人体热舒适性等四个实验室，拥有40位工程师，后期开发部则有350位工程师通力协作，借助前沿的新产品研发提升产品技术，降低价格。

“简单的产品里有很多的技术含量。”获今年迪卡侬创新大奖亚军的创新攀岩主锁设计产品负责人说，通常品牌会首先提出一个在使用上的新产品的创新价值，而获得整个团队认可后会开始为这个产品寻找技术上的方案，这个方案必须包括技术的可执行性和最具竞争力的价格。

“创新对于消费者是免费的。”创造儿童滑板车的OXELO品牌负责人表示，虽然OXELO团队和心理运动学治疗师的合作，几乎是“革命性”地解决了儿童滑板车的安全隐患以及“创造”了全新的专利转向系统，但这款滑板车在欧洲的售价仅为19.95欧元，而在中国的售价约为149元。

“技术创新是让更多人买得起我们的产品。”迪卡侬集团全球CEO说，迪卡侬主张的创新不是一味地追求高新科技，而是注重改进产品的安全性、改进使用者的体验、简化使用者的生活。

2013年，迪卡侬集团旗下品牌共有40项专利获得注册，这些专利技术研发的主要目的是让产品变得更好用且便宜。在今年提名参赛创新大奖的10个创新产品中，共有6个产品的网上售价低于20欧元，即不到160元人民币。

尽一切可能降低价格

确保技术的作用充分发挥后，迪卡侬全产业链条就开始在尽一切可能降低价格上不遗余力。

在迪卡侬旗下自有高尔夫球运动品牌Inesis中心，Inesis Golf品牌传播总监

Emilie Mouchet 拿出一件销往中国的纯棉高尔夫球运动 T 恤，上面贴注的价格低到让人难以置信：59 元人民币。

怎么做到的呢？“我了解所有的供应商和他们提供的价格，我们把设计放在法国，这在很大程度上能保证产品本身的舒适性和时尚感，我们的原材料来自摩纳哥，生产制造在孟加拉国或印度等人力成本低廉的国家，或者法国销售的在法国工厂生产，中国销售的部分商品在中国工厂完成最终生产。”Inesis Golf 生产部门负责人表示，正是由于从设计到生产的整个工艺流程、质量管理和原材料供应都由 Inesis Golf 完全掌握，才使高尔夫球这样的高端运动产品也有普通民众可以接受的价格。

Inesis 的高尔夫球 T 恤只是迪卡侬掌握产品研发设计到生产、流通销售的全产业链环节的缩影。迪卡侬旗下 20 个自有品牌，全部是以此逻辑来协同运作的。因为掌握整个产业链条，迪卡侬在与供应商谈判时就获得了强势的议价能力。

迪卡侬对降低成本的优化涉及生产的每一个环节。在里尔一周生产 6 000 多辆 B'TWIN 自行车的工厂，B'TWIN 自行车区域生产部总监 Jerome Ribadeau 说，他们的工厂几乎是“零库存”，原因在于“先订单后生产”的模式。

在 Domyos 动悦适品牌中心，他们节省成本更直接的做法是将设计、研发的办公室直接搬到卖场内部。为了缩短研发生产到消费者需求之间的距离，减少倾听客户声音的物理成本和时间成本，Domyos 辟出了一个同样低价供给顾客体验的 Domyos 运动俱乐部，7 个运动厅和 50 项体育运动课程每天接待源源不断的法国运动爱好者。动悦适品牌项目经理 Bruno Pernette 说，在“办公+商场+俱乐部”的“三合一”模式下，热爱健身或对健身感兴趣的顾客都来到了迪卡侬，他们在俱乐部享受大大优于市面价格的运动体验，然后直接在门店购买产品带回家，有任何产品改进的需求甚至可以直接反映给 Domyos 的研发设计人员。

以低门槛的运动体验聚集消费者其实是迪卡侬旗下 20 个自有品牌的共同做法。这甚至包括一般被视为高端消费者专属的高尔夫。

除此之外，“我们几乎没有什么广告和市场营销的预算费用。”Vincent Ventenat 说，从一切可能的地方节省成本以降低产品售价是迪卡侬的经营宗旨。正因为此，即使是被迪卡侬视为“奥斯卡”般隆重的创新大奖，从主持人、视频制作到演员都打上了“迪卡侬出品”。

所以，还用问迪卡侬为什么能在整个零售行业的“寒冬”期逆势增长？在每年源源不断提供 2 800 种新品、所有产品都比同类同质产品低 20%以上，并且饱有技术含量、倾听顾客声音、有体验的卖场里，你的钱包还能保持矜持吗？

请思考：1. 迪卡侬成功的因素有哪些？

2. 迪卡侬的成功对中国连锁企业有何启发？

【实践训练】

实地考察南通连锁百货企业（南通金鹰和南通文峰大世界）、南通大型连锁超市他们自有品牌的经营现状，探索自有品牌对连锁企业发展的重要性，并预估自有品牌未来的发展趋势。

项目六 管理连锁企业门店运营

【知识目标】

1. 了解门店运营管理的目标和标准、连锁总部对门店营运管理的控制内容；
2. 掌握店面布局的主要内容；
3. 掌握商品陈列的基本原则；
4. 掌握店头促销、现场促销、POP 广告促销和 DM 广告促销的内容；
5. 掌握客诉处理的意义、原因和对策。

【能力目标】

1. 能运用所学知识进行一定的店面布局；
2. 能运用所学知识进行商品陈列；
3. 能运用所学知识进行现场促销；
4. 能运用所学知识正确处理顾客投诉。

案例导入

"双 12" 淘宝推出线下活动　实体百货强势吸金①

"双 11" 网购狂欢节的喧嚣还未散去，紧接着 "双 12" 又来了。2014 年的 "双 12" 各大电商均使出了浑身解数来吸引客流。京东推出了 "双 12" 促销区，部分商品的价格最低只需 12 元。国美在线推出了线上红包派送，亚马逊中国更是推出了 1 212 种低至 1 折的爆款商品。

而作为 "双 12" 的元老，淘宝联合了全国 2 万家的线下实体店，推出家政、家电清洗、宠物服务、二手车商上门验车估计等服务，并通过支付宝向部分城市的消费者们发送最高消费红包。

---

① 赢商网. 双 12 淘宝推出线下活动　实体百货进入打折季强势吸金. http://sh.winshang.com/news-422787.html [2014-12-10].

同时，12 月，也是上海百货商场的传统打折季。据赢商网记者不完全统计，至少有 40 多家商场会在“双 12”期间推出自己的打折促销活动。

马云发红包，促线下消费

“双 12”除了传统的服装、家电等品牌的线上折扣促销以外。此次，淘宝集团不仅提供了商品的折扣，淘宝上推出了更多地与线下商家合作的服务。在今年的“双 12”的招牌特惠中，推出了专业洗衣、家庭保洁、低价洗车、健康体检、汽车服务、金牌月嫂、法律服务、装修设计等服务。其中的专业洗衣、保洁两小时服务最低只要 9.9 元。

同时，马云通过支付宝客户端在北京、上海、南京等城市推出了一系列的线下促销活动。通过支付宝钱包的“1212 掌上狂欢节”服务窗口，可以领取众多红包。

以上海为例，只要通过支付宝钱包消费，就可以享受快的打车免费；在海底捞、望湘园、必胜客、家有好面、吉祥馄饨、DQ、许留山等餐厅享受 5 折优惠。此外，在万宁大卖场、农工商大卖场、全家、可的等超市，均可享受部分商品 5 折优惠。

对此，有业内人士表示：对于电商来说，与“双 11”相比，“双 12”就像一块鸡肋。在经历过“双 11”购物节的疯狂洗礼后，短期内消费者的网购热情并不强烈。另外，实体百货业也进入了传统的促销季。所以淘宝才会推陈出新，尝试利用线下本地生活服务类的活动来吸引人气。

上海百货商场进入传统促销季

因为已经进入了传统百货商场打折季，“双 12”期间，上海市参与打折促销的商场明显增多。据记者不完全统计，“双 12”期间，上海至少有 40 多家商场开展了打折促销活动。其中，目前已经开业的 5 家万达广场均打出“双 12”促销的广告；百联、龙之梦、来福士、正大广场等商场也早开始了圣诞季末促销活动。

在经历了“双 11”网购的疯狂热潮后，据埃森哲调查机构最新的调研发现，在消费者中，出现了“重返实体店”的迹象。按照惯例，12 月是上海各大百货商家打折销售的旺季，圣诞、元旦、年末的临近，不少商家都会选择在这个时间点推出促销活动，加上消费者的从众心理，不少消费者都会选择在 12 月份逛街购物。

请思考：通过阅读本案例，连锁行业的促销发生了何种变化？连锁企业应该如何应对？

任务一 了解连锁门店运营管理

一、连锁门店营运管理的目标

连锁门店运营管理的要求，用一句话来概括，就是不折不扣、完整地把连锁、企业总部的目标、计划和具体要求体现到日常的作业化管理中，实现连锁经营的统一化。门店运营管理的目标主要有以下两个方面：

（1）销售的最大化。为了圆满实现运营目标，应重点抓销售，因为销售本身就是门店的主要业务，只有尽可能地扩大销售额，才能实现门店的利润目标。

（2）损耗的最小化。不管提高了多少销售额，如果不严格控制门店各个环节的损耗费用，那么门店可能只有很低的利润，甚至没有利润或亏损，这样所有的利润都是白费的。因此，损耗的最小化是提高经营绩效的一条重要途径，同样也成为门店运营管理的重要目标。

二、连锁门店营运管理的标准

制定门店运营管理标准是连锁企业总部的主要工作之一。连锁企业内部通过总部与分店的分工，实现了决策与作业的分工。通过做好分工，减少了总部与门店的不协调因素，总部和门店有机地结合为一个整体。

门店管理工作面对的，一方面是每日必须完成的一定类别和数量的工作；另一方面是一定数量的、具有不同操作技能和经验的员工。门店既要保证每日的工作圆满完成，又要合理安排员工，充分发挥和利用人力资源。因此，总部制定的运营管理标准，实质上就是详细、周密的作业分工、作业程序、作业标准和作业考核。

三、连锁总部对门店营运管理的控制

“控制”是管理的一项重要内容，有了控制职能的实现，才能有人、财、物等资源能量最有效的发挥。

（1）商品布局与陈列的控制。门店的商品布局与陈列是根据总部的商品布局图与配置表来实施的，其反映了连锁企业的商品经营策略思想与营业目标。

（2）商品缺货率控制。商品缺货率的控制主要是对主力商品缺货率的控制。缺货率控制在什么比例，各连锁企业可自定，一般确定为低于2%是恰当的。

（3）单据控制。门店每天都可以有大量的商品送到，不管是配送中心或供应商送来的货物都必须有送货单据，要严格控制单据的验收程序、标准、责任人、保管、走单期限等。

（4）盘点控制。一是检查盘点前的准备是否充分，但要防止在盘点开始前几天普遍发生的门店向配送中心要货量大幅度下降的状况；二是检查盘点作业程序是否符合标准，是否实行了交叉盘点和复盘制度；三是实行总部对门店的临时性抽查制度。

（5）缺损率控制。缺损率是失窃率和损耗率的统称，缺损率失去控制就会直接减少门店的盈利水平。

（6）服务质量控制。对门店服务质量的控制应注意两个方面：一是增强服务意识，进行教育培训，这是控制服务质量的重要手段；二是实行明查与暗查相结合的控制方法。

（7）经营业绩控制。对门店经营业绩的控制主要是考核目标销售额的完成情况，通常采取基本工资加奖金的方法来进行这一控制，即基本工资固定，再按月销售额提取一定比例的奖金。

任务二　设计门店布局

一、出入口设计

门店的出入口可以是一个，也可以是几个，依据不同情况而定。入口过多，则管理不便，导致客流密度很低；入口过少，则可能造成拥堵。

1. 开放式出入口

这种出入口的外观特点是店铺临街的一面全部敞开，不设橱窗，比较方便顾客出入，有利于店内商品的展示，从而提高购买速度。这种设计较适用于副食品商场、农贸市场等。

2. 半开放式入口

其特点主要是店门大小适中，招牌较大，橱窗较小。这种出入口能够给人宽敞明亮的感觉，消费者可以在路过店铺时方便地看到店内商品。这种设计主要适用于大中型零售商场等。

3. 封闭式入口

封闭式出入口的特点是店门不大，装潢讲究，面向大街的一面用橱窗或有色玻璃遮掩起来，内部环境文雅幽静。这种设计能够有效地隔绝噪声和灰尘，使店内的消费活动不受干扰，比较适用于咖啡吧、酒吧、高档商场等。

二、橱窗设计

橱窗的布置方式多种多样，主要有以下几种：

1. 综合式橱窗布置

它是将许多不相关的商品综合陈列在一个橱窗内，以组成一个完整的橱窗广告。这种橱窗布置由于商品之间差异较大，设计时一定要谨慎，否则就给人一种“什锦粥”的感觉。综合式橱窗布置可以分为横向橱窗布置、纵向橱窗布置、单元橱窗布置。

2. 系统式橱窗布置

大中型店铺橱窗面积较大，可以按照商品的类别、性能、材料、用途等因素，分别组合陈列在一个橱窗内。

3. 专题式橱窗布置

它是以一个广告专题为中心，围绕某一个特定的事情，组织不同类型的商品进行陈列，向媒体大众传输一个诉求主题。又可分为：节日陈列，以庆祝某一个节日为主题组成节日橱窗专题；事件陈列，以社会上某项活动为主题，将关联商品组合起来的橱窗；场景陈列，根据商品用途，把有关联性的多种商品在橱窗中设置成特定场景，以诱发顾客的购买行为。

4. 特定式橱窗布置

指用不同的艺术形式和处理方法，在一个橱窗内集中介绍某一产品。例如，单一商品特定陈列和商品模型特定陈列等。

5. 季节性橱窗陈列

根据季节变化把应季商品集中进行陈列，如冬末春初的羊毛衫、风衣展示，春末夏初的夏装、凉鞋、草帽展示。这种手法满足了顾客应季购买的心理特点，用于扩大销售。但季节性陈列必须在季节到来之前一个月预先陈列出来，向顾客介绍，才能起到应季宣传的作用。

三、通道设计

通道设计是在考虑出入口和客流量的基础上进行的，卖场的通道划分为主通道和副通道。良好的通道设置应该能够引导顾客按设计的通道自然走过卖场的每一个角落，以方便顾客接触所有商品，使卖场空间得到最有效地利用，从而有效地提高连锁企业门店的营业效益和营业设施的使用率。

通道设计应注意以下几项原则：（1）通道应留有足够的宽度；（2）主通道笔直；（3）不同通道商品不重复；（4）地面平坦；（5）灯光明亮适度；（6）无障碍物。

四、商场内部区域设计

1. 区域划分

卖场布局设计主要是对连锁企业门店内区域进行划分，分配卖场面积，合理划分功能区能有效地提高卖场的运营能力。除了通道的设置外，还包括营运（售货）区域、储存加工区域、辅助区域的设置。

2. 商品配置的面积分配

商品配置是连锁企业门店经营成败的关键环节，如果商品配置不当，则不仅不能很好地满足顾客的需求，而且不需要的商品挤占了陈列货架空间，也积压了资金，会导致经营失利。

面积分配方法有以下三种：

第一，根据各大类商品的销售目标确定其商品面积的配置。

第二，根据居民消费支出率，参照现有超市平均比例确定商品面积的配置。

第三，参考竞争对手的配置，结合自己的经营特色，确定商品面积的配置。

3. 商品布局——磁石点理论

磁石点理论是指在卖场中最能吸引顾客注意力的地方，配置合适的商品以促进销售，并能引导顾客逛完整个卖场，以提高顾客冲动性购买比重。商品配置中的磁石点理论运用的意义就在于，在卖场中最能吸引顾客注意力的地方配置合适的商品以促进销售，并且这种配置能引导顾客走遍整个卖场，最大限度地增加顾客购买率。

第一磁石（主力商品）位于主通路的两侧，是消费者必经之地，能吸引顾客至内部卖场的商品，也是商品销售的最主要的地方。此处应配置的商品为：消费量多的商品；消费频度高的商品。

第二磁石（展示观感强的商品）位于通路的末端，通常是在超市的最里面。第二磁石商品负有诱导消费者走到卖场最里面的任务。此应配置的商品有：最新的商品；具有季节感的商品；明亮、华丽的商品。

第三磁石（端架商品）指的是端架的位置。端架通常面对着出口或主通路货架端头，其基本的作用就是要刺激消费者、留住消费者。通常情况可配置如下的商品：特价品；高利润的商品；季节商品；购买频率较高的商品；促销商品。

第四磁石（单项商品）指卖场副通道的两侧，主要让消费者在陈列线中间引起注意的位置，这个位置的配置，不能以商品群来规划，而必须以单品的方法，对消费者表达强烈诉求。包括：热门商品；特意大量陈列商品；广告宣传商品。

第五磁石（卖场堆头）位于结算区（收银区）域前面的中间卖场，可根据各种节日组织大型展销、特卖的非固定性卖场，以堆头为主。

【知识拓展】连锁服装企业店面布局的内容

以服装连锁企业店面布局为例，其店面布局主要涉及以下部分内容：

（1）外部的整体设计，包括雨篷、台阶等，主要的原则就是要能够吸引顾客入店，且让顾客轻松入店。

（2）内部的整体设计，让顾客停留时间越长越好，能看到所有货品，室内环境明亮整洁，让顾客有购买欲望等。

①立体空间层面的划分，通常分为气氛带、有效陈列带（黄金陈列带）、储藏空间等，这需要根据顾客的平均身高和购物习惯进行划分。

②阴阳面的划分，主要是吸引顾客入店的，也是形象展板设计的主要考虑因素。由于顾客现在更多入店是看到吸引点（主推的形象展板）才进店，所以要能考察清楚顾客在店外的行走路线。

③通路设计，这主要包括对水泥柱等原来店面结构如何进行改建，使其既能合理利用空间，又能美化购物环境。

④导购的站位和跑位，主要是通过导购的站位和跑位，起到引导顾客在店里能按所设想的路线行走，并最大限度地看全货品。

⑤收银台，改进收银台的设计，让其降低顾客的压迫感，将收银台设计为陈列展柜之一。

⑥休息区，通过休息区沙发、桌椅等合理摆放，使得顾客在休息的同时还能继续看到店内货品的陈列，一举两得。

⑦试衣间，试衣间的设计最好要有一定的深度，做到让顾客在试衣的过程中能看到更多货品，增加购买概率。

【阅读资料 6-1】上海八融宜芝多店面布局的内容

上海八融食品有限公司主要有五大品牌，其中主品牌为宜芝多：ichido（主要经营面包、蛋糕、饮品、西点等产品）；icafe（主要经营饮品、蛋糕等产品）；icake（主要经营各色高档蛋糕产品）；堤雅梦（主要经营各式法式甜点）；亚米吉雅（主要经营比萨等意式食品）。不同的品牌定位不同，面临的客户层不同，所以其在店面布局时也不同。

（一）龙之梦店（商场—地铁口店）

宜芝多龙之梦店位于龙之梦商场，靠近地铁口，人流量大，所以 20 多家食品企业都进驻了该商场，竞争颇为激烈。针对这些现象，宜芝多在店面布局时采取了产品多样化，服务人性化的策略。该店面主要划分为两个区域：销售区和生产区。其中在销售区又按产品的不同而分为面包类销售区、蛋糕类销售区、收银区、单品销售专区。采用前店后场（即销售区与生产区相结合）的模式，可以很好地满足不同客户的需求，多品种多批次且灵活机动地供应销售高峰的需求。而且为了避免顾客长时间排队，该店比其他店多设收银台。此外，还特意为最受欢迎的产品开辟销售专区，实现单独收银，尽可能地帮顾客节约排队时间。

（二）96 广场店（商场—休闲店）

96 广场店位于浦东 96 广场，虽然同样都是在大型商场里设店，但由于 96 广场与龙之梦商场的风格完全不同，96 广场更偏重休闲，客户层不同于龙之梦，所以宜芝多也根据实际情况作出调整。其店面布局和龙之梦既有相似之处，又有很大区别。相似之处在于同样采取前店后场的模式，不同之处在于：增加饮品区。既可以满足购物累了的人想在店里悠闲地喝咖啡吃蛋糕需求，也可以外带饮品和点心，满足商场周围写字楼内客户的需要。

任务三 陈列商品

一、商品陈列的概念

商品陈列指以产品为主体，运用一定艺术方法和技巧，借助一定的道具，将产品按销售者的经营思想及要求，有规律地摆设、展示，以方便顾客购买，提高销售效率的重要的宣传手段，是销售产业广告的主要形式。

合理地陈列商品可以起到展示商品、刺激销售、方便购买、节约空间、美化购物环境等各种重要作用。据统计，店面如能正确运用商品的配置和陈列技术，销售额可以在原有基础上提高 10%。

二、商品陈列的基本原则

1．陈列的安全性

商品在陈列时要排除非安全性商品（超过保质期的、鲜度低劣的、有伤疤的、味道恶化的），保证陈列的稳定性，保证商品不易掉落，应适当地使用盛装器皿、备品。

2．陈列的易观看性、易选择性

一般情况下，由人的眼睛向下 20°是最易观看的。人类的平均视角是由 110°

到 120°，可视宽度范围为 1.5 米到 2 米，在店铺内步行购物时的视角为 60°，可视范围为 1 米。因此，商品在陈列时要考虑消费者的购物视角和习惯，使消费者容易看到，从而提高销售额。

3. 陈列的易取性、易放回性

顾客在购买商品的时候，一般是先将商品拿到手中从所有的角度进行确认，然后再决定是否购买。当然，有时顾客也会将拿到手中的商品放回去。如所陈列的商品不易取、不易放回的话，也许就会仅因为这一点便丧失了将商品销售出去的机会。

4. 令人感觉良好的陈列

（1）清洁感。不要将商品直接陈列到地板上。无论什么情况都不可将商品直接放到地板上，注意去除货架上的锈、污迹。有计划地进行清扫。对通道、地板也要时常进行清扫。

（2）鲜度感。保证商品质量良好，距超过保鲜期的日期较长，距生产日期较近。保证商品上下不带尘土、伤疤、锈。使商品的正面面对顾客。提高商品魅力的 POP（point of purchase，意思为卖点广告）。也是一个重要的因素。

（3）新鲜感。符合季节变化，不同的促销活动使卖场富于变化，不断创造出新颖的卖场布置，富有季节感的装饰。设置与商品相关的说明看板，相关商品集中陈列。通过照明、音乐渲染购物氛围、演绎使用商品的实际生活场景、演示实际使用方法促进销售。

5. 提供信息、具有说服力的卖场

通过视觉提供给顾客的视觉信息是非常需要的，顾客由陈列的商品上获得信息；陈列的高度、位置、排列、广告牌、POP……

6. 陈列成本问题

为了提高收益性，要考虑：将高品质、高价格、收益性较高的商品与畅销品搭配销售。关联商品的陈列：适时性、降低容器、备品成本。同时要提高效率，防止商品的损耗。

7. 定型陈列、向上立体陈列的要点

（1）所陈列的商品要与货架前方的“面”保持一致。

（2）商品的“正面”要全部面向通路一侧。

（3）避免顾客看到货架隔板及货架后面的挡板。

（4）陈列的高度，通常使所陈列的商品与上段货架隔板保持可进入一个手指的距离。

（5）陈列商品间的距离一般为 2～3 毫米。

（6）在进行陈列的时候，要核查所陈列的商品是否正确，并安放宣传板、POP。

【知识拓展】超市的陈列要求[①]

一、超市陈列的八大原则

1. 显而易见的原则

让卖场内所有的商品都让顾客看清楚的同时，还必须让顾客对所看得清楚的商品作出购买与否的判断。要让顾客感到需要购买某些预定购买计划之外的商品，即激发其冲动性购买的心理。贴有价格标签的商品正面要面向顾客。每一种商品不能被其他商品挡住视线。

货架下层不易看清的陈列商品，可以倾斜陈列。颜色相近的商品陈列时应注意色带色差区分。

2. 让顾客伸手可取的原则

注意商品陈列的高度、商品放回原处也方便的要求。

3. 货架要满陈列的原则

满陈列既可以给顾客商品丰富的好印象，吸引顾客注意力，又可以减少仓库内存，加速商品周转。如货架不满陈列，对顾客来说是商品自己的表现力降低了。

4. 商品所在位置很容易判断的原则

设置标志牌，分类合理。设置商品配置分布图，并根据商品的变化及时修改。

5. 商品陈列先进先出的原则（前进梯状原则）

指货架陈列的前层商品被买走，会使商品凹到货架的里层，这时商场理货员就必须把凹到里层的商品往外移，从后面开始补充陈列商品，这就是先进先出。

6. 商品陈列的关联性原则

关联性商品应陈列在通道的两侧，或陈列在同一通道、同一方向、同一侧的不同组货架上，而不应陈列在同一组双面货架的两侧。

7. 同类商品纵向（垂直）陈列的原则

同类商品纵向陈列，会使同类商品平均享受到货架上各个不同段位的销售。同类商品横向陈列，会让顾客挑选时感到不方便。横向陈列用于陈列变化的补充。

8. 陈列商品要与上隔板间应有 3 ~ 5 厘米的空隙，让顾客的手容易伸入

二、位置区分

货架区分为上段、黄金段、中段、下段，各段位陈列商品的原则如下：

上段：推荐品、有心培养的商品、轻小商品、利益商品

黄金段：高度大约为 85 ~ 125 厘米，即一般眼睛最容易看到、手最容易拿取

---

① 三亿文库. 商品陈列的八大原则 94. http://3y.uu456.com/bp_86be29jltd2mdyx42wal_1.html.

的陈列位置。一般陈列高利润商品，自有品牌、独家进口商品、差别化商品、高价位商品、育成商品

中段：低利润商品，补充商品，衰退期商品

下段：体积较大、重量较重、易碎、毛利较低、高周转率商品

三、商品陈列的配置

（1）商品陈列第一考虑要素——整齐、丰满；

（2）商品分类要明确；

（3）欲增加销售的商品，陈列于主通道空间；

（4）欲增加销售的商品，陈列于端架；

（5）相关联商品连贯性陈列；

（6）新商品的陈列必须让顾客容易看到；

（7）保存期限较短的商品陈列在明显位置；

（8）季节性商品考虑配合季节改变其陈列位置；

（9）畅销商品与滞销商品，陈列的位置可替换；

（10）外包装较凌乱的商品，陈列于死角处；

（11）角落区陈列吸引商品，引导顾客避免死角；

（12）堆头陈列注意高度及安全。

四、商品陈列的方法及注意点

（1）集中陈列就是把同一种商品集中摆放在一个地方的陈列方法。

（2）特殊陈列。

第一，随机陈列，是将商品随机堆放的方法，给人一种仿佛是将商品陈列于框中的感觉。

第二，盘式陈列，该法是把非透明包装上（如整箱的饮料、啤酒、调味品等）的包装箱的上部切除（可用斜切方式），将包装箱的底部切下来作为商品陈列的托盘，以显示商品包装的促销效果。

第三，端头陈列，是指双面的中央陈列架的两头，即卖场第三磁石点位置。

第四，岛屿式陈列，在超级市场的进口处、中部或者底部不设置中央陈列架，而配置特殊陈列用的展台。

第五，悬挂陈列，指将无立体感、扁平或细长型的商品悬挂在固定的或可以转动的专有挂钩的陈列货架上。

五、商品陈列的顺序

（1）计算货架的长度，将各类商品分别配置；

（2）规定每一种商品的标准陈列量和最低陈列量；

（3）规定理货员商品陈列的时间；

（4）决定商品陈列的方法；

（5）决定 POP 广告的陈列，统计决定重点销售的商品。

六、商品陈列的检查重点

（1）商品的价格标签是否正面面向顾客；

（2）商品有无被遮住，无法“显而易见”；

（3）商品的背面是否隐藏起来；

（4）商品是否时常保持清洁；

（5）商品包装是否整齐，没有脱落；

（6）有无价格标签脱落或价格不明显的商品；

（7）是否做到了取商品容易，放回也容易；

（8）标价是否明显正确；

（9）商品群和商品部门的区分是否正确；

（10）货架上每一层最上面的商品是否堆放过高；

（11）商品陈列是否遵守了先进先出的原则；

（12）同类的不同品种商品是否做到了纵向陈列；

（13）体积庞大的商品是否置于货架的下层；

（14）店内标志牌是否容易识别；

（15）商品是否做到了前进陈列；

（16）商品陈列架上是否有空闲区。

七、陈列的必需条件

除了遵守陈列的基本原则外，还有两个条件可衬托商品：

（1）隔物板的使用，隔物板是维持陈列面不可缺的物品，因为它可以防止隔壁排面的商品混入，而使缺货较易于被发现。

（2）坚持向前陈列，商品要向前陈列，若将商品陈列于后面，就会显现不出量感而影响销售及降低鲜度。

八、标价要领

标价是自助式管理的基本，因此须彻底实施下列几项要领：

（1）乳制品、果汁陈列于下段与制造日期同边；

（2）乳制品、果汁陈列于中段、上段者与制造日期同边；

（3）一般商品，标价于右下方。

【阅读资料 6-2】上海八融宜芝多面包陈列要求

宜芝多的面包主要分为七大类：甜面包类、丹麦类、法式类、多拿滋类、调理类、三明治类和吐司类，下面以宜芝多虹梅旗舰店为例。

宜芝多虹梅旗舰店一共有四个货架，每个货架共有三层，其中前三个货架的第一二层都在藤条上垫了透明纸，第三层货架都是用木盘装的面包。

第一个货架的第一层主要是放甜面包类里的圆形甜面包，为了显得有层次感，主要进行叠放；第二层主要是放偏向于方形和圆形的丹麦类的面包，也是进行叠放，符合放满陈列的要求；第三层放三明治类和甜面包类中的咸口味的面包。

第二个货架的第一层主要放一些长条形的甜面包类和丹麦类的面包；第二层主要放丹麦类的牛角形面包，要求进行叠放；第三层主要放调理类和法式类的面包。

第三个货架第一层主要放法式类的面包，横向叠放；第二层也是放法式类的面包，主要用木盘装，方便更换新的面包；第三层放甜面包类里的咸面包，咸面包统一用木盘装放在每个货架的最下面一层，以便于客人区分甜咸面包。

第四个货架主要放一些盘装的西点烧果子类，且每个货架的最上面都放着吐司，同时三明治则放在开放式的冰箱里。

总而言之，宜芝多面包摆放有以下原则：第一，依据面包的形状摆放，显得美观大方；第二，价格高放在最显眼的位置，能让顾客一眼看到从而进行购买；第三，放满陈列，使得顾客感到货品颇为齐全。

任务四 促销商品

一、促销的概念

促销（Promotion）就是营销者向消费者传递有关本企业及产品的各种信息，说服或吸引消费者购买其产品，以达到扩大销售量的目的。促销实质上是一种沟通活动，即营销者（信息提供者或发送者）发出作为刺激消费的各种信息，把信息传递到一个或更多的目标对象（即信息接收者，如听众、观众、读者、消费者或用户等），以影响其态度和行为。

二、促销的作用

1. 缩短入市的进程

使用促销手段，旨在对消费者或经销商提供短程激励。在一段时间内调动人们的购买热情，培养顾客的兴趣和使用爱好，使顾客尽快地了解产品。

2. 激励消费者初次购买

促销要求消费者或店铺的员工亲自参与，行动导向目标就是立即实施销售行为。消费者一般对新产品具有抗拒心理。由于使用新产品的初次消费成本是使用老产品的一倍（对新产品一旦不满意，还要花同样的价钱去购买老产品，这等于花了两份的价钱才买到一个满意的产品，所以许多消费者在心理上认为买新产品代价高），消费者就不愿冒风险对新产品进行尝试。但是，促销可以让消费者降低这种风险意识，降低初次消费成本，去接受新产品。

3. 激励再次购买

当消费者试用了产品以后，如果是基本满意的，可能会产生重复使用的意愿。但这种消费意愿在初期一定是不强烈的，不可靠的。促销却可以帮助他实现这种意愿。如果有一个持续的促销计划，可以使消费群基本固定下来。

4. 提高销售业绩

毫无疑问，促销是一种竞争，它可以改变一些消费者的使用习惯及品牌忠诚。因受利益驱动，经销商和消费者都可能大量进货与购买。因此，在促销阶段，常常会增加消费，提高销售量。

5. 侵略与反侵略竞争

无论是企业发动市场侵略，还是市场的先入者发动反侵略，促销都是有效的应用手段。市场的侵略者可以运用促销强化市场渗透，加速市场占有。市场的反侵略者也可以运用促销针锋相对，来达到阻击竞争者的目的。

6. 带动相关产品市场

促销的第一目标是完成促销产品的销售。但是，在甲产品的促销过程中，却可以带动相关的乙产品的销售。比如，茶叶的促销，可以推动茶具的销售。当卖出更多的咖啡壶的时候，咖啡的销售就会增加。

7. 节庆酬谢

促销可以使产品在节庆期间或企业庆日期间锦上添花。每当节日到来的时候，或是企业有重大喜庆的时候（以及开业上市的时候），开展促销可以表达市场主体对广大消费者的一种酬谢和联庆。

【阅读资料 6-3】阳光码头常熟店特色促销

阳光码头海鲜豆捞是浙江太阳城集团于 2007 年全力打造的海鲜豆捞连锁品牌，且近年来规模不断扩大，效益不断增长。日前阳光码头常熟店开展了特色促销，吸引了大量的回头客，日销售额由 3 000 元上升到 20 000 元。其主要的特色促销内容如下：

1. 周到的手机套、眼镜布、椅套等细节服务

凡是到阳光码头常熟店的顾客一进门，服务员就会送来眼镜布，以方便顾客由于室内外温差导致眼镜上的雾气遮挡视线；在顾客坐下后，服务员又会周到地给衣服套上椅套，既保护了顾客的财物，又防止顾客衣服弄脏；此外，阳光码头还会给顾客提供手机套，防止汤汁沾到手机上。第一次过来消费的客人享受到这些细节服务之后，都会有很多感慨，使得更多客人都是冲着能享受这样的服务而来的。

2. 洗车

凡是到阳光码头常熟店的顾客是开车过来的，门店都会安排保安为顾客进行免费洗车服务，这项服务深入人心，在提高顾客满意度的同时，增加了顾客的回头率。例如，有一次顾客看到保安在洗车，特地跑出去给了保安 10 块钱的小费，但规定不能收顾客的小费，保安把钱又还给顾客，为此顾客特地到经理面前表扬了保安。像这种表扬，已经不是一两次了，同时这种洗车服务已经成了阳光码头常熟店的一张名片。

3. 卫生间的小饰品、用品

阳光码头常熟店在客用卫生间专门摆放了洗漱用品，像牙膏牙刷、洗面奶、护手霜等，以方便客人使用。

4. 服务员点名服务

为了提高服务员服务的积极性，以及更好地增强员工与顾客的沟通，从而提高顾客满意度。阳光码头常熟店创新性地推出服务员的点名服务。即如果顾客在大众点评等网站点名表扬该服务员，并达到一定次数，该服务员的职级和薪水都会得到增加，这就大大提高了服务员的主动性和积极性。目前，阳光码头常熟店服务员一个月的点名最高的可以达到 20 次。

三、连锁门店的促销方式

1. 店头促销

“店头”，是卖场的“指示器”，主要是指连锁企业门店卖场中的堆头和端头。堆头，是指在展示区、过道和其他区域作落地陈列的商品。端头，是指卖场中央

陈列货架的两端，端头与消费者接触率高，容易促使其产生购买行为。店头促销的关键是特别展示区、堆头和端头陈列。

2. 现场促销

现场促销是门店在一定时期内，针对多数预期顾客，以扩大销售为目的进行的促销活动。现场促销通常会结合人员促销，并通过这种特殊形式，直接达到扩大销售额的目的。现场促销的不同方式有以下几点：①限时折扣；②面对面销售；③赠品促销；④试用。

【知识拓展】某服饰连锁企业现场促销——创一星到五星

一、如何做好朋友式服务——创一

*朋友式服务定义：

顾客喜欢你的产品，除了你的产品质量和价格合理之外，还因为他们信任你，你的个人品质、信念和良好的服务态度使他们相信，你是在帮助他们，而不是一心想赚他们的钱，以诚为主。

* 包括以下9点内容：

1. 速度

首先时间不能定在3分钟之内，3秒钟上前补位也要适当放慢；在店铺没有太多或没有顾客时，我们的速度要迎合顾客的速度，语速、上前沟通的步伐都要顺势而变。

2. 轻松聊天

因为店铺没有太多的顾客，很容易让顾客感觉不舒服，有拘束感，这时想要让顾客没有这些感觉，我们需要和顾客轻松聊天，一边陪顾客逛，一边结合顾客的穿着、气质来和顾客搭讪，不可太着急向顾客介绍货品。

3. 我的定位

在和顾客聊天时，我们把自己定位成怎样的一个角色呢？角色的准确扮演可以让顾客消除警惕感，让顾客放松心情。同时在与顾客沟通时，合适的语言也能起到画龙点睛的作用。

案例：（1）当一群顾客进店时，我们可以定位成其中的一员，或者根据来者的年龄来定位成她们的妹妹。

（2）当顾客一个人来逛街时，我们充当其朋友，在与顾客沟通时，可以有这样的语言："我们到这儿来试试。"

4. 解除后顾之忧

陪同的朋友或伴侣，逛街很累，适时给同伴拿个凳子休息一下。

5. 全程陪同

不要把顾客不断换给其他区域的同事，这样顾客有被推来推去的感觉，同事对顾客的拿捏也不容易把准。不妨全程陪同，有个顾客相对熟悉的促销员在身边，顾客会感觉踏实些。

6. 试穿

因为店铺客流少，所以一定要让顾客多试，一定是成套的试穿，一来满足人性爱美的特点；二来可以造势，聚人气；三来利用一切机会训练自身的销售技巧。

7. 顾客信息

（1）顾客姓氏（直接称呼顾客姓名，会显得更亲切些）；

（2）目前消费的品牌或常逛的地方（从中知道顾客的平时穿着风格及大约收入情况）；

（3）大约年龄（可以更准确地推荐我们的货品）；

（4）工作单位（同上）；

（5）平时休闲方式（进一步了解其性格）。

8. 替顾客做主

人天性爱美，尤其女人，但消费能力也是至关重要的一点，所以在试穿时没有压力，都会觉得很漂亮，但埋单时，就常会很犹豫，这时我们可适时地替你的朋友做回主，督促其埋单。

9. 最应该记住的顾客

对于埋大单的顾客，一定要记住对方的情况（特别是姓氏），下次消费时，我们对她的印象可以让其有受优待的感受。

二、360°搭配——创二

1. 2N 次方的搭配，从哪些方面去挖掘？

里外搭配，上下搭配，附件（挂件、手链、包、围巾、鞋）随同朋友的挖掘。

2. 360° 搭配中的 5 点需求挖掘

察言观色、适时接近、谨慎询问、用心倾听、巧妙回答。

3. 三个原则

“三米微笑”原则、“欢迎光临”原则、“不要过分热情”原则。

4. 最佳时机——试衣信号

❖ 顾客的目光停留在某款货品上超过 3 秒；

❖ 顾客触摸货品；

❖ 顾客突然放慢速度；

❖ 顾客寻找价格标签，或成分标签；

❖ 顾客站远些观看货品，或翻看细节做工；
❖ 顾客与同伴讨论某款货品；
❖ 顾客一直关注有相似特点的货品；
❖ 顾客关注其他顾客的穿着效果；
❖ 顾客拿起某件货品。

5. 接近方法

提问接近法、介绍接近法、赞美接近法、示范接近法。

6. 询问方式

状况式询问、选择式询问、漏斗式询问。

三、打造服务之星——创三

1. 顾问式销售的定义

满足顾客需求，及细心挖掘尚未满足顾客的潜在需求，向顾客提供解决其问题的方案。与顾客建立更长的关系水平线，提高顾客的忠诚度。

2. 在服务顾客时，我们通常会夸赞顾客，那么在我们与顾客交谈夸赞顾客时的五个步骤是：

第 1 步：寻找一个点；
第 2 步：这是个优点；
第 3 步：它是个事实；
第 4 步：适当的时间；
第 5 步：寻找“漂亮”的词。

3. 形容漂亮的词语有

魅力、飘逸、飞扬、风情、迷人、味道、纯真、清凉、温柔、时尚、可爱、帅气、热辣、性感、有质感、柔软、风行、垂坠感、优雅、曲线、职业、闲情、柔情、激情、品位、与众不同、甜美、轻盈、个性、专业、华丽、高贵、欢快、浪漫、经典、细腻、艺术、朝气、奔放、大气、粗犷、古典……

4. 同类色搭配

什么是同类色：同类色指一系列的色相相同，深浅、明暗不同的同一类邻近颜色。

5. 相似色搭配

什么是相似色：在色彩圆环上选择彼此相邻的几种颜色构成的配色方案就是相似色方案。例如，橙色、橙红色以及橙黄色就可以组成一个相似色方案。

6. 对比色搭配

什么是对比色：两个相隔较远的颜色相配。另外要注意颜色的比例，最好不要以 1∶1 的比例出现，可以选一个主色调。

7. 非色彩搭配

什么是非色彩：黑色、白色、灰色被称为没有颜色，即“非色彩”。

8. 五大拯救色

什么是五大拯救色：黑白灰金银，很多颜色中加了这些色彩，可以减弱整体的色调。

9. 服饰色彩与脸色的搭配

（1）脸色偏黄，避免使用黄绿色、橙色、红色。推荐蓝、粉、白色。掺杂黑白色，可以减弱色调。

（2）脸色偏红，避免使用黄绿色。推荐蓝、粉、白色。如一定要用，则避免上衣使用此类颜色。

（3）脸色偏黑，避免使用黄绿色、“嫩色”。推荐深色（厚重感的颜色）、白色，在细节上加亮点。

（4）脸色偏白，避免黑色易造成头重脚轻的感觉。大部分颜色均可使用，蓝色和粉色最为美丽。通过化妆调节头部与身体间的平衡。例如眉毛眼线画得深一些，改变头发的颜色。

10. 眼镜的搭配

男生不适合太闪、太跳的眼镜，要内敛。服装整体色调为浅色，则可搭配粉色的眼镜。选择深色眼镜，则应与帽子或衣服有色彩上的呼应。一般而言，脸形和眼镜应作如下搭配：大多数亚洲人不太适合无鼻托的眼镜。

- 圆形（鹅蛋形）——可选择有直线或有角度的镜框，黑色或玳瑁较深色系。
- 三角形——由于前额宽，脸颊较尖，选择有细边和垂直线的镜框，深色、方形的眼镜皆不合适。
- 方形——稍圆或有弧度的镜片可与方脸互补，镜框顶端的位置必须高，并远离下巴。
- 长方形——由于脸形过长，镜框必须尽可能遮住脸部中央，以便修短脸形，因此适合佩戴镜框较大的眼镜。

此外，鼻形也是需要考虑的因素之一。

鼻子较大：要选择较大镜框来平衡。

鼻子较长：有高边框的镜框可使注意力向前或向上分散，使长度不明显。

鼻子较小：淡色及较高鼻桥可使鼻子看起来长一些。

11. 鞋子的搭配

（1）整体呼应法：确立整体服装色调之后，鞋的色彩与它相同或相似，使得整体服装协调统一。

（2）局部呼应法：当一个服饰品的色彩确立之后，其他的服饰品与之呼应。

（3）点缀法：当整体服装为单一颜色时，有意识地选择与之反差很大的色彩进行点缀。

12. 包的搭配

（1）与服装为同类色，应有层次感，让色彩深浅明暗。

（2）简单风格的服饰+简约的包。

（3）混搭的服饰+相对夸张的大包。

13. 帽子的搭配

（1）鲜艳色彩或暖色调，以打破服装色彩的单调。

（2）浅色帽子与深色服装搭配。

（3）深色帽子与浅色服装搭配。

（4）帽子的颜色与服饰中某一颜色相呼应。

14. 赞美的技巧

（1）锦上添花式；

（2）笼统模糊式：这是个特点，不是个优点，比如，美女你的鞋子洗得好白；

（3）具体清晰式；

（4）间接迂回式：比如，你是扬州人吗？扬州是个好地方，扬州出美女哦……

（5）对比显长式。

15. 角色销售法

在试衣前顾客是父亲，导购是小孩——小孩观察父亲，观察心情、喜好、需求；在试衣中顾客和导购是母亲和母亲的关系——母亲之间最喜欢聊天，通过聊天建设关系；在埋单时顾客是小孩，导购是父亲——顾客听从导购的推荐埋单，在家庭中父亲起着决定性主导作用。

四、顾问式销售——创四

1. 顾问式销售定义

利用专业知识，向顾客提供解决其问题的方案。与顾客建立更长的关系水平线，提高顾客的忠诚度。

2. 销售的定义

引导与影响客户信服我们产品或方案的好处，从而满足客户的需求，最终作出购买决定并付诸行动。

3. 关系建设 6 步曲

会做，会想，会听，会说，能说，会看。

判断以下顾客的肢体动作所表达的含义

A. 男性/女性顾客拎着很多购物袋，靠着镜子、墙面倚着

所想所做：累了，需要凳子

B. 顾客急匆匆地跑进来，眼神迅速搜索货场，或顾客连续翻看衬衣

所想所做：在寻找某一款衣服/顾客赶时间

所想所做：对衬衣类有好感

能说——招呼语

您好，欢迎光临！

A. 老顾客：好久不见了，又苗条了！休息吗？今天一个人来的啊？（寒暄式）

B. 外面很热，进来乘会凉！（关心式）

C. 秋季新款到货，请随意挑选！（推荐式）

D. 稍等一下，我马上就来，您先选一下，选好了叫我。（兼顾式）

年龄比你小（目测<18 岁）的称：同学、妹妹

年龄相仿（目测 22～30 岁）的称：小姐

年龄比你大（目测 30～55 岁）的称：女士

能说——进行关系建设时，从哪四个方面去引入货品？

货品信息法、时尚沟通法、新闻时事法、家长里短法。

女性话题：美容、保养、时尚新品、美食、购物信息……

男性话题：足球、股市、汽车、房价……

会说——和顾客进行沟通时机的把握，从哪四个关键点入手？

A. 瑕疵点：比如鞋带松了！头发上有东西！扣子没有扣好！蝴蝶结可以系得更漂亮。

B. 需求点：比如顾客手中的垃圾。

C. 熟悉点：比如顾客手中的购物袋。

D. 异同点：比如你们穿衣风格不一样哦。

提问的方式与功能：

开放式无指向提问：收集多而广泛的信息（您想要什么感觉的衣服？）

开放式有指向提问：收集多而指定的信息（您感觉这件颜色怎么样？）

封闭式提问：确认理解，取得接纳（你喜欢这件还是那件？）

4. 让顾客开口三妙法

（1）赞美诱导法。赞美其能力、赞美其外貌、赞美其外表、赞美其同伴。

例如，小姐，您真有眼光，这是我们最受欢迎的产品！您的样子很像×××（明星）。一看就知道您是白领。这个小孩特别机灵。

（2）优惠诱导法。当顾客发现自己的某项行为将会给自己带来好处时，那么

这种好处将会成为其行为的推动力！

例如，小姐，类似于这种百搭款的衣服，您带回去，可以搭配其他的款式，比如平时很少穿的裙子、短裤，都很漂亮。

您现在购买服饰满269元再加8元就可以获赠一条价值59元的精美项链，机会不要错过哦！

（3）发问诱导法：对于有购买需求或是有购买目的：

①从需求入手，例如，您喜欢哪些风格的休闲衣服？您是自己买还是送人？您需要什么价位的？

②从货品入手，例如，这是我们最新上市的奥运红系列。这种百搭风格的衣服是我们的畅销款，这是我们店潮流的波西米亚饰品，独一无二。

会听："会听"的导购员通常从聆听中能够迅速判断出顾客的类型、顾客真正的需求。

积极聆听的技巧：找到兴趣所在，对内容进行判读，而不是简单的记忆，先不要匆忙进行评价，边听边想，主动倾听，抵抗分心，加快思考速度。

会想——适合顾客的款式、如何搭配、替代款式。

会做——推荐试衣、快速取衣、快速搭配。

5. 服装色彩搭配原则：

协调色搭配（同类色，相似色）。

优点：色调明确，协调统一，柔和文雅。

缺点：单调，容易 "乏味"。

■ 注意事项：拉大明度、纯度差别。

■ 利用对比色作为点缀。

■ 加大面料色彩层次。

6. 体型判断

标准型：体型特征：身体各部分都非常匀称。不恰当服饰：过于肥大、臃肿或紧身不合体的服饰。穿着要点：只需注意颜色与搭配

葫芦型：体型特征：胸部臀部丰满，腰部纤细，曲线玲珑。不恰当服饰：宽大蓬松的服装。穿着要点：低领，紧腰身的窄裙，八字裙，直筒式套装，长衬衫，收腰风衣等；质地柔软贴身。

苗条型：体型特征：胸部中等或较小，臀部扁平，没有什么曲线或赘肉。不恰当服饰紧身或低腰长裤。穿着要点：舒适、飘逸的罩衫，打褶的裙子，宽松的洋装，宽松打褶的长裤。

梨子型/A型：体型特征：肩部、胸部瘦小，腹部、臀部肥大。不恰当服饰：

紧身衣裤，宽皮带，褶皱的裙子。穿着要点：宽松的洋装和伞装；上衣宽松且长过臀部；宽大的夹克配打褶的长裤。

苹果型/O 型：体型特征：圆润的肚子，腰部的宽度大于肩部与臀部的宽度，脂肪多存于腰腹部。不恰当服饰：搭配层次过多，圆形图案，大颗粒的珍珠项链及圆领装饰。

穿着要点：简洁式样的衣服，不用过多的装饰与堆砌，避免层次过多的搭配；素色的无领无袖的 X 形连衣裙。

腿袋型：体型特征：臀部、大腿部有许多赘肉。不恰当服饰：紧身的衬衫、衣裤和靴子；粗横条纹；臀部带口袋的裤子。穿着要点：打褶的裙子或长裤；明度和彩度较低；利用饰品转移注意力。

娇小型：体型特征：身高一般低于 155 厘米。不恰当服饰：高耸的发型，很高的高跟鞋。

穿着要点：同色系列或素色；垂直线条的褶裙，直筒长裤；合身的夹克。

7. 脸型

椭圆形：这是最完美理想的脸型，通常称为瓜子脸或蛋形脸，因为没有什么缺陷，不需要加以掩饰，所以任何领子都适合。

圆形显得宽大、饱满，宜增加长度感，减少圆的感觉。以 V 字形的领口缓和最为恰当。穿圆领口时，领口需大于脸型，则脸型将显得较小。

逆三角形：类似心形，上额宽大、下颚狭小，是属于理想的短形脸之一，任何的领子都适合。

三角形：保持上下视觉的平衡，尽量利用衣领拉长脸型，适合穿着 V 领。

长方形：此种脸型，梳刘海儿可减小其长度感。水平线有利于这种脸型，U 领适合。

正方形：这种脸型大多属于宽大型，给人很强的角度感，如穿圆形衣领，反而强调宽大的感觉。用 V 字形领口可缓和这种脸型。

菱形：这种脸型的线条过于硬朗，为了体现柔美，衣领变化较多，能够起到修饰的作用，船形领、方领、水平领都适合。

8. 风格

前卫少女型：稚气的、乖巧的、少女的、讨人喜欢的——活泼可爱。

比如：花边太阳裙、蕾丝、卡通图案、粉嫩色等。

前卫少年型：率真的、利落的、童趣的、简洁的——帅气个性。

比如：T 恤，牛仔裤，马夹等。

自然型：轻松的、随意的、朴实无华的、平淡的——都市自然。

浪漫型：性感的、饱满的、华丽的、母性的、奢华的。

优雅型：精致的、轻盈的、温婉的、温和的——婉约脱俗。

比如：波西米亚长裙。

古典型：有格调的、古韵味的、典雅的、平衡的。

戏剧型：扩张的、庄严的、高贵的、气势磅礴的。

五、五星服务——创五一

1. 五星服务定义：

五星级服务是顾客在接触品牌时，被信任、被认同、被尊重的体验过程。

2. 企业发展的四个阶段

（1）朋友式服务；（2）360° 搭配；（3）顾问式服务；（4）顾客关系建设。

3. 自信从哪些方面体现？

（1）保持挺拔的站姿；

（2）能自信地平视他人的目光；

（3）坦然接受他人的赞美；

（4）只允许积极的想法留在脑海里。

4. 五星服务：服务与礼仪

语言标准：说普通话、发音清晰、保持音量适中，以顾客听清为标准。要注意以下四点：

（1）学会倾听，让顾客把话说完；

（2）多说对方的兴趣；

（3）尊重顾客，不问及隐私；

（4）语言简洁，忌喋喋不休。

5. 常见的四种肢体语言

点头，手心向下，短小划动——肯定的手势；

指引放向——邀请的手势；

双姆指向上，手掌相对——自信的手势；

相信我，手心放在胸口——“我”的手势。

6. 五星的细节

（1）招呼的改变：前场：“您好，欢迎光临！”

中场：“您好！”

后场：“您好！”

送别：“谢谢您的光临！”

（2）用快步走替代跑动。

（3）顾客试衣前，挂好顾客需要试穿的服装。

（4）顾客需要试衣的服装放在手臂处。

（5）正确的包装。

（6）走出收银台，双手递交。

（7）真诚道歉；认真聆听，面带微笑，目光接触。

（8）投诉——迅速处理；礼貌送别；真诚道歉。

（9）告诉顾客具体等待的时间；若时间到了，事情未完成，由其他同事向顾客道歉，再去跟进此项事件进展情况，及时回复顾客。

（10）保持清洁工具的干净。

（11）距离顾客1米内，停止清洁工作；与顾客目光接触时，礼貌问好。

六、用心服务——创五二

1. 快乐工作：如何让自己更快乐

（1）歌舞升平——唱歌、听音乐、跳舞；

（2）扬眉吐气——倾诉、疏通；

（3）乾坤挪移——转移注意力；

（4）信笔涂鸦——写下来、画出来；

（5）独门秘笈——自己的方式。

2. 优化工作

（1）让自己养成使用正面、积极语言的习惯：

我不行—我可以　如果—下次

我试试看—我会　困难—挑战

我早该—我即将　问题—机会

（2）给别人正面的鼓励：

那么做就对了；

看到你这么努力我真高兴；

你把我们的工作变得很有乐趣；

我们店铺一定是最优秀的店铺之一；

你有进步……

结果很不错哦；

你会成功的——继续加油。

3. 用心服务定义

以最优雅、最温暖的方式待人，让他人感受到被认同、被尊重、被信任的体验过程！

4. 如何创造和谐的氛围

（1）主动给予帮助，成为他人情绪疏通的渠道；

（2）尊重他人，坦然接受他人意见；

（3）把目光放在伙伴的优点上；

（4）创造良性的沟通氛围；

（5）做团队中的“鲇鱼”；

（6）快乐歌唱。

5. 对比以下几个内部服务的行为

（1）微笑和同事打招呼；

（2）给他人提供帮助；

（3）正确做事的人，货场上即赞扬他们；

（4）合理安排工作，准时下班；

（5）主动工作，主效完成；

（6）耐心回答他人的问题；

（7）轻视他人提问。

6. 服务六步曲

服务六步曲：亲切笑容，货品介绍，邀请试衣，精彩搭配，收银服务，礼貌道别。

（1）亲切笑容

给顾客空间：1 米观察，7 秒停顿；7 秒内你做什么（面带微笑、顾客始终在视线内、时刻准备服务、观察顾客需求；）？询问顾客问题在 3 个以内。

（2）货品介绍

用心倾听是重点；

手势：简单、利落；

展示服装拿衣架；

与客交流：左/右前方 45°；

关键是切入点：让顾客喜欢，他才会试穿。

（3）邀请试衣。

①正确的邀请

站位：走在顾客的左斜前方。

手势：手指并拢，手掌朝上，以指尖方向表示前行方向。

注意：顺势指引、身体微微前倾。

②正确的蹲姿

③正确的走动

上半身要求——上身挺拔;
下半身要求——脚下生根;
重心要求——身体微微前倾;
脚跟脚尖要求——脚跟先着地，脚尖向前引。
④邀请试衣时，会遇到哪些情况？你怎么说？
"您好，需要帮忙吗？"
"您好，我可以为您做些什么吗？"
"您好，需要我为您推荐吗？"
"您好，有需要可以随时找我。"
7. 邀请试衣的五种方法
（1）客观因素:
"您好，天蓝色在夏季会让人觉得很舒适。"
"您好，海洋系列是今夏流行趋势最推荐的主题。"
"您好，如果长时间待在空调房间里，这款很适合。"
"您好，现在顾客特别多，您不妨多挑一些试穿呢？"
（2）场合需求:
"您好，如果职业着装，这 3 套非常合适。"
"您好，出去旅游，这几套拍照很适合。"
"您好，这套是我为您推荐送给女朋友的。"
"您好，朋友聚会，您不妨试穿下这 3 套。"
（3）颜色搭配:
"您好，这款的颜色和您今天的背包搭配很协调。"
"您好，这款颜色，更适合亚洲人的肤色。"
"您好，为您选的这套服装和先生的服装搭配也很协调。"
"您好，和这款上衣搭配，最完美的是这条裙子。"
（4）整体风格:
"您好，这里有 3 款，和您购买的上衣可以搭配出不同的风格。"
"您好，虽然我们每天都在工作，这套服装的风格却可以给心情放个假。"
"您好，这套服装的风格，更好地展现了您的优雅气质。"
"您好，您只要换双帆布鞋，就重新演绎了这套服装的休闲风。"
（5）故事演练:
"您好，您的身材很标准，可以帮我们试下刚到的新款吗？"
"您好，这会正好不忙，你不妨多挑选些款，我可以单独为您服务。"

“伙伴，知道吗？这是桂纶镁设计的限量款，只剩下 M 码了。”

“伙伴，这款刚到设计师就买了两件。”

8. 精彩搭配

（1）精彩搭配：

多款推荐、搭配直观；

“感觉怎么样？”语气语调配合顾客的情绪；

顾客从试衣间出来，要觉得惊讶；

顾客没有选到满意的服装，要说：“非常抱歉！”

当顾客决定购买时，立刻说：“谢谢您” ！

（2）360 搭配：

多收集顾客信息，用心听潜在需求；

试衣前多推荐，试衣中多准备；

全方位多角度搭配，或相关联或不同类；

单件埋单别慌张，尊重顾客不勉强。

（3）色彩搭配：

同类色搭配上增加层次感，利用深浅明暗的不同，增加视觉效果。

相似色搭配：颜色的渐变或递增，增加视觉上的层次感。相似色搭配一定要有主色调。

（4）饰品搭配：

根据服装总色调选择与色彩相协调的首饰。

多种饰品，同色是基本的要求。

根据服装风格选择饰品的多少。

（5）体型：

完美体型怎么穿都行；

X 体型紧身低领显身形；

A 体型下面宽松上面紧；

O 体型既宽松又简明；

腿袋体型宽松裤子或长裙；

娇小体型注意鞋跟和发型。

（6）精彩搭配——意境搭配。

9. 收银服务

正确的包装；

走出收银台，双手递交；

找零钱：等顾客装好钱再递交。

10. 礼貌道别

前场："谢谢您的光临！"

七、补充

员工的状态从哪三个方面体现？微笑、音量、速度。

处理顾客异议过程是：认同，赞美，转移，确认。

四、POP 广告促销

（一）POP 促销的概念

POP 促销是指企业在活动现场运用展示牌、标旗、海报做现场促销宣传。

POP 促销的目标有以下几个方面：以特殊标示将顾客引到促销地点；使顾客留意商品，对商品加深了解、提高购买欲；将商品的价值、优点、材料等全部告知顾客（标明定价、说明特点）；说明商品的使用方法（用文件说明）；强调商品合用功能的优点，以促进全套销售，提高销售额（用文件说明）；强调店面给予顾客的印象和感受（利用广告设计和色彩）；举行展示会时，帮助展示会产生示范演出的效果（利用广告设计等方式）。

（二）POP 广告的种类

（1）招牌 POP。它包括店面、布幕、旗子、横（直）幅、电子字幕，其功能是向顾客传达企业的识别标志，传达企业销售活动的信息，并渲染这种活动的气氛。

（2）货架 POP。货架 POP 是展示商品广告或立体展示售货，这是一种直接推销商品的广告。

（3）招贴 POP。它类似于传递商品信息的海报，招贴 POP 要注意区别主次信息，严格控制信息量，建立起视觉上的秩序。

（4）悬挂 POP。它包括悬挂在门店中的气球、吊牌、吊旗、包装空盒、装饰物，其主要功能是创造门店活泼、热烈的气氛。

（5）标志 POP。它就是我们已经介绍过的商品位置的指示牌，其功能主要是向顾客传达购物方向的流程和位置的信息。

（6）包装 POP。它是指商品的包装具有促销和企业形象宣传的功能，如附赠品包装、礼品包装及若干小单元的整体包装。

（7）灯箱 POP。门店的灯箱 POP 大多稳定在陈列架的端侧或壁式陈列架的上面，它起到指定商品的陈列位置和品牌专卖柜的作用。

五、DM广告促销

DM（Direct Mail）广告主要是指邮政的商业信函广告、企业形象邮件（企业明信片、拜年卡、邮资封）、手机短信广告、因特网邮箱广告、俱乐部营销广告（含网上论坛互动、网上网下互动、会刊交流、各种优惠服务）等。

对于连锁企业而言，DM广告的作用是比较明显的。它在一定期间内可以扩大营业额，并提高毛利额；它可以稳定已有顾客群并吸引增加新顾客，以提高客流量；它的目的是介绍新产品、时令商品或公司重点推广的商品，以稳定消费群，当然，它也可增强商业企业的自有形象，提高知名度。

DM广告的形式有信件、海报、图表、产品目录、折页、名片、订货单、日历、挂历、明信片、宣传册、折价券、家庭杂志、传单、请柬、销售手册、公司指南、立体卡片、小包装实物等。

【阅读资料6-4】2014年微营销发展的十大趋势[①]

2013年新媒体快速发展，2014年，新媒体与移动互联网发生了更深刻的变革，这是一个为梦想而努力创新、变革的一年。

趋势1　移动新媒体进入发展年

2014年，移动新媒体进入发展年。2013年是移动新媒体元年，中国的移动互联网用户规模已经超过8亿。个人电脑用户加速向移动互联网环境下的“智能移动终端APP”的移动新媒体模式迁移，几大门户纷纷发力，布局移动互联，其中搜狐、网易、腾讯三家新闻客户端先后宣布用户数破亿。

2014年，各家移动新闻客户端将进入全面深度整合期，与自有微博、微信和视频平台等打通互联，构建全媒体发展战略；同时，深度挖掘用户个性化需求，打造自身特色，实现差异化竞争。跨过元年，移动新媒体的商业化闸门必将打开并全面加速。

趋势2　传统媒体进入深刻转型期

党的十八届三中全会为传统媒体深刻变革指出方向，2014年迎来传统媒体发展新媒体的深刻转型机遇期。

近年来，新媒体强势倒逼传统媒体变革。以智能移动终端为特征的移动新媒

---

① 中国信息产业网．2014 新媒体十大趋势．http://www.cnii.com.cn/mobileinternet/2014-01/10/content_1286052.htm [2014-01-10].

体元年，更为困顿中的传统媒体再次提供了一个变革与重生的机会。未来的两年到三年，传统媒体尤其是市场化运作的媒体再不抓住移动化、数字化和网络化的大趋势，必将丧失最后的优势和资源，面临生死存亡的大问题。

由于内容同质、经营亏损，《新闻晚报》即将停刊。2015 年，相信更多传统媒体将引以为戒，坚定擎起移动化、数字化和网络化的大旗，以受众为中心做足用户体验，通过个性化的内容和定制化的服务，在移动互联网时代巩固自己的“一亩三分地”，重获新生，更好地发挥其自身价值。

趋势 3　微信、微博、APP 三驾马车领跑新营销

早在 2013 年年末，《哈佛商业评论》就曾发出评论文章——“传统营销已死”：包括广告宣传、公共关系、品牌管理以及企业传媒在内的传统营销手段都已失效。新媒体发展带来的新营销思路和传播方式早已深入人心。2014 年，依托当今中国智能手机用户的两大杀手级应用，微博营销与微信营销将依然火热。超过七成活跃用户正在使用移动终端登录新浪微博，而完全基于移动端的微信已经站在了 6 亿用户的门槛。微博“粉丝”服务平台的上线和微信公众平台的不断优化，正使客户价值挖掘与大数据营销逐步落地。

随着越来越多人过起丰富多彩的 APP 生活，可以预见的是，品牌企业逐年增加的新媒体广告投放预算中流入移动端的比例也将越来越大。面对移动化浪潮和数亿级用户，品牌企业的移动营销探索越发引人期待。

趋势 4　移动入口争夺战愈演愈烈

过去的一年，各大互联网巨头上演移动互联网入口争夺战。百度收购 91 无线，加强布局应用商店；腾讯坐拥 6 亿用户的微信，又战略入股搜狗，加码移动搜索；阿里投资新浪微博、高德地图，高调推出来往，开启移动扩张之旅。

移动互联网入口卡位战远未结束，2014 年，中国的移动互联网船票之争仍愈演愈烈，除去即时通信、应用商店、客户端应用、移动搜索，浏览器、安全软件及手机厂商、操作系统等也都存在变数，巨头依然会强势出击，草根也能独占先机。

趋势 5　视频和手游迎 4G 东风

国内 4G 牌照刚一发放，三大运营商的 4G 品牌大战烽烟即浓，率先出鞘的中国移动，更是放出豪言“600 亿元打造全球最大网络”。4G 时代来临，受惠更多的无疑是移动视频与手机游戏。

3G 时代，各家视频网站对移动端用户的争夺已经日益激烈：截至 2013 年 9 月，爱奇艺在移动端的流量已经超过 PC 端；而优酷、土豆移动端的日均视频播放量超过 3 亿，三个季度增长 200%。4G 牌照的正式发放，必然会为移动视频市场新一轮的爆发注入充足能量，“钱景”一片光明，“春天”指日可待。近年来，手游一直是投资界关注的重点。伴随4G的发展，移动终端进一步普及，基于云计算的云游戏概念将实现落地，全民手游时代不再只是设想。4G发展势必也会给虚拟运营商带来商机。随着工信部对11家中资民营企业虚拟运营商牌照的发放，民营资本如何搭载4G大潮逐浪电信领域也值得期待。

趋势6 大数据从概念到落地

大数据概念已经火爆了近两年，不但国内学术界、产业界对其趋之若鹜，政府也开始展露热情，科技部的《中国云科技发展“十二五”专项规划》和工信部的《物联网“十二五”发展规划》等都已把大数据技术作为一项重点予以支持。

从Google Trends跟踪登革热疫情到CIA追捕恐怖分子，国外的大数据应用案例已被人反复称道。新的一年，国内大数据的发展也有望全面进入落地时代。大数据营销是一大突破口，百度依托搜索数据实现精准营销，阿里构建数据挖掘与交易平台，腾讯背靠大社交数据打通全平台营销。而大数据在金融保险、互联网金融以及网络舆情等方面的应用也值得期待。

趋势7 移动电子商务进入争夺战

中国的电子商务迎来高速发展期。2013年“双11”，阿里巴巴旗下的天猫和淘宝实现了一天350.19亿元的交易额，其中的53.5亿元来自手机淘宝；而支付宝的手机支付占比已接近1/4，手机支付额更是突破113亿元，一举创下全球移动支付的最高纪录。

阿里仍在加快布局移动端，而大数据王国的构建也马不停蹄，两万名员工中，从事数据业务的已近千人。刚刚结束“修养生息”战略，启动扬帆远航战略的京东，也把移动和大数据纳入明年的五大战略。微信也成为越来越多的中小企业移动电商的重要阵地。2014年移动电商进入激烈的争夺战，移动电商疯狂崛起的同时，大数据的商业价值将在电子商务领域进一步体现。

趋势8 资本青睐移动领域

2013年以来，移动互联网领跑新兴创业领域，投资活跃度持续增长；而中国互联网领域的并购潮也迎来爆发，屡创新高的投资与并购金额轮番刺激公众敏感的神经。阿里急于弥补自身短板，开启激进的投资策略，麾下已囊括UC、高德、新浪微博、天弘基金；腾讯战略入股搜狗，海外投资频频曝光；而百度19亿美元全资收购91无线，则创下了中国互联网并购案的金额新纪录。

2014年，移动互联网依然触动投资界神经。除去手机游戏、移动社交，企业级移动应用、移动理财、移动电商及移动教育等领域都将引发资本关注。而移动互联网领域的“圈地运动”也将持续，各互联网巨头仍将主导瓜分二线资产的浪潮。应用商店、手机游戏、在线旅游、电商及O2O等或将备受百度、阿里巴巴、腾讯及其他巨头青睐。

趋势 9 自媒体“钱景”可期

2014 年自媒体生态形成，基于微博、微信的个人自媒体、企业自媒体以及专业自媒体等各种形态将涌现。微博、微信、网络视频等新媒体技术与平台的发展，加速了自媒体时代全面到来的步伐。技术大牛反攻，传统媒体人突围新渠道，人人都想借助社交网络自产自销，争做颠覆传媒业生态的一支新兴力量。

经过一轮野蛮生长，互联网巨头的全面介入或将使自媒体的商业潜力日趋明朗。搜狐新闻客户端的自媒体平台已初现端倪，网易云阅读开放了自媒体入口，腾讯也推出全平台推广资源吸引百位“自媒体精品”入驻，新媒体联盟打造了自媒体超市，而百度百家更是意图打造完整的自媒体生态链。新的一年，自媒体新生态的发展及商业探索将迎来跨越。

趋势 10 互联网金融拥抱春天

2013 年被业界誉为“互联网金融元年”，互联网巨头纷纷布局互联网金融，互联网金融草根创业者逆袭，银行等传统金融机构摩拳擦掌。互联网金融成为社会一大热点，部分细分领域甚至已经热到出现泡沫。

2014 年，互联网金融各领域除了继续纵深化发展，移动化发展趋势将愈加明显。互联网金融的几大模式正逐步清晰，不管是 P2P 网络贷款还是众筹集资，或是定位于搜索的互联网金融门户，众多项目包括文化创意产业项目、传统金融机构的理财项目纷纷借助这些新兴金融模式获取更多资源与营销价值。

据 CIFC 互联网金融联盟预测：随着移动互联网飞速发展，移动端将成为互联网金融的新战场。互联网各巨头纷纷入局移动安全领域，竞争加剧必然带来移动安全生态的不断优化；而伴随支付宝与微信移动支付大战升级，支付也将加速“移动金融元年”的开启，移动互联网金融将成下一个热点。

经过一轮野蛮生长，互联网巨头的全面介入或将使自媒体的商业潜力日趋明朗。新的一年，自媒体新生态的发展及商业探索将迎来跨越。移动互联网入口卡位战远未结束，2014 年，中国的移动互联网船票之争仍将愈演愈烈，除去即时通信、应用商店、客户端应用、移动搜索，浏览器、安全软件及手机厂商、操作系统等也都存在变数，“巨头”依然会强势出击，“草根”也能独占先机。

请思考：微营销的发展会对连锁企业产生何种影响？连锁企业是否需要进行微营销？如果是，连锁企业该如何进行微营销？

【阅读资料 6-5】阳光码头常熟店的微营销

除特色服务外，阳光码头常熟店还与时俱进地采取了一些新颖的促销方式：

（1）海报宣传。阳光码头常熟店将精美的海报放在店门口，这些海报是极具吸引力的，开始是每天都对一种高档海鲜（东星斑、珍宝蟹、象拔蚌）进行特价处理，等顾客都了解后，开始进行多种海鲜一起特价，如果哪种海鲜数量比较少就会取消特价。

（2）与银行合作。其中与建设银行是周日信用卡到店消费 200 元以下即可享受半折优惠，平时 8.5 折优惠；与中国银行是周二信用卡到店消费满 198 元返现 98 元，平时 8.8 折优惠。

（3）微生活会员。

①开卡礼。顾客扫一扫微生活（阳光码头常熟店的二维码）就送 50 元开卡礼及 100 积分，这 50 元钱使用就是除了烟酒、锅底、调料、特价海鲜、饮料满 200 元直接抵掉，而且每次消费可以积分加送代金券在手机里面，差不多是消费 100 元送 20 元。

②生日礼。凡是加入微生活的会员，生日前 3 天阳光码头常熟店会送他海鲜券，生日前后 3 天都可以来店使用，但是要 4 个人及以上消费满 400 元才可以使用，送的海鲜拼盘价值 198 元。

③其他促销。消费满 100 元送一张 20 元券，下次使用。微生活卡内积分满一定额度可兑换相应礼品。

任务五　处理投诉

一、顾客投诉的概念

所谓顾客投诉，是指顾客对企业产品质量或服务上的不满意，而提出的书面或口头上的异议、抗议、索赔和要求解决问题等行为。

二、顾客投诉处理的意义

（一）阻止顾客流失

现代市场竞争的实质就是一场争夺顾客资源的竞争，但由于种种原因，企业提供的产品或服务会不可避免地低于顾客期望，造成顾客不满意，顾客投诉是不可避免的。向企业投诉的顾客一方面要寻求公平的解决方案，另一方面说明他们并没有对企业绝望，希望再给企业一次机会。

（二）减少负面影响

不满意的顾客不但会终止购买企业的产品或服务，而转向企业的竞争对手，而且还会向他人诉说自己的不满，给企业带来非常不利的口碑传播。许多投诉案例表明，顾客投诉如果能够得到迅速、圆满的解决，顾客的满意度就会大幅度提高，顾客大都会比失误发生之前具有更高的忠诚度，不仅如此。这些满意而归的投诉者，有的会成为企业义务宣传者，即通过这些顾客良好的口碑鼓动其他顾客也购买企业产品。

（三）免费的市场信息

投诉是联系顾客和企业的一条纽带，它能为企业提供许多有益的信息。研究表明，顾客投诉一方面有利于纠正企业营销过程中的问题与失误，另一方面还能反映企业产品和服务所不能满足的顾客需要，仔细研究这些需要，可以帮助企业开拓新市场。

（四）预警危机

一些研究表明，顾客在每 4 次购买中会有 1 次不满意，而只有 5%以下的不满意的顾客会投诉。所以如若将公司不满的顾客比喻为一座冰山的话，投诉的顾客则仅是冰山一角，不满意顾客这个冰山的体积和形状隐藏在表面上看起来平静的海面之下，只有当公司这艘大船撞上冰山后才会显露出来，如果在碰撞之后企业才想到补救，往往为时已晚。所以，企业要珍惜顾客的投诉，正是这些线索为企业发现自身问题提供了可能。

三、顾客投诉的原因

（一）企业自身的原因

1. 产品质量无法满足顾客

良好的产品质量是顾客塑造满意度的直接因素，对于服务这种无形产品也是这样。对于服务的质量评估不但贯穿了顾客在从进入到走出服务系统的全部经历过程，还会延伸到顾客对服务所产生的具体实物的使用过程中。如一个顾客在超市选购商品，一方面，能不能在超市中以合适的价格顺利地买到质量合格的商品是决定顾客是否满意的主要判断标准；另一方面，即使商品的质量没有问题，但如果在使用的过程中，顾客发现使用该商品得到的效果并不是像他自己想的那样，他也会对整个超市的服务产生不满，进而产生抱怨。

2. 服务无法达到顾客的要求

服务是一种经历，在服务系统中的顾客满意与不满意，往往取决于某一个接触的瞬间。如服务人员对顾客的询问不理会或回答语气不耐烦、敷衍、出言不逊；结算错误；让顾客等待时间过长；公共环境卫生状态不佳；安全管理不当，店内音响声音过大；对服务制度如营业时间、商品退调、售后服务以及各种惩罚规则不满意等，都是造成顾客不满、产生抱怨的原因。

3. 对顾客期望值管理失误

服务企业对顾客期望值管理失误导致顾客对于产品或服务的期望值过高。在一般情况下，当顾客的期望值越大时，购买产品的欲望相对就越大。但是当顾客的期望值越高时，就会使得顾客的满意度越小；顾客的期望值越低时，顾客的满意度相对就越大。因此，企业应该适度地管理顾客的期望。当期望管理失误时，就容易使顾客产生抱怨。

（二）顾客的原因

1. 弥补损失

顾客往往出于两种动机提出投诉，一是为了获得财务赔偿：退款或者免费再次获得该产品及服务作为补偿；另一种是挽回自尊：当顾客遭遇到不满意产品、服务，不仅承受的是金钱损失，还经常伴随遭遇不公平对待，对自尊心、自信心造成伤害。

2. 性格的差异

不同类型顾客对待“不满意”的态度不尽相同，理智型的顾客遇到不满意的事，不吵不闹，但会据理力争，寸步不让；急躁型的顾客遇到不满意的事必投诉且大吵大闹，不怕把事情搞大，最难对付；忧郁型的顾客遇到不顺心的事，可能无声离去，绝不投诉，但永远不会再来。

（三）环境因素

环境因素是指顾客与企业所不能控制的，在短期内难以改变的因素，包括经济、政治法律、社会文化、科学技术等方面。

1. 文化背景

在不同的文化背景下，人们的思维方式、做事风格有别，因此顾客投诉行为也存在差异。在集体主义文化中，人们的行为遵从社会规范，追求集体成员间的和谐，按照“我们”的方式思考；不喜欢在公众场合表露自己的情感，尤其是负面的；对事物的态度取决于是否使个人获得归属感，是否符合社会规范，能否保持社会和谐并给自己和他人保全面子。因此，他们更倾向于顾客私下抱怨。而在个人主义文化中，人们追求独立和自足，用“我”的方式思考，喜欢通过表现自己的与众不同，表达自己的内心感受，来实现自我尊重。因此，他们更倾向于投诉。由此可见，文化背景对投诉行为的影响是通过影响顾客的观念，比如对投诉的态度。

2. 其他环境因素

除了文化背景和行业特征之外，一个国家或地区的生活水平和市场体系的有效性、政府管制、消费者援助等都会影响顾客的投诉行为。

四、处理客户投诉的对策

解决顾客投诉可以从以下几个方面进行：一是顾客未投诉时，企业应加强自身产品和服务的质量管理，以及企业内部文化和机制的建设，确保顾客满意，减少投诉的产生；二是投诉产生的时候，企业应积极处理顾客投诉，尽最大可能让顾客满意；三是投诉发生后，企业在处理投诉时应注意的问题。

（一）减少投诉的产生

1. 销售优良的商品

提供优良而安全的商品给顾客，这是预防顾客投诉的基本条件。这主要包括：（1）在经过充分市场调研的基础上，订购、制造优良而且能反映顾客需求的商品。（2）确实掌握产品的材料及保存方法，以便在销售中能为顾客提供更多的相关知识。（3）如果商品发生缺陷，一定要更新，杜绝不良商品流到顾客手中，造成顾客不满，引起投诉。

2. 提供良好的服务

服务人员素质的高低、技能和态度的好坏，是影响企业服务水准的最重要因素。因此，提供优良的服务首先应从服务人员抓起。（1）搞好上岗培训，加强有关服务的技能、知识和态度的培训。（2）举办各种业务竞赛活动，促进服务人员整体服务水平的提高。（3）注意安全。如果顾客在服务场所发生意外并受伤，不管企业怎样说，责任也是无法推卸的，所以，要注意服务场所的安全工作。

3. 加强投诉处理的培训

企业服务人员处理顾客投诉的能力与投诉事件是否得以有效解决有非常大的关系。首先，应在企业员工中树立顾客完全满意的观念、对员工进行培训，让他们积极了解企业的运转，企业的业务使命、战略整体目标，明确个人对顾客的态度直接影响企业的形象和最终的利润。其次，员工要掌握工作技术技能和沟通技能，熟练的技术技能是提供顾客满意的产品和服务的前提，如果直接与顾客接触的员工技术不过硬，举止笨拙，这就会影响顾客所感知到的产品和服务的质量，降低顾客的满意度。解决顾客抱怨管理工作经常与顾客直接打交道，企业内部也需要不同部门人员共同协作提高服务质量，所以掌握一定的沟通技巧对员工也是非常重要的，企业应有计划地对一部分员工，特别是与顾客经常接触的一线员工进行培训，使之掌握一定的沟通技能。最后，应树立“内部顾客”的观念，企业各部门之间，员工之间要相互协作，上一道工序应把下一道工序当成“内部顾客”，一线员工只有得到企业其他人员及部门的支持才能为最终的外部顾客提供优良的产品和服务。

4. 围绕“顾客完全满意”建设新的企业文化

顾客投诉管理作为企业内部一项活动，它的有效进行通常需要企业内部几乎所有部门的参与，所以强调重视顾客需求，以顾客满意为目标的价值取向必须得到企业所有员工的认同，而这种认同必须建立在“以顾客满意为中心”的企业文化中才能获得。

（二）有效处理顾客投诉

任何一个投诉都不是孤立存在的，都可能与企业的结构、流程、研发、销售和服务，甚至外部宏观、微观市场环境变化有关。

1. 为顾客投诉提供便利

企业应该为顾客投诉提供便利条件，鼓励顾客投诉，从而使企业能够重新审视产品、服务、内部资源管理等一系列问题，找出其中的不足，有则改之，无则加勉。①制定明确的产品和服务标准及补偿措施。企业通过制定产品和服务标准，可以使顾客明确自己购买的产品，接受的服务是否符合标准，是否可以投诉以及投诉后所得到的补偿。企业执行上述标准的过程中，还能在顾客投诉之前对产品和服务的缺陷采取相应补偿措施。②引导顾客怎么投诉。企业应在有关宣传资料上详细说明顾客投诉的方法。它包括投诉的步骤、向谁投诉、如何提出意见和要求等，以鼓励和引导顾客向企业投诉。③方便顾客投诉。企业应尽可能降低顾客投诉的成本，减少其花在投诉上的时间、精力、货币与心理成本，使顾客的投诉变得容易、方便和简捷。④企业应设立免费投诉电话或意见箱，建立激励投诉的制度。还可以专门设立投诉基金，实行有奖投诉。

2. 建立处理顾客投诉的机制

全力解决顾客投诉的关键是要建立起灵活处理顾客投诉的机制，包括：①制订和发展雇员雇佣标准和培训计划。这些标准和培训计划充分考虑了雇员在碰到公司服务或产品使顾客不满意时应试做的善后工作。②制定善后工作的指导方针。目标是达到让顾客感觉公平，并使顾客满意。③去除那些使顾客投诉不方便的障碍，降低顾客投诉的成本，建立有效的反应机制。包括授权给一线员工，使他们有权对公司有瑕疵的产品和服务向顾客作出补偿。④维系顾客和产品数据库。包括完备的顾客投诉详细记录系统。这样公司可以及时传送给解决此问题所涉及的每一个员工，分析顾客投诉的类型和缘由并且相应地调整公司的政策。

3. 处理顾客投诉的主要步骤

①安抚和道歉。不管顾客的心情如何不好，不管顾客在投诉时的态度如何，也不管是谁的过错，企业的服务人员要做的第一件事就应该是平息顾客的情绪，缓解他们的不快，并向顾客表示歉意。公司还得告诉他们，公司将完全负责处理顾客的投诉。②投诉记录。详细地记录顾客投诉的全部内容，包括投诉者、投诉时间、投诉对象、投诉要求。③判定投诉性质。先确定顾客投诉的类别，再判定顾客投诉理由是否充分，投诉要求是合理。如投诉不能成立，应迅速答复顾客，婉转说明理由，求得顾客谅解。④明确投诉处理责任。按照顾客投诉内容分类，确定具体接受单位和受理的责任者。属于合同纠纷问题，交企业高层主管裁定；属于运输问题，交货运部门处理；属于质量问题，交质量管理部门处理。⑤查明投诉原因。调查确认造成顾客投诉的具体原因和具体责任部门及个人。⑥提出解决办法。参照顾客投诉要求，提出解决投诉的具体方案。⑦通知顾客。投诉解决办法经批复后，迅速通知顾客。⑧责任处罚。对造成顾客投诉的直接责任者和部门主管按照有关制度进行处罚，同时对造成顾客投诉得不到及时圆满处理的直接责任者和部门主管进行处罚。⑨提出改善对策。通过总结评价，吸取教训，提出相应的对策，改善企业的经营管理和业务管理，减少顾客投诉。⑩跟踪。解决了顾客投诉后，打电话或写信给他们，了解他们是否满意。一定要与顾客保持联系，尽量定期拜访他们。

【阅读资料 6-6】有一种“品牌”从不打折——解读通州文峰大世界“满意工程”

“满意工程”伴随着文峰大世界来到通州消费者的面前。一路前行中，通州文峰依靠“满意工程”逐渐彰显出它的影响，并散发出独具特色的企业魅力。

“满意工程”其实是文峰对顾客诚信的一种承诺，它涵盖了商品经营和对客服务的所有层面，通州文峰大世界总经理殷跃平如是说。满意工程的观念、条款、管理及考核，是文峰企业现代服务意识的体现。

现在商业零售企业商品的同质化经营现象越来越严重，如何凸显企业的个性化经营风格和特色，就成为消费者评价优劣的“分水岭”。因此，每个企业都在追求差异化经营之路，其实质就是为消费者提供优质的个性化服务，文峰大世界的“满意工程”家喻户晓、有口皆碑，充分彰显了文峰企业超越商品经营之外的个性化特色和优势。

6 月的一天，吴先生在文峰大世界购买的计算器按键失灵了，购物小票也丢失了。抱着试试看的心情，他找到了文峰计算器专柜的员工说明事情原委，询问能否想想办法，帮忙维修。专柜员工非常愉快地收下了计算器并迅速送到厂家维修。由于维修的时间比较长，员工担心顾客着急，几次联系吴先生，告诉他情况。吴先生非常感动，在拿到计算器时，他连声感谢说：“只有文峰大世界才有如此为顾客着想的员工。”

11 月 8 日，家住希望苑的瞿奶奶来到文峰总台说了这样一件事：6 日上午，在文峰家电部购买豆浆机时她告诉专柜员工，家里有豆浆机和榨汁机，但是不运转了，这名员工听说后，下午就冒着大雨去了她家一直修到很晚才弄好。开始老两口都以为就这么随便一说，而且天又下雨文峰的员工不会来了呢。瞿奶奶说她当时真的很不好意思，本来请她吃点东西再走也被婉言谢绝了，而且晚上这名员工又打电话来嘱咐她：“使用以后不要清洗机头。”瞿奶奶说她和老伴很感动，这么好的员工真的是不多了。

其实，吴先生和瞿奶奶不知道他们只是众多有这种感受顾客中的两位。“一切为了顾客”作为一种思想、“让顾客切身体会到通州文峰的贴心和关爱”作为 一种职业要求，已经是文峰员工的一种自觉习惯了。

去年 1 月底，大雪纷飞，陈小姐拿着一件衣服来到文峰大世界。她告诉营业员，这件衣服是她在南通文峰为妈妈购买的春节礼物。到家后发现妈妈穿着偏小。临近年关，天气又不好，去南通不太方便，她问营业员能否帮忙，营业员检查完服装后，热情地让陈小姐在本柜调换了一件合身的尺码，而且还耐心地向陈小姐介绍文峰大世界各分店实行异地退换货的服务，陈小姐高兴地感叹道：通州文峰就像是通州人家门口的文峰大世界。

其实像这样的异地退换货服务，通州文峰从开业至今，已经办理了 400 多起，其他推出的诸如：提取销售额的万分之八专门用于倾斜贴补顾客、会员卡异地通用、异地订货、异地购物、电话购物等便民服务项目，更是使消费者享受到了前所未有的便利和实惠。

商业竞争从表面上看是商品的竞争，实质上更是满足顾客需求的能力和为顾客解决问题的能力的竞争。今年 4 月 10 日，家住二甲镇的孙军民顾客，3 年前在南通文峰购买了一款“诺基亚”的手机发生故障，考虑到去南通不太方便，所以试着到通州文峰手机专柜要求帮助维修，虽然根据国家规定该款手机已过了“三包”期限，但专柜员工考虑到顾客的实际情况后，不但收下了手机答应帮忙维修，而且还急顾客之所急，为顾客提供了备用机供其使用。通州文峰向消费者传导的就是这样一种贴心、自然、细腻、方便、快捷的服务。

“满意工程”是文峰大世界特有的品牌。在文峰的思路中，调整贯穿始终。商品可以调整，可以随着季节的变化而撤换、打折，但“满意工程”是文峰大世界唯一始终不变、永远不打折的品牌，并且通过日积月累的自我完善和自身修炼使“满意工程”这个品牌不断地提升、闪光。

【案例分析】

关于“晨光酸牛奶中有苍蝇”的顾客投诉处理案例①

某日，在某购物广场，顾客服务中心接到一起顾客投诉，顾客说从我商场购买的“晨光”酸牛奶中喝出了苍蝇。投诉的内容大致是：顾客李小姐从我商场购买了晨光酸牛奶后，连忙去一家餐馆吃饭，吃完饭李小姐随手拿出酸牛奶让自己的孩子喝，自己则在一边跟朋友聊天，忽然听到孩子大叫：“妈妈，这里有苍蝇。”李小姐寻声望去，看见小孩喝的酸牛奶盒里（当时酸奶盒已被孩子用手撕开）有只苍蝇。李小姐当时火冒三丈，带着小孩来商场投诉。正在这时，有位值班经理看见便走过来说：“你既然说有问题，那就带小孩去医院，有问题我们负责！”顾客听到后，更是火上浇油，大声喊：“你负责？好，现在我让你去吃10只苍蝇，我带你去医院检查，我来负责好不好？”边说边在商场里大喊大叫，并口口声声说要去“消协”投诉，引起了许多顾客围观。

请思考：如何正确地处理该投诉？

【实践训练】

1．根据陈列所学原则，同学们将衣服进行陈列、拍照，向全班同学展示，说明陈列的原因，老师和其他同学点评陈列效果。

2．同学们自选一些商品，进行促销，促销过程中要运用到所学的促销技巧，老师和其他同学点评促销效果。

---

① 人人网. 关于“晨光酸牛奶中有苍蝇”的顾客投诉处理案例. http://blog.renren.com/share/200256359/1287492230.

项目七　建设连锁物流

【知识目标】

1. 了解连锁物流的概念、重要性、活动要素和运作流程；
2. 了解连锁物流的配送特点；
3. 了解连锁配送中心的含义、功能、作业流程。

【能力目标】

能运用所学知识分析连锁企业物流现状，并提出一定的建议。

案例导入

宜家物流更换引发送货乱象　遭顾客投诉①

在展示区选中家具，到仓储区取得货物，到收银台交费，再到送货区办理送货服务，最后在家等着工作人员将家具运来组装好，这是每一个购买过宜家家具的顾客都熟悉的流程。但现在，这一看似完美的流程却因为宜家物流的混乱而濒临瘫痪。

近日，多名广州宜家家居的顾客向记者投诉称，在宜家购买家具并办理送货手续，宜家方面却不能按时送货，而且出现大量已下单的商品缺货的情况，造成诸多顾客迟迟不能拿到已付款的商品。

截至目前，作为全球最大的家具零售商的宜家并没有对此作出任何公开说明和解释。而记者经过多方调查发现，此次宜家家居物流出现混乱，很大程度上是由于宜家与第三方物流商产生纠纷，不得已更换广州地区的物流商造成的。

这是继宜家与产品代工厂产生矛盾之后，首次在物流环节上暴露出类似问题。而在物流危机的背后，凸显出来的则是宜家为了控制成本而将服务大量外包的“低

---

① 网易．宜家物流更换引发送货乱象　遭顾客投诉．http://home.163.com/13/0401/18/8RD7R5RJ00104JHL.html [2013-04-01].

成本本土化模式”充满隐患的现实。

物流更换引发送货乱象

“我再也不相信宜家了。”在多次沟通仍无法收到宜家的货物之后，吴小雨（化名）的不满溢于言表。3 月 10 日，吴小雨在宜家广州的商场买了一批家具，“当时是现货购买，其中一个桌面太大，只能选择送货，货单上定的是 3 月 19 日，运费 75 元。”3 月 19 日，宜家却没有把货送来，吴小雨多次给宜家致电催促，却均被告知“要再等等”。在等待中，宜家物流出现了混乱的迹象。“其间，出现了宜家把订单搞混的情况。”当吴小雨再次致电给宜家，宜家方面回应称其购买的桌面没有货了。这一回应让吴小雨感到费解：“我是自己买了货搬到送货区的，又不是下了订单没提货要求送货的，为什么会没有了？”

更令人惊讶的是，吴小雨致电宜家的外包物流公司上海虹迪物流进行询问，才发现虹迪物流与宜家早在 3 月 1 日就已经终止了在广州的合作，而吴小雨的送货服务很可能被遗忘了。

吴小雨的遭遇并不是特例。近日来，广州有大量顾客投诉称遇到了宜家延迟送货的情况。记者调查发现，这些顾客大多数是在 2 月底购买的商品，有的顾客的等待期甚至已经超过了一个月的时间。

而令这些顾客感到气愤的是，宜家并没有主动向顾客透露更换物流公司的举动，也没有对延迟送货进行公开解释，只是一直用“缺货”的理由进行拖延。

“现在看来，物流更替是造成此次送货混乱的主要原因。”一位被延误送货困扰的顾客对记者分析道，“安装部的人常打电话来问货送到没有，显然安装与新物流之间互相不支持。”

由于大部分顾客都是在宜家现货购买，所以在他们看来，宜家“缺货”的解释根本站不住脚，宜家缺货很可能另有隐情。

“在我的追问下，宜家的客服才承认宜家和物流公司之间出了纠纷，很多要送的货都丢了，所以找不回来。”吴小雨对记者说。

而一位宜家送货部的员工向记者证实了这一点，据他透露，虹迪物流确实丢了很多顾客的货，都是从商场重新出货给顾客，所以出现缺货情况。

“广州的事情已经惊动了宜家的瑞典全球总部，总部正在想尽办法到处调货过来广州应急，但是有很多款货品已经停产，所以很多客户遇到的问题都无法解决。”该员工对记者说道。

和平“分手”或暗含纠纷

营销经验丰富的宜家，显然对于更换物流公司给销售带来的动荡可以预见，但是宜家仍然如此坚决地更换物流，其背后的原因引人深究。

“3 月 1 日，我们与宜家终止了广州配送服务合同。”虹迪物流的总裁张鹏飞对记者表示。

2005 年，虹迪物流成立之初就与宜家进行物流合作。在张鹏飞看来，双方长期以来的“合作一直非常顺利”。

宜家广州分部的公关经理汪玲也向记者坦言，从 3 月 11 日开始，广州宜家的配送服务已经由上海新兄弟物流代替。“目前，虹迪物流依然是宜家的合作伙伴，虽然不涉及配送物流，但仍然提供安装和外仓的服务业务。”

从表面来看，双方可谓是和平分手，但是从双方回应的细节来看，这次更换物流很可能暗含着一些纠纷。

对于宜家与虹迪物流解除配送服务合作的原因，双方各执一词。张鹏飞对记者一再强调：“这次终止合作是双方经过协商之后的结果，没有什么特殊原因。”

而宜家则把矛头指向了虹迪物流：“2 月下旬虹迪出现了内部管理问题，导致部分顾客预定的送货服务出现延误。宜家一直与虹迪沟通协商，但是问题始终没有得到解决。我们才引入了新物流公司。”宜家方面回应。

据业内人士分析，宜家解除虹迪物流的配送业务很可能会引起虹迪物流的不满：“配送是物流的核心利润环节，被分割出来，肯定难以接受，只不过宜家是大客户，虹迪不好公开表现不满而已。”一位不愿透露姓名的物流专家对记者表示。

而宜家此次更换配送服务也表达了对虹迪物流的不信任，更换配送服务有可能是替换宜家整个物流业务的一个开始。“物流公司除了仓储和配送之外，还包括向客户提供各个环节的信息反馈服务，物流环节被分割之后，根本无法提供完整的信息。”汉森世纪供应链管理咨询总经理黄刚对记者分析。

另外，宜家“缺货”的原因也因双方的解释而显得扑朔迷离。

按照常规程序，在宜家和虹迪物流解除配送合作之前，顾客现货购买的商品应该是存放在虹迪物流手中，但现在宜家在配送时却面临了“缺货”的情况。记者就此事对双方进行了询问，虹迪物流和宜家都表示，不存在虹迪扣押或者丢失宜家货物的情况，但是这些货物到底去了哪里，双方均没有作出解释。

对于谁该为此次送货乱象负责的问题，双方也有分歧。宜家认为责任在虹迪物流，而虹迪物流则表示，虽然在春节促销时期，“出现劳动力不充足的现象，但春节后虹迪已经完成了所有消费者的订单”。解除合作之后的订单延误并不应该由虹迪来负责。

对此，黄刚认为责任应该是由宜家来承担：“消费者是将送货费用交给了宜家，所以无论第三方物流是否完成任务，都应该由宜家来对消费者负责，无论是赔偿还是道歉都应该由宜家出面。”

“此前我们的工作确实存在疏忽，对此我们很抱歉。”汪玲对记者说，“现在，我们已经开始处理延误的订单，并且对于后续问题一直在与虹迪物流协商沟通。”

低成本外包　模式受质疑

更换物流公司带来的送货乱象，其背后的根源还是在于宜家在中国推行的“低成本本土化模式”。

近年来，为了加速扩张步伐，宜家一直试图摆脱其最开始在中国树立的高端品牌形象，希望能降低商品价格，使商品更加亲民。宜家极力推广本土化模式，将生产、配送、安装等服务外包给中国的公司，利用中国廉价的劳动力降低成本，而宜家只负责设计和销售。

据宜家瑞典总部的发言人马格努松（Ylva Magnusson）对记者介绍，宜家运送服务的调配因市场而异。而在中国，主要通过第三方物流进行运送。

而从事多年家具物流配送的刘正海告诉记者，宜家在中国的物流几乎没有成本，配送、安装服务由外包的物流公司承担。

从去年开始，宜家在中国的门店掀起了大规模的降价促销，据宜家家居中国区公关经理许丽德介绍，进入中国以来，宜家的降价幅度为 50%，这些是宜家通过在供应链的每一个环节降低成本实现的。

宜家的低成本本土化模式，降低了商品价格，却也因此带来了诸多问题而饱受质疑。苛刻的成本控制造成了宜家与中国本土供应商的矛盾。去年，中国的十几家代工厂因忍受不了宜家不断压低采购价的做法，停止与宜家合作，就造成宜家商品供应出现危机。而据知情人士透露，此次宜家与虹迪物流停止合作，除了虹迪物流内部管理问题之外，双方成本问题谈不拢也是重要原因之一。

大规模的本土化给宜家带来了管理上的难度。随着本土化深入，宜家的供应链放大，合作伙伴也会增加，宜家的管理流程会拉长，这个过程中间，总有管不到的地方，可能会出现个别供应商缺失的环节。

“本土第三方外包已经是国际性大公司的一个普遍现象，”黄刚对记者说，“成本管理并没有错，但是在服务和成本管理上必须找到一个平衡点，不能为了控制成本而损害顾客的利益。”

请思考：通过阅读本案例，物流对连锁企业有何重要作用？

任务一 认识连锁物流

一、连锁物流的概念

物流是物资商品流通的简称，是物质资料从供应者向需要者物理性移动过程中创造时间价值、场所价值，也创造一定的加工价值的经济活动。连锁物流只是物流运营同连锁经营相结合的结果。连锁物流是指从商品采购到商品销售给消费者的商品移动过程，是与商流、信息流和现金流并列的四大连锁经营机能之一。

二、物流对连锁经营的重要性

（一）可以使商品流通渠道发生变化

未设物流中心的情况如图 7-1 所示。添加物流中心后的情况如图 7-2 所示。

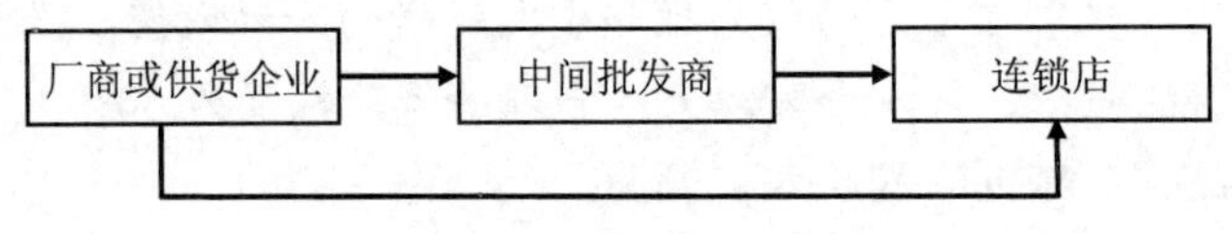

图 7-1 未设物流中心

图 7-2 设置物流中心后

（二）商品配送实现了集约化，降低了物流成本

没有物流配送中心，各供货方分别对各个连锁店供货，次数繁多；有了物流配送中心，各供货商只对物流中心一家供货，而物流中心则分别对各连锁店供货。物流中心可以把不同供货商的商品放在一起，形成商品组合，直接配送给同一个连锁分店，而供货商则达不到这一点，如图 7-3 和图 7-4 所示。

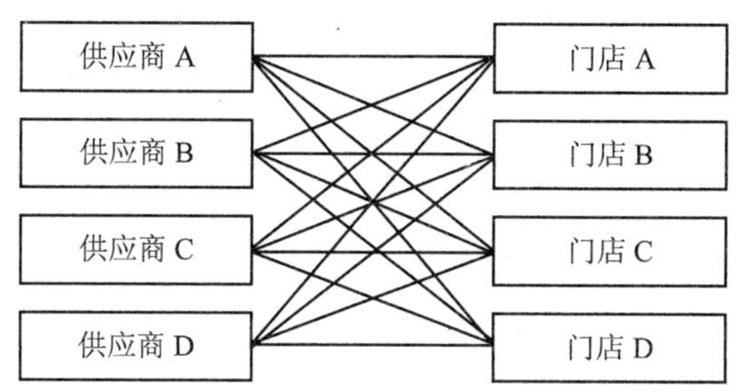

图 7-3 无物流中心的配送

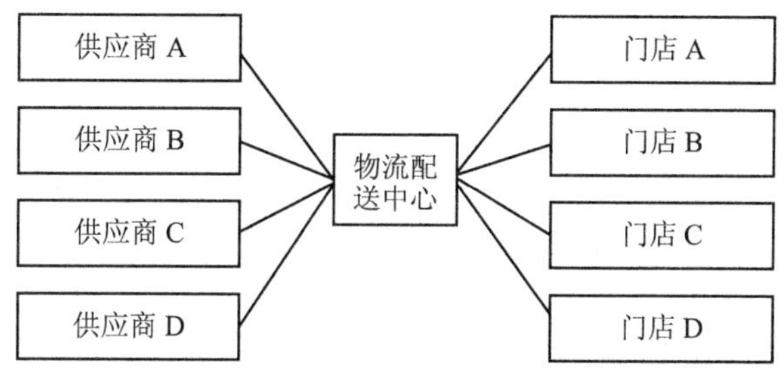

图 7-4 有物流中心的配送

注：图 7-1、图 7-2、图 7-3、图 7-4 引自：陈新玲. 连锁经营管理原理[M]. 北京：电子工业出版社，2009.

图 7-3 显示 4 个供应商分别向 4 家店供应 4 次商品则共有 16 次，每个供应商供应 4 次，每个店接收 4 次。图 7-4 显示，物流配送次数共有 8 次，即供应商每家只供一次，物流配送中心每店只供 1 次，各店接货也只有 1 次。

（三）减少连锁店物流操作，使连锁店更加专注于销售经营，也降低各店成本

如果没有物流配送中心，各连锁店在和供货商交接货、验货后，对商品要入库、加工、包装、贴标签，然后上架陈列。有了物流配送中心后，物品入库、加工、包装、配送等则放到了配送中心。而连锁店在接货、验货后，就可直接上架陈列了。

三、连锁企业物流活动要素

连锁企业物流活动要素是连锁企业物流系统所具有的基本要素，一般包括运输、储存、包装、装卸、搬运、流通加工、配送和信息处理七项要素。正是这些基本要素的有效结合，并联结在一起，相互平衡，形成密切相关的链条，进而实

现连锁总目标的物流系统。

1．运输

运输是连锁物流的关键功能之一。连锁企业运输工作包括选择合适的运输公司、与运输公司就运输费率进行谈判、运出货物后对货物进行跟踪、当发生问题时向运输服务商进行索赔等。运输承担了改变商品空间状态的重任。

2．储存

储存也是连锁物流的主要功能要素之一。连锁企业储存是以改变“物”的时间状态为目的的活动，以克服产需之间的时间差异。

3．包装

在连锁物流中，包装是指把包装的物质形态和盛装商品时所采用的技术手段和工艺操作过程连为一体。物流包装强调提高物流效率，也可称为工业包装。

4．装卸搬运

装卸搬运包括对输送、保管、包装和流通加工等物流活动进行衔接，以及在这些活动中进行检验、维护和保养所进行的装卸活动。

5．流通加工

流通加工又称流通过程的辅助加工活动。包括检验、分类和拣选等。

6．配送

配送是物流进入最终阶段，以配货、送货形式最终完成社会物流并最终实现资源配置的活动。

7．物流信息处理

物流信息处理包括进行与上述各项活动有关的计划、预测等动态的信息及有关的费用信息、生产信息和市场信息等活动。

【阅读资料 7-1】海淘只需 3 天 苏宁打造跨境物流“急速达”①

开抢仅 5 分钟，完成 30 万元销售额；13 分钟，100 万元；20 分钟，150 万元……一天卖空 41 个集装箱，这是愚人节玩笑？不！这是 4 月 1 日，苏宁易购香港馆发起的真五折促销活动，为内地消费者打造了一次商品丰富、流程简单、正品便宜的海外购物体验。

3 天后，这些集装箱里的商品，就陆续抵达用户的手中。“以前海淘，最起码要二三十天才能到货，没想到这次这么快就到了”，黄敏是资深海淘人士，看着眼

① 中国新闻网．海淘只需 3 天，苏宁打造跨境物流“急速达”．http://finance.chinanews.com/it/2015/04-14/7206536.shtml [2015-04-14].

前的包裹惊喜地说道："这真的是急速达啊！"

在国内，像黄敏这样的海淘者人数众多，数据显示，目前国内海淘用户规模已经超过 2 000 万人。虽然海淘用户规模巨大，但传统海淘模式下的商品鱼龙混杂，快递慢、运费高、售后难等问题，一直困扰着众多海淘者。

"我们 70%以上的货品物流时效都能达到国内物流+1 天"，苏宁物流相关负责人介绍说，"多出来的一天是必须进行的报关时间，这样的物流时效远远超过传统海淘数倍，极大地提升了用户体验。"

而随着电商巨头的涌入以及政府的积极推动，以 C2C 海淘为主的海外网购开始向 B2C 跨境电商进化，随之开始解决海淘者面临的一系列困扰。商务部预测，到 2016 年我国跨境电商市场规模将达到 6.5 万亿元，年增速超过 30%。

业内人士分析，此次苏宁易购香港馆 5 折大促，或许是为苏宁易购海外购频道正式上线预热。虽然此消息尚未得到苏宁官方证实，但从记者了解到的消息看，苏宁无论是在商品采购，还是跨境物流方面都已经秣马厉兵。

苏宁物流相关负责人介绍，苏宁物流已在广州、杭州、宁波设立了保税仓，后期还将拓展至苏州、天津等地区，打造出了苏宁跨境物流的桥头堡。目前广州、杭州等保税仓已打通订单信息、支付信息、物流运单系统，单个仓库的日处理能力从之前的 2 000 单提升到了 1 万单。

据此前消息，苏宁物流报关代理服务有限公司已经获批。按照计划，苏宁报关将设立在南京苏宁总部，后期根据业务需求将会在广州、杭州等试点城市设立分公司。拥有自己的报关公司意味着苏宁海外购平台售出的商品过关效率将大大提高，同时也将节约大笔报关费用。据了解，苏宁物流还计划打通跨境的各个环节，其跨境物流平台不仅限于服务自家的海外购项目，也将向第三方开放。

立足于保税仓桥头堡，苏宁着力打造出了跨境"急速达"的物流体系。据介绍，苏宁的跨境物流已经极其优化，用户下单之后，会从保税仓出货，经过报关之后，转为国内物流直接配送到消费者家中，目前这样的配送模式占到 70%以上，大大提升了物流配送时速。

在 4 月 1 日苏宁易购香港馆真五折促销活动中，不少消费者甚至三四天就收到了货品。据介绍，苏宁跨境物流之所以如此快速，除苏宁完善的跨境物流体系外，还得益于强大的大数据分析能力。在活动开始前，苏宁大数据分析团队对海外购用户的购买习惯进行统计分析，迅速锁定了奶粉、纸品、水杯等热销品类，并反向推动供应链铺货，提前一个月将货品储备到保税仓库，一旦消费者下单购买，就能从保税仓即刻发货。

业内人士分析，按照目前国内企业在跨境电商领域的进展，苏宁可谓遥遥领先，打通跨境物流、支付环节并成立报关公司，这就意味着苏宁在境外商户招商、商品仓储配送等环节已取得先发优势。

在专家看来，目前跨境电商发展尚处于探索阶段，一些中小微型企业涉足跨境业务往往需要花费大量的财力和精力。苏宁在跨境领域的布局如果能实现平台化，其将面临的市场规模或将远超过万亿级，也将有利于减少物流资源的重复性投入，提升行业的资源利用效率和整体发展水平。

四、连锁企业物流系统的运作过程

一般来说，连锁企业物流系统的运作主要包括如下环节：

（一）连锁店环节

首先通过 POS 终端（销售终端）来收集销售信息；其次，根据销售信息预测订货数量；最后再通过 EOS（电子订货系统）向特许人订货。

（二）订货管理环节

连锁企业总公司设有计算机中心（或信息中心），和店铺一起进行 POS 终端的管理；同时起指挥、协调作用，从整体上把握连锁店的经营和管理。总公司在收到各连锁分店发来的电子订货后，也以 EOS 的形式通过 VAN（增值网络系统）传至连锁集团的情报信息中心。

（三）连锁集团的情报信息中心环节

连锁集团的情报信息中心根据总公司发来的电子订单，通过计算机联网批示物流中心出货。同时，通过 EDI（电子数据交换系统）与厂商的信息中心随时保持密切联系。有时可直接将信息发给厂商订货。

（四）厂商环节

在规定的时间内，各厂商接收不同客户、不同商品种类的订货提示单，将各处的订货指示单汇总，开始制造订货商品或调度库存，并做好出货准备，然后往配送中心送货。

（五）物流配送中心环节

物流配送中心将各地厂商运来的整货验收入库，并根据各连锁店的订货要求，通过自动化机械进行自动分货、拣货，再将各家店铺的货物都集中起来，安排卡车配送。大部分的物流活动在该环节完成。

任务二　了解物流配送

一、连锁物流配送的特点

（一）订单频繁

由于连锁企业店铺多，而且分布广泛，订单频率高，大多数订单的货物种类繁多，数量较小，甚至有些订单有时间需求，如规定一定的时间送货或规定次数送货，这都加大了连锁企业物流配送的难度。

（二）货物种类众多

特别是大型综合超市，货物的种类一般都有上万种，规格各异，在客观上加大了货物配送的难度。

（三）配送点多，线路复杂

连锁企业经营的分店一般是经济比较好的城市市区，容易堵车、塞车。同时分店的数目较多，导致了配送线路比较复杂。

（四）附加的增值服务比较多

一般连锁企业配送中心除了配送服务以外，还提供其他增值服务，像拆零、附带处理退货等服务。

综合以上特点使得连锁企业物流配送要有更快的反应、更复杂的技术和信息支持，来满足现在连锁企业对物流配送的要求。

【阅读资料 7-2】百胜餐饮的物流配送模式①

百胜集团在中国的扩张中，渐渐发现了物流规划的重要性。中国地域广阔，地理条件多变，各地交通情况皆有不同，一个好的整体规划是成功的保证。尤其对于 DC（Distribution Centre，配送中心）的设置，如果说从一开始就规划错了，

① 中华考试网. 物流案例分析：谁给肯德基和必胜客喂食. http://www.examw.com/wuliu/anli/105300/ [2010-07-17].

那之后不管怎么去计算、调配路线，也最多只是在错误的基础上做得稍微好一点。

1997 年，百胜计划挺进东北三省，那时百胜刚刚跨入它的高速发展期，开始考虑整合各处资源。

对于 DC 的设置，当时有几种方案在公司内部引起争论。一种方案是把 DC 设在吉林长春，因为长春位置处在整个东三省的中部，如果在那里设 DC，可以兼顾到东北三省的各大城市，但是配送里程比较长。

另外一个方案是在辽宁沈阳设一个主仓，在黑龙江的哈尔滨再设一个副仓。这样的话，配送里程就会相对较短，运输成本也比较容易控制，但是两个仓库，两套设备，管理成本又比较高。还有一个方案是在辽宁大连设一个 DC。

配送部门在对这几种方案反复论证和精确计算成本后，1997 年年底定下初步规划，采用了第二套方案，在沈阳设一个主仓，在哈尔滨设一个副仓。经过 5 年多的运营，如今已基本证实了当年的规划是比较合理的。

华北地区的 DC 设置方案也经过一番论证。刚开始，百胜在北京和天津各设了一个 DC。1998 年，百胜开始考虑两地这么近，有没有必要设两个 DC，尽管这两个 DC 已经运营多年。

基于整体成本的考虑，几番论证后，百胜决定关掉天津的 DC，将其配送任务合并到北京。因为天津的 DC 在市内配送，而天津市内的餐厅并不多，运输成本虽然比较低，但维护 DC 的成本却比较高。

把天津的 DC 合并到北京，北京的仓库管理就可以形成规模效应，节省仓储成本和人工成本，还可以带来优化管理、设施等方面的好处。从配送里程上考虑，北京与天津之间距离很近，运输成本上升也有限。

多温配送

中国百胜的物流为自己的多种餐厅做配送，最难掌握的便是在提高品质服务与控制成本之间寻找一个平衡点。餐厅种类虽只有三种，但合起来近千家分布全国各地，每种餐厅配送的食物品种和状态都不一样，而且在一些地方还会有些地域差异，这对控制成本是个不利因素。

百胜的食品一般可以分为冷冻、冷藏和常温三种存储温度，冷冻一般控制在 –18℃，冷藏温度是 1～5℃。

百胜最终考虑的是如何去控制成本，所以他们打算采取这样的配送方法：自置一批冷藏车，负责冷冻食品的配送，冷藏食品和常温食品的配送工作则外包给其他公司，而一些供应商可以提供配送的，比如面包和饮料，就由供应商直接把货送到餐厅。

只配送单一温度的食品，配送难度就会比同时配送几种温度的食品难度小得多，这样百胜所付出的物流成本也会相应降低。但百胜最后并没有选择这种做法，因为他们考虑到，如果把各类食品分开配送，对接受配送的餐厅来说，将会是一个沉重的负担。餐厅的工作人员忙着不停地搬货，可能扰乱正常的营业秩序。这显然是一种不明智的做法。后来，百胜用了另一种解决方案，就是配备一种能在同一辆车中营造不同温度的车辆。这样，百胜可以先把所有食品集中到 DC，根据每家餐厅的需要将需要配送的原料集中到一辆车中，然后一次性配送到餐厅即可。现在百胜在全国设有十几个 DC，负责配送 200 多个城市。所以有人开玩笑说，如果只是从覆盖地域上来讲，百胜是世界第三大物流公司。

这种做法当然提高了物流部门的成本，但却方便了餐厅的运作，同时百胜的服务品质也提高了。从整体来看，只有把握住了服务与成本之间的平衡点，它的物流运作才是健康的。

这些年，百胜在不停地设计各种各样的操作流程，规定各种各样的手册和标准化的做法，百胜物流的服务品质每年都在提升。

动态路线

物流最大的成本是运输成本，运输成本的多少主要在于里程的多少，而里程的多少很大程度上取决于路线的安排。

现在百胜每年都会有超过 200 家新店开张，要跟上这种迅速扩展的脚步，百胜只能对自己的物流部门提高要求。

百胜的 DC 最远的配送距离是 300 公里，如果需要配送到 300 公里以外的餐厅，财务部门就会问物流部门，它的物流成本会不会很高？会不会影响到这家餐厅的投资回报率？

但现在再有这样的限制就有些不现实了，百胜除了西藏没有餐厅外，其余所有省份全都覆盖了。配送最远的一家餐厅有 1700 多公里，从北京直接配送到银川。面对如此巨大的配送任务，百胜不得不改变以前的静态路线安排模式，转变为动态模式。百胜的物流部门与餐厅之间一直有协议，一周送三次货，然后根据每个 DC 所要配送的餐厅，制定配送路线表。

最初，百胜物流按照排好的路线表在固定的时间把货送到餐厅，就像列车一样，在固定的时间，走固定的路线。但后来百胜发现每一次发出的配送车并不都是满的，如果车辆闲置太多，则会提高成本，所以百胜最终决定改变这种固定的模式，对路线重新进行安排。

以北京的 DC 为例，它负责近 200 家餐厅的配送，新的路线安排是：从最远的一条线路开始装配，把不满一箱的货调配到一箱，这样的路线安排往往可以省掉了一两条路线。

DC 是根据餐厅的销售预估送货的，而餐厅的销售预估经常变动，所以 DC 的路线安排也必须实时。采用这种变动式的排班方式就能有效地满足这种实时需求。事实上，这种排班方式增加了 DC 工作人员的劳动强度，但只有这样，才能在保证服务质量的前提下最大限度地控制成本。

为了配合这种动态路线安排的思想，百胜决定采用 Networks Routings（路线排程软件），并首先在北京投入使用。前不久这套系统已经通过了初步验收，效果不错，但还需要进一步的数据说明。

排程软件只不过是把这种排程逻辑自动化而已，对于一些规模不大的 DC，即使不用排程软件，只要按照这种逻辑去排程，也能达到预期的效果。

尽管中国百胜已有 100 多辆车，但是并不能完全满足所有的配送需求，所以他们将一部分配送任务外包出去。百胜的外包业务遵循两条原则。

第一是对于特别远的路程，车辆无法在一天内返回的，要外包出去。因为百胜的车辆回程不能带其他公司的货，配送所花的时间过长，会提高成本。

另外，一些特殊的路线也必须外包出去。比如百胜的司机一般都不擅长山路，路线中有山路的就交给别的公司来做。而且百胜也认为，必须把车辆数目保持在某一个平衡点上，既不出现闲置车辆，又要降低成本。

本土策略

如果从企业的发展角度来讲，像百胜这样的跨国企业，最理想的做法是把物流外包给专业的第三方物流公司，与之建立长期的战略合作伙伴关系。这样他们就可以集中精力开发市场，服务客户，增强核心竞争力。但是百胜从 1987 年进入中国到现在，一直都找不到一家理想的第三方物流公司。

初入中国时，也曾希望它在美国的物流服务商 Meclane Food Service 能一起到中国来。尽管百胜在美国和 Meclane 关系非常密切，但这一决定却并没有得到老搭档的认同。

麦当劳的物流服务商，夏晖食品有限公司的高级物流经理李万秋说：“外国公司在进入中国时，很难把原先的物流公司也带进中国，因为有一个很难突破的门槛，物流公司在创办前期投入非常多，物流成本也非常高，对方一般都不愿承担。”

然而有意思的是，夏晖是麦当劳的全球物流服务商，不管麦当劳走到哪，夏晖都死心塌地地跟着。

当然这不是人与人之间的爱情，而是企业与企业之间紧密的合作关系。麦当劳的文化建立比较早，合作伙伴在系统内部配合得比较好，只要麦当劳开拓市场，夏晖就算赔钱也会跟进去。早在麦当劳在中国开第一家餐厅前 8 年，夏晖就已经进入中国了。因为夏晖知道麦当劳要在哪开拓市场，它前期就要在那里建立基地，虽然这样的成本投入相当高。

事实上麦当劳进入中国，不仅带来了自己的第三方物流公司，其原来的供应商也都跟了进来，从一开始，麦当劳就在中国建立起了整个的供应体系。

百胜的市场策略跟麦当劳不太一样，它的很多供应商都是找当地的，并且利用当地供应商比较廉价的送货系统，这种本土化的运作策略为百胜前期的物流建设省掉了不少费用。业内人士分析:“在中国这是符合市场发展的一个阶段性的策略。”就是其竞争对手麦当劳也不得不承认，百胜因地制宜的物流运作模式在成本控制上很值得借鉴。

但像百胜这样的跨国企业，其发展思路是非常清晰的，在度过特定的时期后，它的物流配送又将采取何种模式呢?

在现有的基础上再给自己的老情人 Meclane 抛个媚眼? Meclane 会来吗? 有人说会，只要 Meclane 愿意跨过高成本的门槛，据说百胜现在的仓库大部分还都是租用的。

既然自己在做物流，而且从目前来看运作的还相当成功，那会不会随着公司业务的发展，从内部分离出一个专业的第三方物流公司呢? 一位了解百胜物流业务的人士说:“不排除这种可能性。”

二、配送中心的含义

配送中心是接收并处理末端用户的订货信息，对上游运来的多品种货物进行分拣，根据用户订货要求进行拣选、加工、组配等作业，并进行送货的设施和机构。是从供应者手中接受多种大量的货物，进行倒装、分类、保管、流通加工和情报处理等作业，然后按照众多需要者的订货要求备齐货物，以令人满意的服务水平进行配送的设施。

三、连锁物流配送中心的功能

连锁企业配送中心包括集货、存储、加工理货、分拣配货、装卸运输和提供商品信息六大功能，具体分析如下:

第一，集货功能。“统一采购、分散销售”是连锁企业的重要特征之一，而这项功能的实现是由连锁经营企业内部的配送中心来完成的。配送中心为了满足分店“多品种、小批量”的订货要求，优选供应商，采取统一大批量进货，再按各分店订货要求配送到各分店。

第二，储存功能。连锁企业物流配送中心要统一为众多分店提供商品配送服务，通过集中库存的存储功能，实现科学合理的统一储存，及时准确地配送货物。

第三，加工理货功能。连锁企业物流配送中心要对统一采购的货物进行处理加工，如拆包分装、开箱拆零等，进而满足分店销售与消费者购买的要求。

第四，分拣、配货功能。由于市场存在差异，各分店的销售也不可能完全一致。连锁企业物流配送中心要按照各分店的不同要求进行配送。

第五，装卸、运输功能。连锁企业物流配送中心运输功能是指通过合理的车辆调度和路线选择等一系列工作，将各分店所需商品按时、按质、按量运到目的地。而连锁企业物流配送中心装卸功能则是指在进行进货、理货、分拣和运输等各项工作时都辅之以装卸和搬运。

第六，提供商品信息的功能。连锁企业物流配送中心是连接供应商和分店的中间环节，连锁企业物流配送中心通过与各分店直接的信息交流，及时掌握分店的销售情况和商品库存状况。与此同时，连锁企业物流配送中心还会将销售和库存信息，迅速、及时地反馈给供应商，为供应商生产计划安排提供依据。

【阅读资料 7-3】江苏中和贸易有限公司物流中心概况

江苏中和贸易有限公司的物流中心主要负责整个公司的仓储和配送，其中仓储部分主要分为三个仓库：安踏仓库、李宁仓库、耐克仓库，由各自的主管负责；配送组主要负责将商品送到各个门店，如图 7-5 所示。

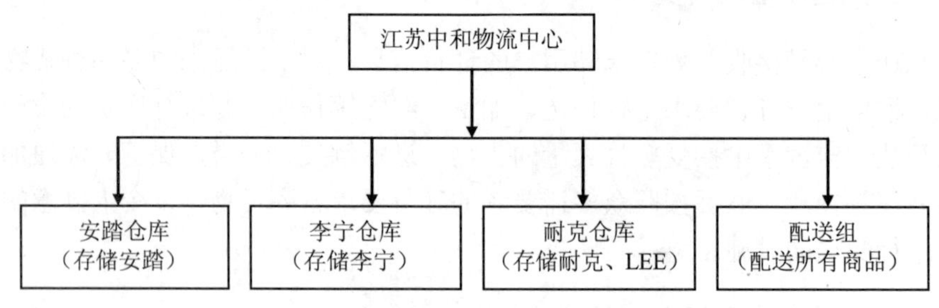

图 7-5　江苏中和物流中心结构

这些仓库都位于江苏省常熟市尚湖大道 50 号动能工业园内，三个仓库总占地面积 8 000 平方米，仓库总面积上万平方米，库房高达 12 米，可以利用仓容达 10 万立方米，可利用率 65%左右，物流部员工 120 人左右，其中安踏仓库员工就有 60 余人。此外，安踏仓库还是江苏中和最大的仓库，入库量和出库量都居于首列。

其中安踏仓库主要划分为三个区域，每个区域为一个小仓，分别为配件仓（配件仓主要储存配件，包括帽子、围巾、双肩包、袜子、篮球、水杯等），新品仓（以一个季度为周期，主要存储每季度刚上市的新品），过季仓和退货仓（过季仓和退货仓是并联在一起的，主要存储过季商品、退回的商品），详见表 7-1。

表 7-1 安踏仓库区域一览

配件仓	主要储存配件，包括帽子、围巾、双肩包、袜子、篮球、水杯等
新品仓	主要存储每季度刚上市的新品
过季仓和退货仓	存储过季商品、退回的商品

上述三个区域都采用了阁楼式货架，并采用四号定位法对商品进行定位管理。此外，安踏仓库商品的出入库采用了较为先进的管理软件——仓储管理软件（Warehouse Management System）。

安踏仓库运作模式

安踏仓库共有 1 位总监、两位经理、3 位主管和 7 个组长对其进行管理，仓库入库单的主要运作流程，如图 7-6 所示。

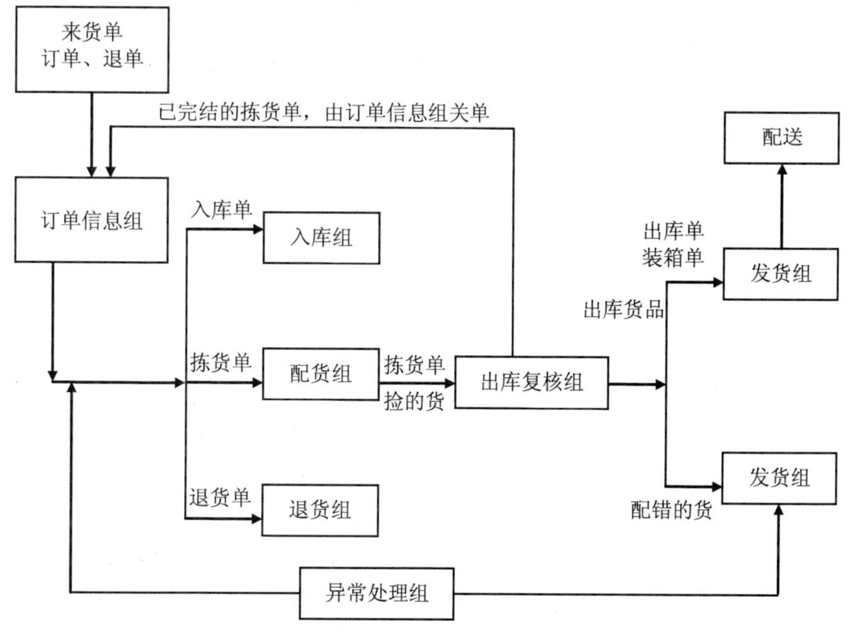

图 7-6 安踏仓库流程

1. 订单信息组

订单信息组有 3 人，1 人负责安踏新品入库等信息；1 人负责安踏专卖店的器材货架的订单信息，1 人负责安踏产品的订单信息。

2. 入库组

入库组人员流动性比较大，因为安踏新品上市有季节性，而且每次来货时间有周期性，来货数量有不确定性，所以入库员工数量不确定，但固定的有一名主管和两名负责入库信息的员工，其余员工为不定员工，来货时负责入库，其他时间在过季仓里负责退货。

3. 配货组

配货组分为两个小组，分别为服配组、鞋配组。配货组大都为男性员工，员工基本是固定的，只有在鞋子和服装数量差距太多的情况下，员工会有所调动。其主要工作是取订单，并根据订单上的商品，进行库位分布，根据所需数量配货。

4. 出库复核组

出库复核组有 13 名员工，分为 5 个小组，其中 3 组负责服装，两组负责鞋子。出库复核组主要是运用 WMS（安踏仓储管理软件）核对配货组配出的货（重点核对商品价格、尺码、型号等）。在核对无误的情况下，复核组员工会依次打印装箱单、出库单，并将出库的商品交给发货组，由发货组发货。最后，复核组员工会将已经扫描出库的配货单交给订单信息组进行关单；如果核对有误，出库复核组则将配错的货交给还货组，由还货组还货。

5. 还货组

还货组比较小，只有两三名员工。该组的主要职责是把出库复核组扫描出的错误货品（也就是配货组配错的货），利用 WMS 中的“货品查询”功能查询这些货品原先所在的仓库和库位，并由还货组人员将这些货品放入原来的货位。

6. 发货组

发货组分为两个小组：自营店发货组、客户发货组。

自营店发货组的职责是把出库复核过的货品中按配送线路划分并摆放在规定的区域内，当到固定的发货时刻，发货组员工会把所在线路各专卖店的货，进行确认并交给配送该线路的司机，经司机签字确认后发货。

相对于自营店发货组，客户发货组的工作要稍微轻松点，因为客户数量少，而且客户的单次进货批量大，加上是客户自己负责提货，客户发货组员工只需确定客户需求安踏商品的数量、金额和联系人即可。

7. 退货组

退货组的工作具有周期性，员工具有不固定性，一般与收货组协调工作。该组固定人员有一位主管、一个组长和两名员工，主要职责是把专卖店撤下的过季商品，以盘点的方式经安踏仓储管理软件扫描入库，归位于过季仓内。

8. 异常处理组

异常处理组负责人是安踏仓库总监和一名主管，员工是不定的，当安踏仓储活动有异常时，总监和主管制定应对措施，抽取其他组的员工来处理。

四、连锁物流配送中心的作业流程

（一）下达接货指令

连锁企业总部根据各分店商品的销售情况，向有关供应商提出进货要求，并向配送中心下达准备接收供应商送货的指令。该阶段，物流配送中心要完成订单处理作业和采购作业两项工作。

（二）接货、验货和入库

当供应商按时将商品送达配送中心后，配送中心要做好对所送商品的清点和核对，查看是否与总部的订单要求相一致，商品是否有缺损等。做好商品的入库登记和入账，并按配送中心对商品的管理要求，在包装上打上识别码，按仓储管理要求将商品“对号”存放在指定的仓储区内。并将收到商品的详细信息及时上报总部有关部门。

（三）库存保管

当商品入库存放后，保管人员要按照商品保管的制度、规程和技术要求进行严格作业。保管的要求包括对商品入库上货架、出库下货架的种类数量等方面认真清点、核对与记录，加强对商品在存放期间的质量、安全的管理，安排好货品进出库的顺序和方式。

（四）拣取、加工和集配

此阶段，物流配送中心要根据各分店的订货要求对货品进行分拣、配货和流通加工作业。为有效保证货品的供应，工作人员要根据各分店订货单资料的统计，确保货品的实际需求量，按照不同分店的订货单资料印刷出库拣货单，并根据拣货单进行商品分拣、集配，将商品有序地堆码在集配区内准备送货。

（五）配送商品

配送中心的有关管理人员在接到总部的送货指令后，向送货车辆下达送货单，送货单的信息要翔实，包括送货时间、分店名称、商品种类及件数等。负责配送车辆的工作人员，按送货单到集配区进行装货、做好取货记录后，将商品送达到各分店，各分店要进行清点、核对和验收。

【阅读资料 7-4】百安居的收货与配送流程①

下面以百安居北京金四季店为例，简要介绍百安居（B & Q）的收货与商品配送流程。

2003 年开设的北京金四季店占地 3 万多平方米，拥有 1 200 个车位超大免费停车场，不仅是 B&Q 全球最大的旗舰店，而且在年销售额、商店贡献率（包括每平方米额、员工平均额、毛利、利润额等指标）和技术（包括公司运作水平、人力资源、各部门的专有技术等指标）等方面居于领先地位。该店有 50 000 多种商品，一层以建材管件、地板木材、油漆涂料、五金工具、园艺花卉为主，能为顾客提供在家居装潢过程中所需要的一切建材用品；二层不仅有精心设计的样板房，同时各种灯具、厨房设备、卫浴洁具、时尚家具以及软装潢产品琳琅满目，可以满足顾客轻松完成个性化家居装饰的需要。

百安居的每家门店都设立了商品部，商品部又分为前台和后台。前台主要负责承接客户投诉；后台主要有收货部与配送中心两个业务部门。

收货基本安排在百安居的营业时间范围内，从早上 8 点到晚上 8 点，为节省费用，尽量避免晚上接货。收货部接到厂商送货后，同配送中心和前台进行交接。如果是 IS 现货，属于常规补货，由商品部相关部门人员负责直接送到不同的货位，收货部也有小面积的仓库，可暂时存放商品；如果属于 CAB（已经卖出去的产品）特殊订单，则直接交给配送中心，配送中心再根据不同的送货方式——顾客自提、百送（消费者购物额达到 6 000 元由百安居负责配送）、电话联系（确定是自提还是百送），不同处理。北京金四季店的收货部平均每天约处理 120 个订单，每月共三四千个订单。

收货时，SAP 系统的流程控制模块 SOP 严格规定了每个员工的职责。如货物送到以后，先要由保安进行送货单登记，再由两名收货员分别签字，然后文员进

① 中国物流与采购网. 百安居：成功源于高效供应链管理. http://www.chinawuliu.com.cn/xsyj/200702/12/136979.shtml [2007-02-12].

行送货单录入（只需在系统显示的相关品项后面添加数量即可），最后由主管复核（每天傍晚抽查）。有了极为严格的机制，经层层把关，有效地减少了漏入、录错现象，将收货差错率控制在千分之一到千分之二。

按照百安居的规定，进入门店的商品必须有条形码。条形码贴在每个单位商品的外包装上，结算时简单地扫一下条形码即可，大大加快了顾客结账时间，也便于了解商品情况。如果供应商的商品自带条形码并可以识读，则直接添加到系统中，以减少工作量与成本，提高运作效率；否则由百安居自己制作、打印条形码后再粘贴在商品上（此项成本由百安居承担）。

配送中心主要承担仓储与配送两块业务，按照工作职责设立了文员、仓管员、自提组、发车组、调度组 5 个工作岗位，分工清晰，各司其职。百安居销售的 90% 的商品都从这里发送出去。

在配送中心，文员起到物流导航的作用。文员每天到商品部前台取回送货单，再录入到系统中去，并对每天的发货数量进行核实、统计。送货之前，文员需要预先同顾客联系好，约定送货时间；送完货之后，文员马上在系统中登记送货时间、送货司机，便于顾客今后查询商品。

配送中心采用高层货架，商品码放密集但极有条理。库区首先分为自提区与百送区，自提区再按照商品类型划分存储区域，如瓷砖、厨电、浴室设备等分门别类集中存放。货架上层存放整托盘货物，用叉车完成存取；不方便叉车行走的地方，专门存放需要手工搬运的商品，如浴缸等；易碎品如瓷砖等存放在货架上，以避免因不慎碰撞而可能造成的损失；对于非标商品，如玻璃淋浴房要垂直竖放，则按照商品的特殊形状专门定做了非标货架。为避免顾客到期限不来提货，占用仓储空间，配送中心有专门人员提醒顾客来提货，并规定如果超过期限，每天收取商品总额的千分之一作为仓储费。

配送中心收货后为每个送货单位都制作了一张标签，贴在商品包装的显著位置，内容包括订单号、顾客姓名、提货时间等。每天收货后对配送中心货物进行整理，配送中心打印出送货单，交给第三方物流公司的送货员。百安居将北京地区划分为十几条线路，同一线路顾客的商品要集中配送，并保证车辆的满载率。前一天晚上，送货司机到百安居的配送中心装车，第二天早上送货。

发货区设在仓库外面，共划分了 15 个车位，一辆车对应一个车位。按照送货路线，将一位顾客的商品统一放在一个托盘上，以免出错。物流公司运输车按照实际需要灵活调动，旺季时每天约需 20 辆车。百安居规定，每辆车一天要完成 20 个顾客的商品配送。

【案例分析】

案例 7-1　亚马逊与沃尔玛、Zara 本质上讲的是同一个故事：物流[①]

事实上物流是亚马逊、沃尔玛和 Zara 三家公司的经济事务基础。与竞争对手相比，他们能更好地处理其业务的物流部分。这是他们在市场上的绝对优势。

亚马逊的故事广为人知。对效率和成本的强烈关注意味着该公司能继续提供比竞争对手更低的价格。我们这些消费者喜欢这一点，所以他们赢得了我们的生意。他们把借此挣到的钱用来创造另一个良性循环，实现了更高的效率。在实际现金流方面，到目前为止这种关注为股东们带来的收益寥寥，因为亚马逊对这个方面投入了如此多的精力，以至于很少获利，更别说发放股息了。

但不那么广为人知的是，沃尔玛的绝对优势在很大程度上也来源于此。他们是最先认识到销售体系价值点的人（在山姆本人的领导下）。他们让你知道你的商店正在售出什么。不，不是已经售出了什么，人人都能知道这一点，而是目前正在售出什么。

如果顾客购买的商品被收银台的电脑扫描（条形码显然对此至关重要），那么你每时每刻都能知道有多少罐有机黑豆正在走出商店大门。这意味着如果你愿意，你可以开始考虑是否应该从供应商那里订购更多货物，或者安排下一辆货车从仓库开到那家门店。谁知道呢，或许克里奥尔烹饪风格在某个城镇突然风靡一两个星期，导致人们蜂拥购买秋葵。

实时了解这方面的资讯能帮助你让那家门店再次顾客盈门。沃尔玛的系统比这要复杂得多：主要的供应商与沃尔玛的计算机系统联网，这样他们就能更加详细地知道销售情况，从而制订自己的生产计划。

另外，沃尔玛花费了大量的时间和精力来考虑货物到门店的实际配送。他们试验了如何才能最有效率地为货车装货，也就是货车本身的效率。把这些活动描述为物流而不是零售会更加恰当。所以，把沃尔玛称为本质上是一家物流公司，这是完全合理的说法。

Inditex 和 Zara 的故事与亚马逊几乎相同。他们改变了时装界的惯常做法，对产品物流的重视超过了其他任何方面。例如，现在大多数时装连锁企业在中国或其他远东国家进行生产，而 Zara 仍然在很大程度上将生产放在欧洲，尤其是伊比

---

① 虎嗅．亚马逊与沃尔玛、Zara 本质上讲的是同一个故事：物流．http://www.huxiu.com/article/31815/1.html [2014-04-15].

利亚半岛。不错，直接成本确实更高，但交货时间大大缩短。

如果你从中国进货，你必须下大单，提前很长时间订购（提前 3 个月并不罕见），需要 30 ~ 45 天才能到货。如果你是按季销售服装的话，那么这没什么大不了的。但当你卖光了某种流行的服装后，你就真的卖光了。

而 Zara 的做法完全不同：他们可能会在一年里推出多达 1 万种不同的设计款式，每种只上架几周时间。通过在商店附近生产服饰，如果某件产品热销，他们可以迅速补货，我听说只需要短短的 10 天。这实际上又是关于物流而非零售，也就是如何组织生产和分配过程以最大限度地提高时间效率而非成本效率。

不错，我承认这说得有点过头了。这三家公司显然也都是零售商。但从经济学角度而言，沃尔玛、亚马逊和 Inditex 在本质上是物流公司，他们的竞争和绝对优势就来源于此。

案例 7-2 Zara 创新的物流配送①

位于西班牙西北部的一个人口仅有 28 万的偏僻渔港小镇，是 Zara 所属的 Inditex 集团总部的所在地——拉科鲁尼亚。这里又被称为是“世界尽头”，沿着海岸线开车 10 分钟就可走完。我们带着疑问来到这座典型欧洲特色的幽静小镇，尝试解读 Zara。

一、从顾客开始，逆向思维的设计概念

Zara 品牌的 200 余位平均年龄只有 25 岁的专业设计师，随时穿梭在世界各大城市街头以撷取设计理念与最新的潮流趋势；实时与全球各地的 Zara 店长进行电话会议，通过了解各地的销售状况与顾客反应，来灵活变通调整商品的设计方向，进而仿真仿效，推出高时髦感、针对性极强的时尚单品。

顾客是 Zara 运作环节中的起点，从门店开始，店员会收集顾客的信息，如顾客说：“我喜欢这件裙子的颜色，但有没有短一点的？我不想要这么长的。”Zara 参考消费者所需，结合最新时尚，立刻制造出来。每年，Zara 可以快速设计出 25 000 款产品，是 H&M 的 4～6 倍。

二、环环相扣、灵敏严谨的供应链系统

Zara 设计出的样品，会立刻传到 5 分钟车程内的制造工厂。但在这里，并没有许多工人在工作的场面，取代的是正在电脑排版的人员。因为一件衣服可能是由 20 块以上的布片拼贴而成，人员透过电脑组合计算，让一大块布可一次剪出最多的布片，以降低浪费。电脑作业用 1 秒钟起落时间，就剪下超过百层的布

① 中国经营网. Zara 创新的物流配送. http://www.cb.com.cn/gongsikuaixun/2012_0712/395423.html [2012-07-12].

料。而这些剪裁完成的布料，会立刻送到周遭 400 家的家庭代工厂缝制，最后送回工厂。

为贴近流行中心，不同于其他全部生产外包给中国的同业，Zara 把生产重心放在人力成本比中国贵 8 倍的西班牙，50%左右的 Zara 产品都是通过自己在西班牙的工厂来完成的，只有最基本款式的 20 款服装在亚洲等低成本地区生产，并且和国际纺织工业协会签订了生产规范，Zara 拥有全球化的生产供应链，全球采购、全球生产。

为了达到让人人享受快速时尚的目标，产品即便在中国生产，也要运回总部统一出货分配，而不会留在中国销售以节省运费和关税。

三、流动的仓库，有条不紊的迅捷支持

在 Zara 西班牙最大的物流中心里，每根杆子代表着 Zara 全球不同的门店。每周，Zara 全球 1 800 多家门店会向总部下单两次，这些衣服透过条码自动扫描而“滑入”杆子后，杆子又会把衣服推向纸箱里，然后纸箱又自动滑入轨道内，排队贴上条码标签，最后，一楼总计 178 个大门，各自等着一台货车，每天两次，把产品运送到全球各专卖店。

一周逾 250 万件衣服的物流量致使 Zara 仓库里所有的服装都不会停滞超过 3 天。在 Zara，仓库的意义不是拿来“存放”东西，而是用来“流动”的。

四、创新的物流配送是优势所在

世界各地的 Zara 门店店长按照自己店内消费者喜爱的款式、风格和爱好来选择需要的产品，根据自己门店的需求向总部要求进行服装的调配，每隔 3 周就会进行全面性的汰旧换新，全球各门店在两周内就可同步进行更新。

时尚代表着要快。为求产品能在 48 小时内出货到欧洲以外的区域，Inditex 愿付出空运成本高两成的代价。Zara 在法国、德国、意大利、西班牙等欧盟国家以卡车运送为主，平均 36 小时即可运达连锁店，在这些地区的销售占总销售量的 70%。剩下 30%的销售量，则不惜以空运的方式提高速度，送到亚洲、美国、东欧等较远的国家和地区。

位于中国的每家 Zara 连锁店都可以像全球所有的连锁店一样拥有独立的订货权，哪怕某款服饰只预订了一件，也都是 48 小时之内送到店内、上柜销售。因此，所有新品到达 Zara 全球连锁店的频率都是一样的，不同之处则是消费者的不同喜好决定了世界各地的 Zara 门店内不同的服装款式和风格。

因为 Zara，衣服对人们的意义从耐穿纺织品，演化到快速时尚消费品，《新闻周刊》引述西班牙媒体报道，指出 Zara 颠覆了百年时尚产业的游戏规则。走在 Zara 所在的拉科鲁尼亚小镇静谧风情的古老街道中，放眼望去，这里连接着海洋，联系着世界的最前沿。

请思考：目前，中国大部分的连锁企业非常重视销售，但是物流管理这一块却是一大短板，通过上述案例的阅读，上述企业中的物流管理对中国的连锁企业有何启发？

【实践训练】

实地调研一家连锁企业的物流情况，分析其物流管理现状，并提出一定的建议。

项目八 创建连锁企业信息化系统

【知识目标】

1．了解连锁企业管理信息系统的概念、功能和构成；

2．了解连锁企业的主要管理信息系统（POS 系统、EOS 系统、EDI 系统、MIS 系统）。

【能力目标】

能用所学知识观察连锁行业信息系统的运用情况。

案例导入

沃尔玛的未来超市[①]

沃尔玛正在加大社交网络和移动技术的投入。就在 12 月初，它推出了一款名为 Shopycat 的应用软件——使用这款社交应用软件，用户可为朋友、家人或 Facebook 上任何通过个人兴趣或其他背景联系起来的人挑选礼品。

目前，沃尔玛正试图让旗下 3 800 家美国门店和几百万雇员参与进来，在门店自提以及在门店配送范围内产生的网络订单销售额都将计入门店团队的销售业绩。刚刚成为沃尔玛电子平台全球负责人的安德森认为，超大购物中心时代已经慢慢逝去。

那么，5 年，10 年，未来的超市会是什么样子？

先来看看一家位于德国小城莱茵伯格的超市，在这家超市的门口你会遇到一个叫做 Eilly 的机器人。此时，那些酷爱在超市里疯狂购物的人恐怕会幸福地笑出声来，Eilly 不仅拥有可爱的造型，还能在最短的时间里引导你找到购物单上所有的商品。

当然，在这家超市里还有点不太一样的东西。

---

① 凤凰网. 沃尔玛的未来超市. http://finance.ifeng.com/leadership/sxydt/20111209/5239699.shtml [2011-12-09].

德国人不太喜欢吃鱼，他们最喜欢吃猪肉，所以在德国卖鱼时需要多做些努力。当跟着 Eilly 来到鱼类柜台前，你会发现特别的一幕：在热带海洋的珊瑚丛中游来游去的鱼正在你的脚下——当然不是真的鱼，而是利用了投影仪的技术。有意思的是，当你在挑选品种时，它们甚至会火速逃离现场，营造出一种“不要捉我”的趣味。喜欢红酒的话，还可以在红酒区领取电脑自动发放的品酒卡，一次品尝六种不同味道的葡萄酒，而不是冲着降价或者促销礼物带回自己不喜欢的口味。

这座由德国麦德龙（Metro）集团投资建立的 Extra 超市其实早在 2003 年就已建立，被当地人亲切地称为未来商店（Smart Helves）——不仅是因为 Extra 在现实的环境中采用了先进的应用技术，更重要的是它还吸引了诸如 IBM、微软、英特尔、SAP、NCR 等分属不同领域的 IT 巨头的加入。

按照麦德龙的说法，除了增加购物的趣味性，顾客在购物中还会借助未来商店所采用的电子价签（ESL）、自助结账系统和无线射频识别（RFID）等革新技术来体验一个独特的购物环境。比如，智能秤可以自动识别称重产品，同时打印出条形码标签。配备有便携式“队列胸卡”结账设备的店员可以随时结账，还有移动销售点系统可以随时查询存货信息，并在缺货时推荐替代品。

高科技购物就这样从实验室走入了现实世界。

技术从来都不是花哨的摆设，沃尔玛公司当时就是靠研究这些非常实用的技术迅速挫败所有对手，成为世界上最大零售公司，以至于许多零售企业都把它称为零售技术的“教父”。尽管山姆 · 沃尔顿本人对技术很厌恶，但他不得不承认，IT 可以改变游戏规则。

20 世纪 80 年代中期，沃尔玛公司购买了当时美国最大的私人卫星通信系统，全美国沃尔玛连锁店的员工都可以通过店里的电视看到当时的 CEO 在阿肯色州本顿威尔市的演说。所有负责运送货物的卡车都被装上了 GPS。这样做的好处是，沃尔玛使用条形码信息通过配货中心就可以安排发货和跟踪货物，商店同时收到信息：什么商品在哪辆卡车上，什么时候到达，中间过程完全透明。

在麦德龙的未来超市中，一种被称为 RFID 的技术被广泛地运用，它可以在缺货时向后端的管理系统发送补货消息，也可以自动跟踪每种商品的销售速度和销售数量，并同时具有安全防盗功能。另外在超市里还有 4 万个 RealPrice 电子价签，不仅代替了手工更换纸价签，而且还可以确保每件商品与档案价目表的匹配。

除了类似的对 IT 信息系统的投入，另一家超市巨头 Tesco 最近几年也在做一些新的尝试——在店内推出新的移动应用终端，让客户能够迅速找到他们在其商店购物清单的产品。“很高兴我能发现品牌优质的苹果酒和巴斯马蒂大米。”尼克是研究和发展部的负责人，他希望通过这项技术，让顾客能够更容易获得购物中的惊喜，至少更轻松。

在这些大型超市的负责人看来，超市正测试的最新技术将会成为未来零售业发展的主流。他们希望技术为购物者提供更佳服务的同时，也能帮助其降低成本。而这些新技术的演变与推进，将使得未来的超市变得更加智能与个性化。

请思考：通过阅读本案例，结合自己的体会，畅想下未来零售业店铺的发展前景？

任务一　认识连锁企业的信息化系统

一、连锁企业管理信息系统的概念

连锁企业信息管理系统以计算机管理为基础通过信息的收集、传输、存储、分析、整理、输出和使用，为连锁企业经营管理的全过程提供完整的信息服务，使企业的信息系统既能服务于企业内部信息的传递，也能保证企业与外部之间的密切关系。

二、连锁企业管理信息系统的功能

（一）信息采集功能

连锁企业信息管理系统在信息采集上具有明确的目的性和针对性，主要通过科学的方法收集来自企业内部和外部的信息，包括各门店、配送中心、总部、供应商和银行的信息。

（二）信息加工功能

连锁企业可以借助计算机进行信息加工，通过信息加工使有用的信息变成企业各个层次决策所需要的信息资料。信息加工包括对信息的分类、筛选、整理、计算、判断、分析、编写、鉴别等工作。

（三）信息存储和检索功能

连锁企业信息管理系统作为企业经营管理所采用的信息资料库必须具备对原始信息进行排序、分类、汇总、计算、存储和检索的功能。

（四）信息传输的功能

连锁企业信息管理对采集来的信息进行加工、处理、分析，要分门别类地及时传送到企业内部和外部的需求者手中，确保不同的使用者及时接收需用信息。

三、连锁企业管理信息系统的构成

连锁企业的管理信息系统主要包括连锁总部、配送中心、连锁分店三个管理系统。

（一）连锁总部管理信息系统

连锁总部信息管理包括采购管理、商品管理、库存管理、配送管理、销售管理、客户及会员管理、供应商管理、员工管理、财务管理、基本数据管理、销售统计、营销分析和系统管理等内容。连锁总部管理信息系统包括进货管理子系统，销售管理子系统，财务会计管理子系统，连锁总部决策支持系统，库存管理子系统，商品进、销、存子系统，人力资源管理子系统。

（二）配送中心管理信息系统

配送中心管理信息系统是对配送中心内商品的出入库、保管、组配、加工及配送的管理信息系统。配送中心的物流作业是在配送中心的计算机管理下进行的，必须与总部和各分店系统相协调才能完成其功能。配送中心信息管理包括入库管理、出库管理、损益管理、盘点管理、预警管理、运输计划、配载管理、车辆管理、基本数据管理和系统管理等内容。配送中心管理信息系统包括业务管理、盘点管理、在库商品管理、查询系统、库存结构分析、账目管理。

（三）连锁分店管理信息系统

连锁分店管理信息系统是整个连锁企业管理信息系统的重要组成部分。连锁分店信息管理包括订单管理、进货管理、卖场管理、库存管理、销售管理、盘点管理、客户关系管理、基本数据管理和系统管理等内容。连锁分店管理系统是由后台管理系统和前台销售系统构成，共同进行门店业务管理，实现商品的分类管理，单品的进货、上架、存储、补货和销售功能以及销售数据汇总，上传总部等功能。连锁分店管理信息系统包括收款机管理、到货管理、数据统计、销售管理、补货管理、盘点管理、会员管理。

【阅读资料 8-1】金鹰商贸被电商夺 15%业绩　欲借移动端反击[①]

在电商领域“一直很安静”的金鹰商贸集团开始发出声音，金鹰商贸高层公开表示，电商的发展已经给公司业务造成较大损失，未来有意通过移动互联网进行反击。

金鹰商贸董事长王恒在全年业绩记者会上表示，国内电商高速发展，预计已对公司营业造成 15%的损失，公司未来将积极开拓 O2O 电商平台作为应对。

金鹰首席信息官兼副总裁王明远则透露，公司去年在发展线上业务投入约 4 000 万元人民币，未来会继续投入资金。

而对于具体的电商规划，金鹰商贸的大方向认准了移动互联网和 O2O。王明远表示，金鹰对 O2O 概念已经思考了很久，觉得 O2O 不是简单的一个线上下单、线下取货这么简单，一定要实现移动化、社交化。“百货卖场如果有可能逆袭纯电商企业，我觉得移动终端会是一个最大的机会。”

实际上金鹰已经开始在移动互联网方面迈出步伐。早在 2012 年，金鹰商贸上线了自己的移动客户端“掌上金鹰”，据王明远透露，目前掌上金鹰 APP 的总下载量已经超过 110 万。

据悉，掌上金鹰的主要功能集中在商场活动信息发布、商品推荐、积分兑换等方面，不过目前无论是品牌折扣还是商品推荐，掌上金鹰都不支持用户在线下单，只给用户提供商品具体位置，引导用户到线下消费。

除了独立的移动客户端，掌上金鹰还有计划在线下推出手机支付形式。据其官方透露，公司今年将全面推出手机支付及手机电子券。王恒预计，金鹰今年会有逾 50%的柜台可使用移动支付收银，未来还将投入约 4 000 万元人民币，以改善业务电子化。

【阅读资料 8-2】顺丰嘿客——网购虚拟体验店[②]

“快递也开始卖货啦？”家住北京通州的林先生近日发现，小区底商开了一家名为“嘿客”的门店，进去后发现，这家店里没有食品、饮料、衣服等商品，只有各种商品的纸板广告。店员介绍称，顾客可以预购店内展示商品，通过电子触摸屏平板电脑下单，快递就会送货上门。此外该店可以帮客户代缴水电费，购买

---

① 亿邦动力网. 金鹰商贸被电商夺 15%业绩　欲借移动端反击. http://www.ebrun.com/20140328/94969.shtml [2014-03-28].

② 新京报网. “网购实体店”——顺丰“嘿客”布局社区抢占 O2O. http://www.bjnews.com.cn/finance/2014/06/26/322574.html [2014-06-26].

飞机票、火车票，寄取快递等。经过询问，林先生得知，这家“嘿客”属于顺丰速运旗下。

对于顺丰“嘿客”，目前还没有准确的称谓来定义这一类门店，暂且称为“网购虚拟体验店”。“嘿客”目前只能实现在实体店网购的功能，并辅以纸板广告用于宣传，各地区合作商户的数目较少，离预想的模型还有相当远的距离。不过值得注意的是，除顺丰外，这种布局社区的实体店模式已经被阿里、京东、苏宁等电商大佬纷纷看中。做快递出身的顺丰，能否借助“嘿客”门店杀出一条血路占领 O2O 市场，还需时间来检验。

“嘿客”模式还在探索

近两年，电商圈里最火的概念当属 O2O（线上到线下交易）。原本是快递巨头的顺丰速运，因其与电商密不可分的关系，选择了以社区实体店+网购预售+快速配送的形式布局 O2O。

5 月 18 日，全国 518 家顺丰旗下的“嘿客”面世，到目前已试运营一个多月。北京地区的“嘿客”业务负责人对《新京报》记者表示，北京的消费者近期对“嘿客”这一新生事物很感兴趣。

顺丰方面称，网上售卖的商品，很多都需要用户进行实际体验，其中最典型的就是家电、3C、生鲜、服装衣帽等高体验度品类。针对电商无法通过技术手段解决的触觉、味觉和嗅觉，“嘿客”门店提供预售、试穿等服务。商品在店内不设库存，在消费者选择购买后，通过既有的快速物流进行配送。

北京地区负责人表示，“嘿客”对合作的商家进行严格过滤，为消费者选择产品质量好的知名品牌。同时，“嘿客”将为自己销售的产品提供售后保障，这是与很多竞争者有区别的地方。

他举例称，假设某位顾客在“嘿客”选购了一款手机，在使用过程中，如果有问题，可以直接到店里享受售后。“售后问题上，如果是一般的网购，面对商家或者厂家，消费者的话语权往往处于相对弱势，但‘嘿客’可以为此提供保障。”

据了解，目前已经出现在消费者身边的“嘿客”并不是最终版。顺丰方面对记者表示，除快递物流业务、虚拟购物外，“嘿客”还将具备 ATM、冷链物流、团购/预售、试衣间、洗衣、家电维修等多项业务，完善“嘿客”的社区网购便民生活平台。

试运营的“嘿客”会掀起新的 O2O 浪潮，抑或再次试错，还需要接受市场检验。但从建店速度上，能够看到顺丰的信心。据北京地区的负责人表示，北京地区年内规划筹建的“嘿客”达 200 多家。“前期不追求收入，完善功能和网络，用服务赢得用户是最重要的。”

另据顺丰公关人员对《新京报》记者表示，目前的计划是在不超过一年的时间内，不少于4 000家“嘿客”开业。

有戏没戏存争议

1993年，顺丰速运诞生于广东顺德。截至2014年1月，顺丰已拥有近24万名员工，1万多台运输车辆，14架自有全货机及遍布中国大陆、海外的7 800多个营业网点，成为国内快递巨头之一。

从产业链上，快递和电商是紧密的合作伙伴。不过近年来，由于阿里巴巴和京东商城这样的电商巨头纷纷自建物流和渠道，顺丰这样的物流企业只有向上游扩张。不少业内人士认为，顺丰跨界做O2O是形势所逼。

“嘿客”开始试运营后，业内分歧明显。有人在体验后，宣判“嘿客”死刑，缓期1~2年执行。也有唱多者说，顺丰创始人王卫在下很大一盘棋，会让阿里巴巴的马云颤抖。

产生分歧的原因之一，即是一直以速递物流为核心业务的顺丰，在电商行业，是实实在在的新人。坚持自营战略的顺丰，除了高成本的挑战之外，如何才能吸引消费者入场，是一个更加艰难的课题。

据计算，因为开店的位置不同、地区不同，成本有差异。如果按照“嘿客”单店第一年的投入大概是50万元，一年内开业4 000家门店，将是20亿元的投入，相当于顺丰去年全年营业收入的十四分之一。

成本之外，如何抓住消费者心理，帮助社区居民解决传统的“最后一公里”配送难题，并让消费者接受“零库存”、“实体店预售”等消费形式，对顺丰而言更具挑战。

据介绍，“嘿客”店内不存商品，将标配JIT预约服务，即顾客不用支付货款即可向商家预约，待商品到店后进行体验后再行购买，无论购买与否配送均由顺丰承担。

电子商务观察者、万擎咨询CEO鲁振旺对《新京报》记者直言，并不看好顺丰“嘿客”的模式。“以后都会无线化，顺丰在店里配备电子设备，成本高，价值又一般。”他说道，电商本身都是低成本，“‘嘿客’的利润要从哪里来，谁会为店里的纸片（广告）埋单。在店里体验网购，订了货同样要等，与自己网购并无区别，还不如手机方便。”

不过，长期研究供应链的黄刚坚持看好这一模式。他对《新京报》记者表示，几年前，做物流的顺丰选择了配送要求最高的生鲜食品切入电商（即“顺丰优选”），没有人看好，但现在已经运营成熟。黄刚认为，“嘿客”前期一定会亏损。但一旦顺丰将物流铺通，将人群进行大数据分析，再通过APP+微信+17万快递员的精准营销，就会呈现出更大更有价值的商业布局。

电商巨头争夺社区

以线下铺网点、物流直达社区布局 O2O，直面消费者的机会，并不是只有顺丰一家下手。阿里、京东、苏宁等在消费领域的大佬，先后入局圈地。

6 月 12 日，马云现身北京中国邮政集团总部，宣布阿里与国营物流老大的战略合作。2013 年邮政行业发展统计公报显示，中国邮政是唯一一张能够覆盖全国农村、校园、偏远极寒地的无盲区物流快递网络。这个规模令基于网购发展起来的民营快递公司望尘莫及，当然也包括顺丰。

已透露的合作计划中，邮政集团将对菜鸟开放十余万个服务网点，共同为商家和消费者提供社会化自提等服务，也就是说包括马云的菜鸟网络聚集的众多民营快递公司的包裹，也可以在邮政网点实现自提。

与“嘿客”相似，阿里和邮政计划共同打造终端公共服务平台。中国邮政将为阿里的线上商品提供网点、网络订购和体验、自提、配送等服务，支持阿里电商平台的网上销售业务向三四线城市及农村市场延伸。将菜篮子工程和公众缴费等便民服务搬入到社区、校园、街道、乡村。

与邮政超过 10 万个的线下网点相比，顺丰既有的 500 余家显得势单力薄。

另一家竞争者是本来就从线下起家的苏宁，选择的路径为“苏宁超市”，定位与“嘿客”的相似度更高。据媒体报道，苏宁正在进行互联网零售门店的升级，预计在 9～10 月，一批全新的苏宁互联网零售门店将在一线城市露面。

苏宁表示，门店将开通免费 WiFi、实行全产品的电子价签、布设多媒体的电子货架，消费者在逛苏宁门店时，不仅可以在苏宁“门店互联网超市”购买和体验产品，还可以通过二维码、虚拟货架，在店内通过苏宁易购购买产品，然后由苏宁物流体系送货上门。

苏宁表示将利用互联网、物联网技术收集分析各种消费行为，推动实体零售进入大数据时代。

挖掘社区价值和数据，更早的出手来自京东。早在今年 3 月 17 日，京东就已宣布与上海、哈尔滨、温州、西安等 15 座城市的 1 万多家便利店达成战略合作，在交易、结算、物流和售后方面开展 O2O 业态，且有望在年底前覆盖全国所有省会城市和地级市。

上述便利店将在信息系统、会员系统、消费信贷体系及服务体系等方面与京东进行整合，而京东将在网上为这些便利店搭建入口。消费者通过定位进行消费，并由京东完成快速配送等服务。

零售落地社区，是电商大佬们的共同选择。顺丰、苏宁选择自己经营，阿里、京东选择战略合作。未来的社区消费终端场所会是谁家的模式，社区大数据蓝海鹿死谁手，尚未可知。

“金融+数据将是盈利手段”

在顺丰对“嘿客”的定位中，其“社区”概念十分抢眼。以社区实体店为前端场景，获取社区人群特征、消费习惯等数据，并通过数据分析进行精准推广，被认为是“嘿客”主要的目的之一。

经济学者、财经评论家、中投顾问研究总监郭凡礼对《新京报》记者表示，社区服务目前是电商的一个空白点，除了“嘿客”，尚未出现专门布局社区的电商，“嘿客”率先布局社区将获得先发优势。

对于“嘿客”的定位，常年研究物流的中国供应链联盟理事、汉森世纪供应链总经理黄刚引用了王卫的一句话，“顺丰下一步，要打造物流领域的百货公司”。

“未来的顺丰‘嘿客’，金融+数据是其重要的盈利手段，”黄刚对记者表示，“亚马逊基于数据精准营销的服务在2013年超过8亿美元。”

据黄刚的了解，顺丰早就拿下了支付牌照，“嘿客”的平台将蕴藏着重大的金融价值。“通俗一点说，不管你是什么品牌，‘嘿客’能够直接帮你铺通到末端社区，虚拟展示，以最低的价格预售营销。”

任务二　了解连锁企业主要管理信息系统

一、销售时点管理系统

（一）POS系统的概念

POS系统是“Point of Sale”系统的简称，亦称为销售时点管理信息系统。是指利用光学式自动读取设备收集销售商品时按照单品类别读取商品销售（商品名、单价、销售数量、销售时间等）、进货、配货等阶段发生的各种信息，通过通信网络送入计算机系统，按照各个部门的使用目的对上述信息进行处理、加工和传送的系统。

（二）POS系统的基本功能

POS系统的基本构件主要有商品条码、条码标签印刷机、POS收银系统和商品代码4大部分。POS系统的基本功能有以下几个方面：

（1）销售收银功能。这主要是指完成日常的售货收款工作，进行销售收入操作，记录每笔交易的时间、数量、金额。若遇到条码不识读等现象，系统应允许采用价格或手工输入条码号进行查询。并可支持现金、支票、信用卡等不同的付款方式，以方便不同顾客的要求。

（2）交班结算功能。这是指进行收款员交接班时的收款小结、大结等管理工作，计算并显示出本班交班的时间、现金及销售情况，统计并打印收款机全天的销售金额及各收银员的销售额，并作为各收银员一天的工作记录。

（3）顾客服务功能。这主要是指 POS 系统能按规定计算会员的优惠金额，记录会员的消费情况，自动统计积分，并可根据顾客的需要提供查询、换货和退货等多种服务，还可打印出各种单据作为资料或凭证。

（4）即时纠错功能。这是指 POS 系统能根据一定的程序对门店销售过程中出现的错误进行修改更正，以保证销售数据和记录的准确性。

此外，连锁企业的 POS 销售系统与后台管理信息系统相结合，还可提供商品出入库管理、商品调价管理、商品销售管理、单据票证管理、报表打印管理、统计分析管理、数据维护管理和销售预测等功能。

【知识拓展】收银台或被移动支付替代①

如果你问移动支付有什么梦想，它一定会坚定不移地回答四个字：消灭现金！

今日，位于杭州下沙的上品折扣微信体验店正式开业，顾客可以通过微信购买店内的所有商品，并可以利用微信公众号，实现商品的现场扫购、货品随时分享、离店支付、集中取货或者统一邮寄配送，订单实时查询、爆款微秒杀等功能。

杭州人离出门逛街不带钱包，好像又近了一步。

在传统实体百货商场，顾客在选中商品后，必须去收银台买单，周末人多的时候经常排队很久，还可能遇到喜欢的商品断货或断号，无法购买的情况。在上品折扣微信体验店，这些情况再也不会出现。

这个“未来商店”的标准购物流程是，用户选中任意商品，直接微信扫码购买，不用去收银台排队，甚至全场也见不到任何一个收银台，取而代之的是开放式的服务台。在服务台，顾客可以通过互动大屏幕，进行各种自助查询和购买。

上品折扣微信体验店的店内大屏幕和店外橱窗，都配置有“虚拟购物墙”，24 小时展示着上品的精选商品和相应的二维码。任何时候路过这里，只要扫一扫，

① 新浪科技. 收银台或被移动支付替代　未来商店雏形初现. http://tech.sina.com.cn/it/2014-04-25/09469344853.shtml [2014-04-25].

没有导购也可以直接下单购买。更有趣的是，在下沙区实体店之外，地铁广告、公交站牌、自行车亭、周边学校企业的食堂餐桌和海报等任何可以扫码的地方，都可以是上品的虚拟商店，顾客可以直接通过微信购买对应的商品。

“我们之所以认为杭州的上品折扣微信体验店具有未来商店的雏形，就在于它既突破了传统百货商店的边界，又不是单纯的网上购物。这是一种基于移动互联网的，线下、线上一体化的全渠道零售模式。”上品折扣执行总裁沈慧峰表示。

为了实现这一点，上品折扣的实体门店、网上商店和微信扫码购物等终端渠道背后，都是同一套库存系统。不管顾客通过哪个渠道购买，上品折扣微信体验店都能做到同货同价，而且顾客可以选择是去实体店自提，还是通过快递的方式直接送到家里。

同时，通过“上品折扣杭州”的微信公众账号，顾客可以获得从查询、下单、支付，到提货、发货、物流、退换货在内的功能和消息反馈，了解商品的每一步动向。就连有选择困难症的用户，都可以在微信体验店里犹豫再三。顾客在上品折扣微信体验店的各种渠道扫码购物时，可以把看中的商品存到“上品折扣杭州”这个微信公众账号的虚拟购物车里，最后统一购买。如果犹豫不决，还可以把虚拟购物车的商品带回家慢慢考虑，在次日早上 8 点上品刷新系统之前，都可以随时通过微信下单购买。

二、电子订货系统

（一）电子订货系统的概念

电子订货系统（Electronic Ordering System，EOS）是指企业间利用通信网络（VAN 或互联网）和终端设备，以在线连接方式进行订货作业和订货信息交换的系统。它是连接供应商、连锁总部、配送中心和连锁门店等的整体订货—供货系统。使用 EOS 时，订货人员先通过扫描将欲订货商品的条码扫入接收设备并同时输入订货数量来进行订货操作，然后再通过计算机和网络系统将订货信息输送给供应商或配送中心，以最大限度地发挥电子订货系统的各种功能。

（二）EOS 的基本功能

EOS 运作的基本构件包括价格卡或订货簿（两者均含商品条码）、掌上型终端机（Handy Terminal）、数据机（Modem）等。EOS 系统的基本功能有以下几个方面：

（1）订货管理。订货是连锁经营管理的起点，订货质量的好坏，订货效率的高低直接关系到连锁经营效益。EOS 在连锁门店、配送中心、连锁总部和供应商之间建立起一条高速通道，使双方的信息及时得到沟通，不仅提高了订货效率，使订货过程的周期大大缩短，保障商品的及时供应，而且减少了订货差错，提高了订货质量，有利于订货业务管理的规范化。

（2）盘点管理。盘点是连锁企业加强商品管理的重要手段，但由于连锁企业所经营的商品品种成千上万，采用传统的盘点方式，既费时间，又影响营业。采用 EOS 盘点可迅速准确地完成盘点任务，将连锁企业营业场所和仓库内的商品降低到最低限度，为提高企业的经营效益打好基础。

三、电子数据交换系统

（一）EDI 的含义

EDI 是英文“Electronic Date Interchange”的缩写，中文可以译为“电子数据交换”。国际标准化组织（ISO）将 EDI 描述为：将商业或行政事务处理，按照一个公认的标准，形成结构化的事务处理或信息数据格式，从计算机到计算机的数据传输方式，它是一种在公司之间传输订单、发票等作业文件的电子化手段。它通过计算机通信网络将贸易、运输、保险、银行、海关等行业信息，用一种国际公认的标准格式，实现各有关部门与企业以及企业与企业之间的数据交换和处理，并完成贸易为中心的全部过程。

（二）EDI 的作用

EDI 作为开展电子贸易的一种信息化手段，对于提高贸易活动的效率，降低贸易成本，促进经济效益的提升发挥着重要作用，主要体现在以下 5 个方面：

（1）实现无纸贸易。采用 EDI 后，纸面文件和表格均可由计算机完成，不仅处理和传递速度快，还不易出错，便于反复处理，大大节省成本。

（2）变革贸易方式。实施 EDI 会引起企业内部结构及运行机制的改变，它介入企业的采购、生产、规划、会计及运输等功能，使贸易伙伴间的业务处理环境更趋协调，促进了资金流动、库存、成本和客户服务等方面的改善。

（3）节约时间、提高效率：利用通信网络可以在几秒钟内完成全部单据和票证的传送，比起传统的邮寄、传真方式大大节省了时间，可以在短时间内完成作业活动，缩短事务处理周期。

（4）提高数据传输的准确性。由于 EDI 在数据传输过程中无须人工干预，因而提高了数据传输的准确性。

（5）提高企业竞争能力。贸易活动是以信息为前提的，信息传递速度的提高，有利于快速捕捉市场信息，对客户作出快速响应，提高客户服务水平，从而增强企业的市场竞争能力。

四、企业管理信息系统

（一）企业管理信息系统概述

企业管理信息系统（Management Information System，MIS）也称为企业信息管理系统的后台管理系统。后台管理可以说是一个连锁企业的总信息库和总指挥部。除 POS 系统外的大部分功能都可由 MIS 来实现。MIS 和 POS 系统相辅相成，构成完整的连锁企业管理信息系统。前台 POS 系统接收信息，并将采集的信息传送给后台管理系统进行处理，后台管理系统除为前台管理系统提供必要的商品、收银员等基本资料外，还要收集前台管理系统提供的各种商业信息，以作为统计、分析、查询、决策的依据，后台管理系统除了和前台管理系统有数据接口外，还要和配送中心有数据接口，因此后台管理系统功能齐全、工作量大、处理信息复杂；正因为如此，后台管理系统的管理内容与连锁企业的业务经营内容是分不开的。

（二）企业管理信息系统的功能

（1）基本信息管理。可建立、修改并查询公司、部门、各连锁门店的商品信息以及往来客商编码、员工档案、员工密码管理及权限限制；可进行商品价格管理即商品的定价管理，可按加价率、加价额等定价算法由系统自动定价，并可按用户的需要生成报价单，以满足批发客户的需要。

（2）合同管理。总部与供应商的合同管理，应可进行合同的录入、修改、查询，并可根据实际供货情况分期分次地管理合同的执行情况。

（3）进货（采购）管理。包括商品进货单的录入、修改、查询、打印，并通过审核自动生成入库单，转入配送中心，再经配送中心审核后自动入库。

（4）应付管理。若在进货中尚未付款，系统应自动由进货单生成应付信息和对账单，用户可随时查询应付明细。

（5）销售管理。批发销售功能可由总部在此模块统一处理。系统应可进行销售单的录入、修改、查询，并通过审核自动生成出库单转入配送中心，再经配送中心审核后自动出库。

（6）应收管理。针对批发商品时用户尚未付款的情况，系统应自动由销售单生成应收信息和对账单，用户可随时查询应收明细并可跟踪处理应收及回款情况。

（7）财务管理。通过财务人员日常凭证的处理，系统应能自动生成明细账、总分类账、资产负债表、利润表等财务常用报表。

（8）信息流处理。应包括处理连锁门店日常补货要求、连锁门店的退货要求、对配送中心生成商品配送单的通知、连锁门店之间的商品调配等信息流管理。

（9）综合查询管理。应可查询配送中心的库存情况、各门店的进销存及整个连锁店的销售情况、毛利情况、库存资金占压情况，以及应收款、应付款、综合性销售及回款报表等。

【阅读资料 8-3】金鹰国际 SAP 系统信息管理平台全面上线①

2012 年 6 月 1 日，SAP 在西安金鹰高新店、小寨店与南京新街口店等 24 家分店同步上线，至此，金鹰已成功实现了管理与经营智能化的重要一步。据了解，SAP 是全球排名第一的 ERP 软件，为 28 个行业提供专业的行业解决方案，金鹰使用的是零售行业解决方案，全球 500 强中 80%企业均在使用 SAP 系统，2011 年 11 月 18 日，“智慧金鹰”智能商业项目启动，标志着业内首个基于先进的 ERP 系统打造的智能信息管理平台在中国建立。金鹰商贸自 2006 年在香港主板上市后，市值居行业之首，销售额以每年 30%以上的速度增长。通过 16 年的稳健经营，金鹰商贸荣获“亚洲 500 最具价值品牌奖”，并入选摩根士丹利跟踪中国概念股票表现的“MSCI 中国指数”，被里昂证券、美银美林、摩根士丹利评为中国最好的百货集团之一。随着金鹰全国战略版图的展开，预计 3 年内，全集团建筑面积将达到 800 万平方米，连锁店数量将突破 50 家，集团业绩有望突破 600 亿元。因此，金鹰的智慧转型可谓正当其时。SAP 系统为金鹰建立了一套适应集团公司发展需要的、现代化的信息管理系统，形成具有商贸零售行业特点的标准化、一体化、可视化、实时化的信息管理平台，全面提升公司的核心竞争力，为金鹰商贸集团的可持续发展奠定了坚实基础。此次信息管理平台的上线，不仅对客户数据能够进行精细的分析与整合，更能实现贴心、细致的全方位服务，以确保顾客价值的全面提升。

---

① 阳光报．金鹰国际 SAP 系统信息管理平台全面上线．http://www.yangguangbao.com/Thread.Asp?AutoID=165523 [2012-06-01].

【案例分析】

亚马逊随机存储货物[①]

占地 2.2 万平方米仓库的货架上，杂乱无章地摆放着互不相关的书和不同种类的货品——几本计算机书籍会跟几本文学书摆在一起，而毛绒玩具旁边却塞着塑料餐具，这些杂乱放置的货品总数量达到 800 万件以上之多。

这是卓越亚马逊在苏州的库房。“乱。”映入参观者眼帘的一切，总是迅速激发起这个结论。

颠覆了货物和书籍应该分类有序摆放入库的“常识”，而这就是卓越亚马逊的新变革——从美国总部引进对接的随机摆放、随机存储系统。“这只是卓越亚马逊新变革的一部分。”卓越亚马逊总裁王汉华表示。

随机的效率

和通常的仓库相比，卓越亚马逊仓库里的所有货物都是随机摆放的，而不是像图书馆一样按照种类划分货架摆放位置。

“竞争对手即使知道了也没法马上照样改好。”王汉华表示，这涉及整个 IT 系统的建设和业务流程的改革。

目前，卓越亚马逊的仓库是完全按照美国亚马逊的模式和流程设置的，所有的货物都是按照节省空间的原则随机摆放，但这种杂乱无章的摆放，既能提高分拣工人的效率，也能提高订单配置工人的效率。但前提是，需要 IT 等系统的整体配合，而这些系统都是亚马逊自己开发的。

当货物从供应商送到卓越亚马逊的仓库后，分拣工人只需要用手持设备扫描一下货物的条码，就可以随手将货品摆放在合适的货架格子里，与此同时，货物所在的货架格子的唯一编码也被扫描到里面去。

与之相比，传统的模式下，员工上货的时候必须把书放到固定的位置。而由于仓库面积很大，按照类别一个地方一个地方地取货，拣货速度很慢。而随便摆放后，一是省空间，因为可以见缝插针式地摆放，不用预留空间；二是省时间，使得物品上架很快。

而且，在需要把图书和物品挑拣出来时，员工只需用手持扫描枪扫描订单后，手持设备会自动计算出最快的路径，告诉员工这些货在几号货架几号柜子取。比如一张订单上既有图书，又有玩具和数码产品时，IT 系统就会帮助拣货员工计算

---

① 和讯. 卓越亚马逊：库房变革引发供应链变革. http://bank.hexun.com/2008-11-28/111754482.html [2008-11-28].

出在仓库中最为省时的路线。

因为卓越亚马逊的仓库面积很大，商品几百万件甚至上千万件，而上线此系统后，每个订单可以节省两三分钟，而每天有几万个订单累计起来，整个订单处理速度比原来提高了3~4倍。

透明供应链

“做B2C就是要靠一点点的微小积累，改善用户体验，吸引消费者。”王汉华表示，事实上，每一点微小体验的改善，背后都是卓越亚马逊后台经历的一次业务流程变革，提升供应链效率。

比如，最近用户在卓越亚马逊下订单后，页面会显示出具体的送货日期，而以前仅是显示此商品有货或没货。因为卓越亚马逊和部分供应商进行了IT系统对接，当卓越亚马逊接到订单后，立即通过IT系统传给供应商，对方会将货物尽快送到卓越亚马逊的仓库。

除了卓越亚马逊自建的物流队伍进行配送以外，大部分与之合作的物流企业也将从自己与卓越亚马逊对接的IT系统里看到需要配送的订单情况，到仓库去取货。在由IT构建的透明供应链里，卓越亚马逊能看到所配送的货物处于物流公司的哪一个环节。

王汉华认为，在B2C的竞争中，在客户体验上就是每个细节的争夺，比如说商品尽量比别人便宜一分钱、两分钱，送货要快一小时等细节。

例如，现在卓越亚马逊消费者签收时的快递确认单，从三层复写透纸打印的送货单改成了单张铅印版。他们要尽量减少由于打印字不清而造成的错递、迟递事件，这样用户的体验好一点，对卓越亚马逊的黏性就多一点。

从去年开始，卓越亚马逊开始从图书在线销售商转型为百货在线零售商。

卓越亚马逊喜欢这样介绍自己，他们是苹果iPad在中国最大的分销商、Zippo打火机最大的分销商。

四年中，卓越亚马逊的商品数量增加了40倍，现在超过了100万种。但这并不能让王汉华感到满足，受制于物流，大件商品、蔬菜、生猛海鲜还都不能列入产品目录。

对比之下，亚马逊在美国已经开始卖海鲜了。

卓越亚马逊内部每年有一个提高的指标统计，比如送货速度、库存的比例、缺货率，而在竞争上最终还是体现为用户体验的竞争。

“比人家快一个小时到一天，这就是整个供应链管理的问题。”王汉华关注基本功的问题，卓越亚马逊有三个仓库，接着的问题是，这三个仓库都应该放些什么，这将涉及供应链的安排是否科学的问题。

请思考：请问卓越亚马逊做到随机摆放、随机存储的原因是什么？其对连锁企业的信息化建设有什么启发？

【实践训练】

实地考察南通圆融广场的“金鹰国际购物中心”和其他一些连锁企业，了解并对比连锁行业的收银系统和信息化建设的情况。

项目九 统筹连锁企业人力资源管理

【知识目标】

1. 了解连锁企业人力资源管理的概念与特征；
2. 了解连锁企业工作分析的概念、内容、方法；
3. 了解连锁企业人力资源规划的概念、内容、程序；
4. 了解连锁企业人员招聘的原则、程序、渠道、方法；
5. 了解连锁企业员工培训的概念、流程、方式；
6. 了解连锁企业员工考核的内容、作用、方法；
7. 了解连锁企业薪酬管理的概念、目标、构成、模式。

【能力目标】

1. 能运用所学的知识对照自身情况，提高自己各方面的素质，为成为一名优秀的员工做准备；

2. 初步具备一定的人力资源管理能力。

案例导入

江苏中和门店人力资源管理现状

（一）门店人员流失率高

据公司内部统计，2012年全年江苏中和门店人员离职率为50.1%，其中普通员工离职率为35.6%、副店长离职率为9.8%，店长离职率为4.7%。过高的离职率一方面使得留下的员工对企业的归属感急剧下降；另一方面由于要不断新进门店销售人员，江苏中和需要投入大量的资金对新进员工进行培训，大大增加了公司成本。对此，江苏中和的管理层对此高度重视，也采取了很多方法，但是都治标不治本。

首先，强化校企合作。为了解决人员短缺的问题，江苏中和意识到很多高校都开始注重学生的实践锻炼，并从2009年开始与诸多院校开始进行校企合作（即学生在规定时间内到江苏中和进行顶岗实习或毕业实习，由江苏中和为学生提供实习岗位，实习结束后，学生可以自由选择离开或留下），并不断加大合作力度，通过这种方式来解决门店员工流失率过大的问题（见表9-1）。

表9-1 江苏中和贸易有限公司历年新增校企合作学校一览

2009年	中南财经政法大学、常熟理工学院
2011年	广西柳州商业学校、桂林市职业教育中心学校、苏州经贸职业技术学院、湖南工业大学、云南交通学院、宿迁学院
2012年	南通农业职业技术学院、广西商业职业技术学院

然而，事实证明从2009年开始的校企合作，学生通过实习能真正留在中和的人数很少，顶岗实习学生实习期结束后的离职率一般达到89%以上，有的甚至达到100%。

其次，改变管理理念。江苏中和近年来也希望通过管理理念的改变来留住门店人员，如提出了“军队+学校+家庭”的理念，希望通过将企业作为军队、学校和家庭来进行管理，能让员工在一个有军队的纪律、学校的成长和家庭的氛围里工作生活，但是实际上，这种理念在一定程度上甚至起到了适得其反的效果。例如，2012年江苏中和在顶岗实习学生到岗工作1个月后，进行了“江苏中和终端盛夏特训营”的培训。该培训是以全封闭式管理和军训为基础，结合一定的理论培训，以体能训练、心理素质训练为辅，着力突出拓展训练和潜能激发训练。由于时间选择不合适和学生本身的畏难情绪，最后中和不得不调整方案，让学生自己选择是否参加培训，培训效果大打折扣。

（二）门店人员综合素质较低

目前，江苏中和门店共有1 830名员工，其中本科27人、专科157人、中专463人、职高73人、高中392人、技校55人、初中632人、小学4人、其他27人。其中本科占1.5%，专科占8.5%，专科以上的人员只占10%，90%都是中专及以下学历的员工，这样的人员比例造成了终端员工素质普遍偏低。

2011年江苏中和曾对所有门店的店长做过问卷调查，统计发现员工学历上的差异，使得员工在理解力、服务态度、销售业绩、忠诚度等方面存在巨大的差距，直接影响了销售业绩，且专科以上学历的学生总体而言在各个方面都优于中专及以下学历的员工（见表9-2）。

表 9-2 学历差距导致门店人员能力差异的对比

学历	理解力	服务态度	销售业绩	忠诚度
专科以上优于中专及以下的员工	85%	60%	70%	50%
中专及以下的优于专科以上员工	15%	40%	30%	50%

综上所述，如何降低门店人员的离职率，如何吸引更多专科以上学历的员工加入到门店工作队伍中，成为中和目前迫切需要解决的问题。

请思考：上述案例是连锁企业人力资源管理的现实写照，连锁企业应该如何解决上述问题？

任务一 认识连锁企业人力资源管理

一、连锁企业人力资源管理的概念

连锁企业人力资源管理是指连锁企业利用现代科学技术和管理理论，通过对人力资源的开发、整合、调控和激励等内容，以实现其战略目标的一系列管理活动。主要包括工作分析、人力资源规划、招聘与配置、培训与开发、绩效管理、薪酬福利管理。

二、连锁企业人力资源管理的特征

（一）空间分散性

连锁企业要扩大规模，提高目标市场的覆盖率和品牌知名度，就必须在尽可能远的地方建立尽可能多的分支机构。连锁经营的空间分散性特点就决定了连锁企业人力资源管理的难点，如人力资源管理集中与分散的程度、统一与多样性的平衡、沟通手段的现代化以及对加盟店经营者的管理等。

（二）顾客接触性

连锁经营大多分布在服务行业，给顾客传递高信赖度的服务和价值是业务获得生命的关键。顾客接触率高这一特点决定了连锁经营人力资源管理的其他环节，如在人员选聘方面，特别要注意情感态度方面的要求等。

（三）劳动密集性与管理技术的复合性

服务业是劳动密集型行业，所需的劳动力数量大、密度高，而连锁经营主要是被服务行业所采用，劳动力成本就成为连锁经营成本的主要部分，同时也是连锁经营绩效最直接、最关键的影响因素。此外，连锁企业现在所用的管理技术也越发先进，所以企业还需要注意管理技术的培训。

（四）管理对象复杂性

连锁企业人力资源管理的对象比较复杂，从整个连锁经营体系来看，至少存在三类不同的管理对象：总部管理者、分店员工、加盟者。他们的身份地位不同，彼此的利益追求也不完全一致，针对不同类别的管理对象，其管理内容、管理要求和管理手段也存在相应的差异，同时也决定了连锁企业人力资源管理的复杂性。

任务二　进行连锁企业的工作分析

一、工作分析的概念

工作分析是通过系统全面的情报收集手段，提供相关工作的全面信息，以便组织进行改善管理效率。工作分析是人力资源管理工作的基础，其分析质量对其他人力资源管理模块具有举足轻重的影响。

二、工作分析的内容

工作分析由两大部分组成：工作描述和工作说明书。

（一）工作描述

工作描述具体说明了某一工作职位的物质特点和环境特点，主要包括以下几个方面：

（1）职位名称。指组织对从事一定工作活动所规定的职位名称或职位代号，以便对各种工作进行识别、登记、分类以及确定组织内外的各种工作关系。

（2）工作活动和工作程序。包括所要完成的工作任务、工作责任、使用的原材料和机器设备、工作流程、与其他人的正式工作关系、接受监督以及进行监督的性质和内容。

（3）工作条件和物理环境。包括工作地点的温度、光线、湿度、噪声、安全条件、地理位置、室内或室外等。

（4）社会环境。包括工作群体中的人数、完成工作所要求的人际交往的数量和程度、各部门之间的关系、工作地点内外的文化设施、社会习俗等。

（5）聘用条件。包括工时数、工资结构、支付工资的方法、福利待遇、该工作在组织中的正式位置、晋升的机会、工作的季节性、进修的机会等。

（二）工作说明书

工作说明书又称职位要求，要求说明从事某项工作职位的入职人员必须具备的生理要求和心理要求。主要包括以下几个方面：

（1）一般要求。主要包括年龄、性别、学历、工作经验等。

（2）生理要求。主要包括健康状况、力量和体力、运动的灵活性、感觉器官的灵敏度等。

（3）心理要求。主要包括观察能力、集中能力、记忆能力、理解能力、学习能力、解决问题的能力、创造性、数学计算能力、语言表达能力、决策能力、特殊能力、性格、气质、兴趣爱好、态度、事业心、合作性、领导能力等。

三、工作分析的主要方法

（一）访谈法

访谈法又称为面谈法，是一种应用最为广泛的职务分析方法。是指工作分析人员就某一职务或者职位面对面地询问任职者、主管、专家等人对工作的意见和看法。

（二）问卷调查法

问卷调查法是工作分析中最常用的一种方法，具体来说，由有关人员事先设计出一套职务分析的问卷，再由随后工作的员工来填写问卷，也可由工作分析人员填写，最后再将问卷加以归纳分析，做好详细的记录，并据此写出工作职务描述。

（三）观察法

观察法是一种传统的职务分析方法，指的是工作分析人员直接到工作现场，针对特定对象（一个或多个任职者）的作业活动进行观察，收集、记录有关工作的内容、工作间的相互关系、人与工作的关系以及工作环境、条件等信息，并用文字或图标形式记录下来，然后进行分析与归纳总结的方法。

（四）工作日志法

工作日志法又称工作写实法，指任职者按时间顺序详细记录自己的工作内容与工作过程，然后经过归纳、分析，达到工作分析的目的的一种方法。

（五）资料分析法

为降低工作分析的成本，有关人员应当尽量利用原有资料，以对每个项工作的任务、责任、权利、工作负荷、任职资格等有一个大致的了解，为进一步调查、分析奠定基础。

（六）任务调查表法

任务调查表法是通过发放任务调查表获得的与工作相关的数据和信息进行分析的方法。任务调查表法是用来收集工作信息或职业信息的调查表，该调查表上列明了每一条检查项目或评定项目，形成了任务或工作活动一览表，其内容包括所要完成的任务、判断的难易程度、学习时间、与整体绩效的关系等。

（七）关键事件法

关键事件法要求分析人员、管理人员、本岗位员工，将工作过程中的“关键事件”详细地加以记录，可在大量收集信息后，对岗位的特征要求进行分析研究的方法（关键事件是使工作成功或失败的行为特征或事件，如成功与失败、盈利或亏损、高效与低产等）。

（八）工作实践法

工作实践法是分析人员亲自从事所要分析的工作，并根据其所掌握的第一手资料进行分析的方法。

【阅读资料 9-1】江苏中和门店员工的工作职责

1. 门店店员

江苏中和的门店店员每天只要做好销售，以及下班之后打扫店里卫生和整理仓库即可。

2. 门店副店长

第一，值班时，要管理好员工，在下班后，分配员工打扫卫生以及整理仓库。

第二，值班时，既要做销售，也要进行收银。在周六与周日的时候，与店长轮流收银。

第三，上晚班时，下班之前要在电脑里做账，第二天早上到了店里，要对账目进行核对，正确之后再进行保存。

第四，每天上晚班下班之前，还要计算当天门店的销售量，以及截至当天月完成的销售总额和现在的完成率，还有当日员工的销售冠军以及其完成率，然后编辑信息并发送给区域经理以及区长。

第五，每个星期来货，与店长轮流去接货。

第六，店里来新款后，与店长进行陈列调整。

3. 门店店长

第一，在周六和周日的营业之前，组织员工开晨会。

第二，负责每月的盘点，盘点之后制作盘点盈亏表并进行填写，还要在电脑里做有关盘点盈亏的账目。

第三，每次新活动的执行前，组织员工进行交流，总结出合理的方案。

第四，参与员工的招聘和录用。

第五，对员工进行奖励与处罚。

第六，对不符合公司要求的以及表现恶劣的员工进行辞退。

第七，对公司的配货提出要求。

【阅读资料 9-2】上海八融宜芝多门店员工的工作职责

1. 门店店员

宜芝多门店店员分为两种，一种是普通店员；另一种是收银员。普通店员每天要做好产品的销售，盘子的清洗，卫生的清洁，而收银员最主要的职责就是帮客人埋单，其次就是负责收银区的卫生，以及二次销售。

2. 门店领班

第一，上早班时，早班领班要管理好门店伙伴，给每一位伙伴定岗定位，帮助各个伙伴做好销售工作，并帮助伙伴们解决他们无法解决的问题，下班前要做好早上来的所有单据，并和晚班领班或店长进行交接。

第二，上晚班时，晚班领班在早班下班之前要与早班领班交接，要确保账物一致，下班之前要在电脑里做账，要对账进行核对，正确之后再进行保存。

第三，每天晚上下班之前，领班还要计算当天门店的销售量，以及截至当天月完成的销售总额和现在的完成率。

第四，店里有新产品或新活动，领班要帮助店长进行排列调整。

3. 门店店长

第一，店长要定期召集门店伙伴开会，传达公司的最新通知，并带领伙伴喊营运口号以及七大礼貌用语。

第二，店长要负责每日的盘点，做好盘点表，还要在电脑里做有关盘点盈亏的账目，做好每日的报表，并将每日必做报表传给公司相关部门。

第三，每次新活动的执行前，店长要组织门店伙伴开会，介绍新活动的相关情况，并下达指标。

第四，店长要每天进行准时叫货，做好相关单据，做好周报，下班前给每位伙伴做好考勤记录。

第五，对不符合公司要求的以及表现恶劣的员工，店长可以进行辞退。

第六，店长要管理门店所有的事情，处理门店遇到的严重客诉问题。

任务三　规划连锁企业人力资源

一、连锁企业人力资源规划的概念

连锁企业的人力资源规划是指为实施企业的发展战略，完成企业的生产经营目标，根据企业内外环境和条件的变化，通过对企业未来的人力资源的需要和供给状况的分析及估计，运用科学的方法进行组织设计，对人力资源的获取、配置、使用、保护等各个环节进行职能性策划，制定企业人力资源供需平衡计划，以确保组织在需要的时间和需要的岗位上，获得各种必需的人力资源，保证事（岗位）得其人、人尽其才，从而实现人力资源与其他资源的合理配置，有效激励、开发员工的规划。

二、连锁企业人力资源规划的内容

（一）人力资源战略发展规划

人力资源战略发展规划是根据企业总体的发展战略目标，对企业人力资源开发和利用的大政方针、政策和策略的规定，是各种人力资源具体计划的核心，是事关全局的关键性规划。

（二）人力资源组织人事规划

组织人事规划包括：（1）组织结构设计与调整规划；（2）劳动组织设计与调

整规划；（3）人力资源供需平衡计划。前两种规划，主要包括部门化组织设计、（工作）岗位设置、劳动定员定额和科学的组织劳动生产，一旦设计调整好以后，相对来说会保持长期稳定状态，而后者则经常需要根据企业内外部环境进行适应性的调整。

（三）人力资源管理费用预算

人力资源管理费用预算是企业在一个生产经营周期（一般为一年）内，人力资源全部管理活动预期的费用支出的计划。人力资源规划的根本目的就是通过分权、分责、分利的人力资源管理活动实现人力资源与其他资源的最佳配置，而企业人力资源管理费用预算则是计划期内人力资源及其各种相关的管理活动得以正常运行的资金保证。

（四）人力资源管理制度建设

人力资源管理制度建设是人力资源总规划目标实现的重要保证，包括人力资源管理制度体系建设的程序、制度化管理等内容。

（五）人力资源开发规划

人力资源开发规划包括企业全员培训开发规划（员工职业技能的培训计划、员工职业道德的教育计划）、专门人才的培养计划、人员轮换接替计划、员工职业生涯发展规划、企业文化建设等。

（六）人力资源系统调整发展规划

人力资源规划并非是一成不变的，它是一个动态的开放系统，应对其实施过程及结果进行监督、评估，并重视信息的反馈，不断调整规划，使其更契合实际，更好地促进企业目标的实现。

三、连锁企业人力资源规划的程序

人力资源规划的主要程序包括以下方面：

（1）调查、收集和整理涉及企业战略决策和经营环境的各种信息，提炼对于企业未来人力资源的影响和要求。

（2）根据企业或部门实际情况确定其人力资源规划期限。

（3）通过职能分析进行部门化组织设计。

（4）通过（工作）岗位分析进行（工作）岗位设置，制订劳动定员定额计划。

（5）采用定性和定量相结合、以定量为主的各种科学预测方法对企业未来人力资源供需进行预测，在此基础上制订人力资源供需协调平衡的总计划和各项业务计划。

（6）做好人力资源管理费用预算，保证人力资源规划与企业有限的财力相适应，从经济上确保人力资源规划是遵循企业可持续发展的战略目标的。

（7）做好人力资源管理制度建设，对组织行为进行规范，是人力资源管理活动有效实施的制度保障，因此制定必要的人力资源政策和措施是人力资源规划的重要工作。

（8）做好人力资源开发规划，是实现人力资源规划总目标的重要的、补充提高性的规划内容。

（9）人力资源规划并非是一成不变的，它是一个动态的开放系统，还应包括调整发展规划。

任务四　招聘连锁企业员工

员工招聘，是指组织根据人力资源管理规划和工作分析的要求，从组织内部和外部吸收人力资源的过程。招聘工作直接关系到企业人力资源的形成。有效的招聘工作不仅可以提高员工素质、改善人员结构，也可以为组织注入新的管理思想，为组织增添新的活力，甚至可能给企业带来技术、管理上的重大革新。

一、员工招聘的原则

（一）客观公正原则

人事部门及经办人员在人员招聘中，必须克服个人好恶以客观的态度及眼光去甄选人员，做到不偏不倚、客观公正。

（二）德才兼备原则

人才招聘中必须注重应聘人员的品德修养，在此基础上考察应聘者的才能，做到以德为先、德才兼备。

（三）先内后外原则

人事部门及用人部门在人才招聘中，应先从公司内部选聘合适人才，在此基础上进行对外招聘，从而充分运用和整合公司现有人力资源。

（四）回避原则

德才兼备、唯才是举是公司用人的基本方针，因此对公司现有员工介绍的亲朋，公司将在充分考察的基础上予以选用，但与之有关联的相关人员在招聘过程中应主动予以回避，同时不能对招聘过程或人员施加压力影响招聘的客观性、公正性。

二、员工招聘的程序

（一）制订计划

当组织中出现需要填补的工作职位时，有必要根据职位的类型、数量、时间等要求确定招聘计划，同时成立相应的选聘工作委员会或小组。

（二）进行初选

当应聘者数量很多时，选聘小组需要对每一位应聘者进行初步筛选。内部候选人的初选可以根据以往的人事考评记录来进行；对外部应聘者则需要通过简短的初步面谈，尽可能多地了解每个申请人的工作及其他情况，观察他们的兴趣、观点、见解、独创性等，及时排除那些明显不符合基本要求的人。

（三）能力考核

在初选的基础上，需要对余下的应聘者进行材料审查和背景调查，并在确认之后进行细致地测试与评估。

（四）录用员工

在上述各项工作完成的基础上，需要利用加权的方法，算出每个候选人知识、智力和能力的综合得分，并根据待聘职务的类型和具体要求决定取舍。对于决定录用的人员，应考虑由主管再一次进行亲自面试，并根据工作的实际与聘用者再作一次双向选择，最后决定选用与否。

（五）评价反馈

最后要对整个选聘工作的程序进行全面的检查和评价，并且对录用的员工进行追踪分析，通过对他们的评价检查原有招聘工作的成效，总结招聘过程中的成果，及时反馈到招聘部门，以便改进和修正。

三、员工招聘的渠道

（一）现场招聘

现场招聘是一种企业和人才通过第三方提供的场地，进行直接面对面对话，现场完成招聘面试的一种方式。现场招聘一般包括招聘会及人才市场两种方式。

（二）网络招聘

网络招聘一般包括企业在网上发布招聘信息甚至进行简历筛选、笔试、面试。企业通常可以通过两种方式进行网络招聘，一是在企业自身网站上发布招聘信息，搭建招聘系统；二是与专业招聘网站合作，通过网站发布招聘信息，利用专业网站已有的系统进行招聘活动。

（三）校园招聘

校园招聘是许多企业采用的一种招聘渠道，企业到学校张贴海报，进行宣讲会，吸引即将毕业的学生前来应聘，对于部分优秀的学生，可以由学校推荐，对于一些较为特殊的职位也可通过学校委托培养后，企业直接录用。

（四）传统媒体广告

在报纸杂志、电视和电台等载体上刊登、播放招聘信息受众面广，收效快，过程简单，一般会收到较多的应聘资料，同时也对企业起了一定的宣传作用。通过这一渠道应聘的人员分布广泛，但高级人才很少采用这种求职方式，所以招聘公司中基层和技术职位的员工时比较适用。

（五）人才介绍机构

这种机构一方面为企业寻找人才，另一方面也帮助人才找到合适的雇主。一般包括针对中低端人才的职业介绍机构以及针对高端人才的猎头公司。企业通过这种方式招聘是最为便捷的，因为企业只需把招聘需求提交给人才介绍机构，人才介绍机构就会根据自身掌握的资源和信息寻找和考核人才，并将合适的人员推荐给企业。

（六）内部招聘

内部招聘是指公司将空缺职位向员工公布并鼓励员工竞争上岗。对于大型企业来说，进行内部招聘有助于增强员工的流动性，同时由于员工可以通过竞聘得到晋升或者换岗，因此这也是一种有效的激励手段，可以提高员工的满意度，留住人才。

（七）人事外包

所谓外包是指企业整合利用其外部最优秀的专业化资源，从而达到降低成本、提高效率、充分发挥自身核心竞争力和增强企业对环境的迅速应变能力的一种管理模式。在一个企业里尤其是一部分中小型企业，从性价比值的角度来讲，没有必要设置一些岗位人员，于是就把这一块管理外包给人事机构，而专业的人力资源机构相对来说比自身企业做得更加完备，企业借助了更多专业的东西来完善自身人力资源不足的现象，从而节约自身的资源。

四、招聘选拔的方法

招聘选拔是选拔员工的关键环节，选择和科学地使用选拔方法对完成招聘任务、录用高素质员工有着重大的作用。连锁企业常用的招聘选拔方法有以下三大类：

（一）测验法

主要包括智力与知识测验。该测验是通过考试的方法测评候选人的基本素质，它包括智力测试和知识测试两种基本形式。智力测试的目的是通过候选人对某些问题的回答，测试他的思维能力、记忆能力、应变能力和观察分析复杂事物的能力等。知识测试是要了解候选人是否具备待聘职务所要求的基本技术知识和管理知识，缺乏这些基本知识，候选人将无法进行正常工作。

（二）面试法

面试法是指在特定时间、地点所进行的，在主考官面前被测者用口述方式回答问题，通过主考官和被测者双方面对面地观察、交谈等双向沟通形式，来了解被测者的素质特征、能力状况以及求职动机等情况的一种人员甄选与测评方法。一般来说，面试可以分为非结构化面试、结构化面试和半结构化面试。

（三）情景模拟法

情景模拟是指在职务分析的基础上，编制一套与该职务实际情况相似的测试题，将被测者安排在模拟、仿真的工作环境中，要求被测者处理各种可能出现的问题，来对其各种能力等作现场考核，用于确定被测者的素质特征及其适应的工作岗位。情景模拟主要针对被测者外显的行为及实际操作进行考察，也考察被测者在他人影响下的表现。情景模拟测评主要有公文筐测验、小组讨论、案例分析、即席发言、角色扮演、管理游戏、无领导小组任务、事实判断、面谈模拟和与人谈话等形式。

【阅读资料 9-3】优衣库的人才招聘与培养[①]

在 2014 年的“双 11”天猫购物狂欢节上，优衣库以 2.6 亿元的销售额排名全类目中服饰企业第一。这标志着作为中国快时尚的领军品牌，优衣库在线上市场的胜利；而在线下，优衣库在中国的扩张脚步正在不断加速。

截至 2014 财年结束（2014 年 8 月 31 日）时，优衣库在整个大中华区的店铺数量达到 374 家。优衣库大中华区 CEO 潘宁曾经透露，优衣库将以每年 80 ~ 100 家的发展速度在中国开店。根据 2013 年的数据，优衣库在中国开设了 82 家实体店，超过同类时尚品牌 H&M 的 62 家、Gap 的 28 家和 Zara 的 18 家。

如此快速的扩张步伐，人才的招聘和培养是否能跟得上？这从优衣库面向大学生招聘的一个数据可见一斑。每年应聘优衣库的毕业生超过 10 万人，但是优衣库实际空缺的职位只有 500 ~ 600 个，2013 年的实际新增员工为 587 名，1/200 的竞争率成为了优衣库招聘的一个标志性数字，也为招聘增加了难度。

时间回到 10 年前，潘宁却要面临着难以招到人才的困境。2001 年优衣库进入中国并不是很成功，潘宁在香港市场获得成功后，2005 年年底正式开始接管中国市场。当时大陆有 9 家门店，2 家在北京，6 家在上海，1 家在杭州。迅销的主席及首席执行官柳井正交给他的第一项任务就是将北京的两家门店关掉，集中精力做好上海店，当时潘宁的手下仅有约 30 余名员工。

柳井正对潘宁寄予厚望，曾经多次叮咛潘宁：“要想在中国获得成功，第一要把中国的人才培养起来，第二要获得消费者的信任。”在 2005 年之前，优衣库在中国没有获得盈利，但是潘宁上任后经过一系列的战略调整，最后定位于面向中产阶级的人群。优衣库品牌获得了消费者的认可，从此发展蒸蒸日上。

人才的瓶颈成为扩张中的最大难题。到 2008 年，优衣库在中国发展到十几家店铺，然而国内风头正劲的运动零售品牌已经发展到成百上千家店铺的规模。当时在各大高校进行企业宣讲时，潘宁经常会面对偌大的会议室只有几十名学生的尴尬局面，当他讲述优衣库未来“中国第一，世界第一”的构想时，他也曾经遇

---

① 财富. 优衣库：极速扩张哲学. http://www.fortunechina.com/management/c/2015-02/10/content_236204.htm [2015-02-10].

到过学生怀疑的眼光。“那么令人沮丧的场景我们都坚持过来了，最终我们证明了所走的道路是正确的，梦想是可以实现的。”他回忆道。

潘宁要求优衣库中国团队从招聘环节开始，就要重视与人才的沟通。从优衣库的高管开始，就要亲力亲为，管理层既要做“将军”，也要做“士兵”，起到带头作用。他本人每年一半的工作时间是与招聘有关的。

在优衣库的招聘机制中，应聘者通过网上应聘、考试测验后会进入店长面试，之后需要经过区经理、人事总监、副总经理等环节。“这500多人中有一部分是我拍板通过面试的。”他说。

然而如何将一家年营业额超过几千万元的店铺，交给一位20多岁的年轻店长去管理？这其中的招聘与培训机制决定了成功与否的关键。在潘宁看来，要鼓励年轻人成为将来的经营者，要对年轻人有所期待，要在实战的过程中培养他们，最终共同完成经营业绩。每个月，他和副总都要分别赶赴全国各地，直接与一线员工交流。

高效、专业的招聘和培养机制与每年超过80家的开店速度完美衔接。“外界评价优衣库是零售行业的‘黄埔军校’，我们培养人才的速度和素质都是广泛受到行业认可的。”潘宁说道。

任务五　培训连锁企业员工

一、培训开发的概念

员工培训是指企业有计划地实施有助于员工学习与工作相关能力的活动。这些能力包括知识、技能和对工作绩效起关键作用的行为。

员工开发是指为员工未来发展而展开的正规教育、在职实践、人际互动以及个性和能力的测评等活动。

二、培训开发流程

国内外的培训开发的学者都认为培训可分为四个步骤进行。这四个步骤分别是：培训需求分析、培训规划制定、培训的实施、培训效果评估。

（一）培训需求分析

培训需求分析是指在规划与设计每项培训活动之前，由培训部门、主管人员、工作人员等采取各种方法和技术，对各种组织及其成员的目标、知识、技能等方面进行系统的鉴别与分析，以确定是否需要培训及培训内容的一种活动或过程。培训需求信息的收集多采用问卷调查、个人面谈、团体面谈、重点团队分析、观察法、工作任务调查法。

（二）培训规划制定

培训规划是指对企业组织内培训的战略规划，企业培训规划必须密切结合企业的生产和经营战略，从企业的人力资源规划和开发战略出发，满足企业资源条件与员工素质基础，考虑人才培养的超前性和培训效果的不确定性，确定职工培训的目标，选择培训内容、培训方式。

（三）培训的实施

制定好培训规划后，接下来的工作就是计划的实施。要做好这项工作，需注意以下几点：①领导重视；②要让员工认同培训；③做好外送培训的组织工作；④培训经费上的大力支持；⑤制订奖惩措施。

（四）培训效果评估

最后一个环节是培训效果评估，就是研究培训方案是否达到培训的目标，评价培训方案是否有价值，判断培训工作给企业带来的全部效益（经济效益和社会效益），培训的重点是否和培训的需要相一致。

三、培训方式

（一）职前培训

职前培训是员工任职前的训练，主要是针对新员工进行的。通常职业培训采用全日制培训的方式，培训的内容包括公司历史、传统与基本方针、公司理念、价值观、本行业的现状与公司的地位、企业的制度与组织结构、产品知识、制造与销售、公务礼仪、行为规范等一般性培训和诸如就业规则；薪酬与晋升制度；劳动合同；安全、卫生、福利与社会保险；技术、业务、会计等各种管理方法训练的专业性培训。

（二）在职培训

在职培训是指不脱离工作岗位进行培训。

在职培训可分为管理人员培训和专业培训两种。管理人员培训的培训内容包括：观察、知觉力，分析判断力，反思、记忆力，推理、创新力，口头文字表达能力，管理基础知识、管理实物、案例分析、情商、人际交往、团队精神等。而专业性培训的培训内容主要包括行政人事培训、财务会计、生产技术、生产管理、采购、质量管理、安全卫生、计算机等。

（三）脱岗培训

脱岗培训是指企业员工暂时离开现职脱产到有关学术机构或学校以及别的企业参加为期较长的培训。脱产培训的主要对象是管理人员。其培训的目的主要是拓展连锁企业管理人员的思路，提高其管理能力，进而提高其综合素质。

任务六　考核连锁企业员工

一、员工考核的内容

连锁企业员工绩效考核的主要内容包括德、能、勤和绩 4 个方面。

1. 德

包括思想政治水平、工作作风、社会道德及职业道德等方面。思想政治水平主要指员工的政治倾向、理想志向和价值取向等；工作作风是指员工工作时的风格；社会道德是指员工处理个人与社会关系的倾向；职业道德是指员工在履行职务方面表现出来的道德倾向。

2. 能

指员工从事工作的能力，包括体能、学识和智能、技能等内容。体能取决于年龄、性别和健康状况等因素；学识包括文化水平、专业知识水平、工作经验等项目；智能包括记忆、分析、综合、判断、创新等能力；技能包括操作、表达和组织等能力。

3. 勤

指员工的积极性和工作中的表现，包括出勤、纪律性、干劲、责任心、创造性和主动性等。

4. 绩

指员工的工作效率及效果，是员工德、能、勤的综合反映和对企业的贡献，一般要求有量化的结果，以便客观公正地评价员工的工作。

二、员工考核作用

1. 达成目标

员工考核本质上是一种过程管理，而不是仅仅对结果的考核。它是将中长期的目标分解成年度、季度、月度指标，不断督促员工实现、完成的过程，有效的员工考核能帮助企业达成目标。

2. 挖掘问题

员工考核是一个不断制订计划、执行、检查、处理的循环过程，体现在整个绩效管理环节，包括绩效目标设定、绩效要求达成、绩效实施修正、绩效面谈、绩效改进、再制定目标的循环，这也是一个不断的发现问题、改进问题的过程。

3. 分配利益

与利益不挂钩的考核是没有意义的，员工的工资一般都会分为两个部分：固定工资和绩效工资。绩效工资的分配与员工考核得分息息相关，所以一说起考核，员工的第一反应往往是绩效工资的发放。

4. 促进成长

员工考核的最终目的并不是单纯地进行利益分配，而是促进企业与员工的共同成长。通过考核发现问题、改进问题，找到差距进行提升，最后达到双赢。员工考核的应用重点在薪酬和绩效的结合上。薪酬与绩效在人力资源管理中，是两个密不可分的环节。

5. 人员激励

通过员工考核，把员工聘用、职务升降、培训发展、劳动薪酬相结合，使得企业激励机制得到充分运用，有利于企业的健康发展；同时对员工本人，也便于建立不断自我激励的心理模式。

三、员工考核方法

（1）图表评价法是通过在设计好的图表中列出考核的项目以及评价因素的评价标准，让考核者进行选择评价。

（2）排列法是在企业制定的标准下，将同类人员进行由高到低的排序的评价方法。

（3）强制分布法是在考核进行之前就设定好绩效水平的分布比例，然后将员工的考核结果安排到分布结构里去。

（4）关键事件法是一种通过员工的关键行为和行为结果来对其绩效水平进行绩效考核的方法，一般由主管人员将其下属员工在工作中表现出来的非常优秀的行为事件或者非常糟糕的行为事件记录下来，然后在考核时点上（每季度，或者每半年）与该员工进行一次面谈，根据记录共同讨论来对其绩效水平作出考核。

（5）行为锚定等级考核法是基于对被考核者的工作行为进行观察、考核，从而评定绩效水平的方法。

（6）目标管理法是现代更多采用的方法，管理者通常强调利润、销售额和成本这些能带来成果的结果指标。在目标管理法下，每个员工都确定有若干具体的指标，这些指标是其工作成功开展的关键目标，它们的完成情况可以作为评价员工的依据。

（7）叙述法是指在进行考核时，以文字叙述的方式说明事实，包括以往工作取得了哪些明显的成果，工作上存在的不足和缺陷是什么。

（8）360°考核法是指在考核时，通过同事评价、上级评价、下级评价、客户评价以及个人评价来评定绩效水平的方法。

任务七　设计连锁企业员工薪酬

一、薪酬管理的概念

薪酬管理是在组织发展战略指导下，对员工薪酬支付原则、薪酬策略、薪酬水平、薪酬结构、薪酬构成进行确定、分配和调整的动态管理过程。

二、薪酬管理的目标

（一）效率目标

效率目标包括两个层面，第一个层面从产出角度来看，薪酬能给组织绩效带来最大价值；第二个层面是从投入角度来看，实现薪酬成本控制。薪酬效率目标的本质是用适当的薪酬成本给组织带来最大的价值。

（二）公平目标

公平目标包括三个层次：分配公平、过程公平、机会公平。

分配公平是指组织在进行人事决策、决定各种奖励措施时，应符合公平的要求。如果员工认为受到不公平对待，将会产生不满。

过程公平是指在决定任何奖惩决策时，组织所依据的决策标准或方法符合公正性原则，程序公平一致、标准明确，过程公开等。

机会公平指组织赋予所有员工同样的发展机会，包括组织在决策前与员工互相沟通，组织决策考虑员工的意见，主管考虑员工的立场，建立员工申诉机制等。

（三）合法目标

合法目标是企业薪酬管理的最基本前提，要求企业实施的薪酬制度符合国家、省区的法律法规、政策条例要求，如不能违反最低工资制度、法定保险福利、薪酬指导线制度等的要求规定。

三、薪酬的基本构成

连锁企业的薪酬体系主要由以下 5 大部分组成。

1. 工资

又称为基本工资，主要是以员工所在的部门与岗位，或所具备的技能等方面的差异为基准，根据劳动定额完成情况而计算的劳动报酬。主要包括基础工资、岗位工资、技能工资和年功工资等。

2. 奖金

又称为绩效工资，这是指员工在完成定额任务的基础上，进一步付出超额劳动的报酬。它包括超产或优质的经常性工作奖、年终综合奖和一次性的特殊贡献奖。

3. 津贴

这是指员工在特殊劳动条件下工作时所付出的额外劳动消耗、额外生活费以及对员工生理或心理带来的损害进行的物质补偿。津贴主要包括苦、脏、累、技术要求特别等的岗位津贴和中、夜班等特殊劳动时间的津贴。

4. 福利

这是指通过建立集体生活设施、提供劳务和实行补贴等方式，解决员工在物质与精神生活上的普遍需求和特殊困难而举办的公益事业。主要包括建立食堂、浴室、托儿所、图书室、俱乐部、疗养院等集体福利设施，也包括员工个人生活困难补助、探亲补助、上下班交通补助和冬季取暖补助等个人福利。

5. 保险及住房公积金

这是指给予员工在暂时或永久丧失劳动能力以及虽有劳动能力但无劳动机会后的物质生活保障。主要包括养老保险、医疗保险、工伤保险、失业保险和生育保险。大部分保险基金都是由国家、企业和员工共同筹集的。住房公积金是给予员工住房保障所支出的报酬，主要在职工购买或装修住房时使用，是由企业和员工共同承担的。

四、薪酬模式

1. 基于绩效的薪酬模式

即按绩效付酬，其依据是企业的整体绩效、部门的整体绩效、团队或个人的绩效。其优点在于该薪酬模式下员工的收入与工作目标的完成情况直接挂钩，干多干少不一样，干好干坏不一样，激励作用明显。缺点是绩效评估难以做到客观准确，收入与绩效挂钩可能会产生新的不公，而且在效益不好的时候，难以留住人才。

2. 基于岗位的薪酬模式

即依据岗位在连锁企业中的相对价值为员工付酬。该模式下，员工工资的增长依靠岗位的晋升，比较适合于连锁企业的职能管理类岗位。该模式的优点在于实现同岗同酬，内部公平性比较强，职位晋升的同时薪金也晋升，在一定程度上调动了员工的积极性，缺点是灵活性不足，管理难度较大。

3. 基于技能的薪酬模式

即依据员工所具备的技能水平为员工付酬。其优点在于员工注重能力的提升，提高自身竞争力，同时使企业能够适应多变的环境，增强竞争力，缺点是会造成同岗不同酬。

4. 基于市场的薪酬模式

即根据所需岗位的市场价格确定薪酬水平。其优点在于企业可以通过薪酬策略吸引和留住人才，也可以通过市场需求相应调整有关岗位的薪酬水平，从而节约人力成本，缺点是会影响企业内部利益分配的公平性。

【案例分析】

冯氏超级市场的招聘[①]

苏珊是美国西部一连锁店企业——冯氏超级市场的南方地区分部经理。苏珊手下有5位片区主管人员向她汇报工作，而每个片区主管人员分别监管8～12家商店的营业。

有一个春季的早上，苏珊正在查看送来的早晨工作报告，内部通信联络系统传来了她秘书的声音："苏珊女士，你看过今天晨报的商务版了吗？"苏珊应答："没有，什么事啊？""报上说查克已经接受了安途公司亚利桑那地区经理的职位。"

---

① 三亿文库. 人力资源案例分析答案219. http://3y.uu456.com/bp-7fe82dd133d4b14e8s246861-1.html.

苏珊马上站起来去看与他有关的这篇文章。

苏珊的关心并不是没有根据的。查克是她属下的一位片区主管，他已为冯氏公司在目前的职务上干了4年。冯氏是从阿尔法·贝塔商业中心将他聘过来的，他那时是个商店经理。苏珊从报纸上得知查克离职的消息，觉得内心受到了伤害，但她知道自己需要尽快恢复过来。对她更重要的是，查克是位很有成效的监管人员，他管辖的片区一直超过其他4个片区的绩效。苏珊到哪儿去找这样一位能干的顶替者？

几天过去了。苏珊同查克谈了一次话，诚恳地祝愿他在新工作岗位上顺利。她也同他谈到了顶替者的问题。最后，苏珊决定将她属下的一个小片区的主管人员调换到查克分管的片区，同时她也立即着手寻找合适的人选填补该小片区主管的空缺。

苏珊翻阅了她的案卷，找出片区主管人员职位的职务说明书(没有职务规范)。该项职务的职责包括：确保达到公司订立的整洁、服务和产品质量的标准；监管商店经理的工作并评价其绩效；提供片区的月份、季度和年度收入和成本预估；为总部或下属商店经理提出节约开支建议；协调进货；与供应商协商广告宣传合作方案；以及参与同工会的谈判。

请思考：1. 你建议苏珊采用哪一种招聘渠道？为什么？

2. 你建议苏珊使用何种人员甄选手段甄别应聘者？为什么？

【实践训练】

模拟连锁企业人才招聘。将同学们分组，每组一半同学作为应聘者，一半同学作为面试官。要求：第一，面试官介绍该企业，说清楚招聘的岗位和要求；第二，应聘者自我介绍两分钟；第三，面试官提问，应聘者回答；第四，教师和同学进行点评。

参考文献

[1] 陈新玲. 连锁经营管理原理[M]. 北京：电子工业出版社，2010.

[2] 彭娟. 连锁经营管理基本原理与实务[M]. 北京：中国水利水电出版社，2011.

[3] 宋芝苓. 连锁经营与管理[M]. 北京：北京大学出版社、中国农业大学出版社，2010.

[4] 罗银舫，周敏，许海川. 企业连锁经营管理[M]. 大连：东北财经大学出版社，2013.

[5] 赵明晓. 连锁经营基础与实务[M]. 大连：东北财经大学出版社，2011.

[6] 刘繁荣、裴伟平、马卫国、曹基梅. 连锁经营与管理[M]. 长沙：湖南师范大学出版社，2012.

[7] 操阳. 连锁经营原理与实务[M]. 北京：高等教育出版社，2008.

[8] 陈少华. 连锁经营管理实务[M]. 北京：冶金工业出版社，2010.

[9] 张倩. 连锁经营管理原理与实务[M]. 北京：机械工业出版社，2009.